1 张书才、张庆善、宋慰祖、位灵芝和"曹雪芹在京遗迹标识工程"课题组赴水南庄调研　　（2021年）
2 宋慰祖等赴西单蒙藏学校考察右翼宗学旧址　　（2022年3月）
3 宋慰祖、张晓东赴西城区新文化街克勤郡王府（实验二小）调研　　（2022年6月）
4 宋慰祖、张晓东赴西城区新文化街辅国公府（鲁迅中学，清末是京师女子师范学堂）调研（2022年6月）
5 民盟北京市委赴崇文门外蒜市口十七间半调研　　（2022年）
6 "曹雪芹在京遗迹标识工程"课题组赴海淀区正白旗曹雪芹纪念馆调研　　（2022年10月）
7 北京市文物局调研组赴张家湾古镇调研　　（2024年）

1 民盟北京市委历史文化委员会赴国家博物馆参观"隻立千古——红楼梦文化展" （2020年4月）

2 "曹雪芹在京遗迹标识工程"课题组赴通州张家湾冯其庸先生故居调研 （2021年3月11日）

3 "曹雪芹在京遗迹标识工程"课题组赴水南庄召开"'曹雪芹与大运河'专题研讨会" （2021年7月）

4 张庆善、宋慰祖、张晓东出席"2021京杭大运河对话研讨会"并启动"曹雪芹在京遗迹标识设计"征集活动 （2021年10月25日）

5 宋慰祖在"张家湾古镇红学文化论坛暨冯其庸学术研讨会"上解读"曹雪芹在京遗迹标识工程" （2022年8月2日）

6 "曹雪芹在京遗迹标识工程"课题组在北京设计学会召开"曹雪芹遗迹保护与利用研讨会"（2022年9月）

1 曹雪芹在京遗迹标识方案征集研究
2 曹雪芹在京遗迹标识设计评审专家
3 北京市文物局局长陈名杰在"张家湾古镇红学文化论坛暨冯其庸学术研讨会"上致辞
（2022年8月2日）
4 "曹雪芹在京遗迹标识工程"课题组工作会
5 曹雪芹在京遗迹标识设计
6 曹雪芹在京遗迹标识牌设计
7 北京设计学会向曹雪芹在京遗迹标识征集优秀作品设计者颁发证书 （2022年7月）
8 北京市文物保护协会、北京设计学会、北京曹雪芹学会向曹雪芹在京遗迹保护单位授牌
（2024年5月8日）

1 崇文门外蒜市口地方房十七间半复建奠基仪式举行 （2019年1月23日）
2 东城区人民政府现场办复政协委员提案 （2021年3月）
3 北京市政协委员、人大代表宋慰祖为复建曹雪芹故居持续提案17年 （2022年1月）
4 崇文门外蒜市口地方房十七间半复建完成 （2022年5月）
5 曹雪芹故居纪念馆开馆 （2022年7月29日）
6 宋慰祖在曹雪芹故居 （2023年9月）

曹雪芹在京遗迹研究文集

宋慰祖 主编

CAO XUEQIN
ZAIJING YIJI YANJIU WENJI

图书在版编目（CIP）数据

曹雪芹在京遗迹研究文集/宋慰祖主编．—北京：知识产权出版社，2024.8.
ISBN 978–7–5130–9457–3

Ⅰ．K825.6–53

中国国家版本馆 CIP 数据核字第 2024PB7009 号

内容提要

《曹雪芹在京遗迹研究文集》是首部集红楼梦学、曹雪芹学和设计学等专业的学者，基于实施北京市文物局"曹雪芹在京遗迹标识工程"课题，围绕曹雪芹在京生活的七处遗迹开展"曹雪芹与北京城"研究主题的图书。本书从多视角阐述了"主题散点串联式文物，通过统一标识，打造主题文物游径，建设城市上的主题博物馆"的文物保护与利用新模式。

本书旨在为社会大众提供一本认识《红楼梦》的作者曹雪芹与北京城历史文化的读本。

责任编辑：曹婧文　　　　　　　　　　　责任印制：孙婷婷

曹雪芹在京遗迹研究文集

宋慰祖　主编

出版发行	知识产权出版社有限责任公司	网　址	http://www.ipph.cn
电　话	010–82004826		http://www.laichushu.com
社　址	北京市海淀区气象路50号院	邮　编	100081
责编电话	010–82000860转8763	责编邮箱	laichushu@cnipr.com
发行电话	010–82000860转8101	发行传真	010–82000893
印　刷	北京中献拓方科技发展有限公司	经　销	新华书店、各大网上书店及相关专业书店
开　本	720mm×1000mm　1/16	印　张	16.75
版　次	2024年8月第1版	印　次	2024年8月第1次印刷
字　数	250千字	定　价	88.00元
ISBN 978–7–5130–9457–3			

出版权专有　侵权必究
如有印装质量问题，本社负责调换。

编者的话

北京城作为有着3000年建城史，870年建都史的世界历史文化名城，曾经留下了众多文化名人的足迹和不朽的作品。关汉卿、曹雪芹、齐白石、张大千、鲁迅、老舍等，他们的作品影响了全球，传遍了世界。那部"曹雪芹于悼红轩中披阅十载，增删五次，纂成目录，分出章回，则题曰《金陵十二钗》"的《红楼梦》，在全球有着上亿的"红迷"。《红楼梦》的作者曹雪芹，是一位生活在北京城中的北京人。我们在阅读学习走访中，探寻了曹雪芹在京生活、工作的空间。本着"让文物活起来"的理念，探访、研究曹雪芹在京遗迹，实施"曹雪芹在京遗迹标识工程"，让陈列在京城大地上的以曹雪芹为主题的"散点串联式文物"，形成统一标识，从而探索建立一座京城大地上的"曹雪芹在京遗迹博物馆"，形成主题文物游径，构建"城市上的博物馆"的理念。本书汇集了众多红学、曹学和设计界的名家、学者、设计师的学术研究与设计实践，供大家阅读、研讨。

宋慰祖

2023年7月

目录

曹雪芹在京遗迹标识工程研究

  ——让"主题散点串联式文物"活起来

    ……………………………… 宋慰祖　张晓东　于　欢　于青竹 1

曹雪芹蒜市口故居初探……………………………………张书才 22

曹雪芹蒜市口故居………………………………………………张书才 39

这里是曹雪芹写《红楼梦》的地方

  ——写在蒜市口十七间半曹雪芹故居纪念馆复建工程完成之际

  ……………………………………………………………张庆善 48

蒜市口十七间半曹雪芹故居研究述论……………张　歆　石中琪 61

北京曹雪芹故居及相关史事新考……………………………包世轩 73

曹雪芹《红楼梦》与北京城的研究…………………………宋慰祖 83

大运河与曹雪芹、《红楼梦》………………………………张庆善 122

让古老的历史遗迹活起来

  ——在"曹雪芹在京遗迹标识工程研讨会（水南庄）"上的发言

  …………………………………………………………张庆善 126

张家湾·曹雪芹·《红楼梦》

  ——为"曹雪芹与张家湾红学学术研讨会"而作…………张庆善 132

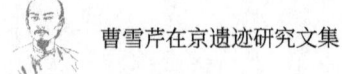

高碑店地区新发现"曹世荣碑"初考……………………………………向　谦 148
北京曹红文化遗产的空间生产研究
　　——以北京植物园的"曹雪芹小道"为研究对象……………李汇群 154
"曹雪芹在北京"历史文化遗存之考察与保护利用…………………位灵芝 166
曹雪芹生父新考……………………………………………………张书才 187
浅谈——曹雪芹与水南庄………………………………水南庄曹雪芹研究会 206
论《红楼梦》文化资本和中国国家软实力构建……………………李汇群 209
附录　新闻媒体关于"曹雪芹故居十七间半"复建的采访报道………226

曹雪芹在京遗迹标识工程研究
——让"主题散点串联式文物"活起来

宋慰祖·"曹雪芹在京遗迹标识工程"课题组组长

    中国民主同盟中央文化委员会副主任

    民盟北京市委历史文化委员会主任、一级巡视员

    北京市人民政府参事室特聘研究员

    北京文化产业研究院历史文化研究中心主任

    北京设计学会创始人、工业设计高级工程师

张晓东·北京印刷学院艺术设计学院院长、教授、硕士生导师

于 欢·北京设计学会专职副秘书长

于青竹·北京印刷学院艺术设计学院讲师

  在人类历史的发展进程中，留下了众多的不可移动文物。大家熟悉的有中国的故宫、孔府、天坛、殷墟、秦皇兵马俑、十三陵、圆明园、敦煌莫高窟等，世界上有埃及金字塔、古罗马的斗兽场、希腊神殿等单体群落不可移动文物。也有许多线性不可移动文物，如长城、运河等。还有一类文物是"主题散点串联式"不可移动文物，最著名的是长征主题的不可移动文物：从江西瑞金的红都、血战湘江的渡口、娄山关、赤水河、遵义会议旧址、大渡河上铁索桥、毛尔盖、雪山草地，到腊子口、吴起镇、延安宝塔等绵延于中国江西、福建、广东、湖南、湖北、广西、贵州、云南、

四川、西康（今分属四川和西藏）、青海、河南、甘肃、陕西14省（自治区），行程约二万五千里。2020年10月29日，中国共产党第十九届中央委员会第五次全体会议通过《中共中央关于制定国民经济和社会发展第十四个五年规划和二〇三五年远景目标的建议》，提出建设长城、大运河、长征、黄河等国家文化公园。整合具有突出意义、重要影响、重大主题的文物和文化资源，实施公园化管理运营，实现保护传承利用、文化教育、公共服务、旅游观光、休闲娱乐、科学研究功能，形成具有特定开放空间的公共文化载体，集中打造中华文化重要标志。

除了长征、长城、运河、黄河这些重大题材的"主题散点串联式"文物可以以国家公园的形式加以保护和利用外，在城市、乡村中还有许多是以名人生活工作的轨迹等形成的"主题散点串联式"不可移动文物，如何做好保护、利用已成为"让文物活起来"的重要课题。

曹雪芹是中国历史上最著名的文学家之一，是北京城孕育出的比莎士比亚、巴尔扎克、托尔斯泰还要早的世界著名文豪，是西方学者评选的"世界100位文学家排行榜"中唯一中国小说家。他生于运河、长于运河，在运河畔的北京城写出了不朽的世界名著《红楼梦》。其著作《红楼梦》被翻译成100多种文字，传遍全球。

一部《红楼梦》让全世界叹为观止。1961年12月20日，在中央政治局常委和各大区第一书记会议上毛泽东主席讲："《红楼梦》不仅要当作小说看，而且要当作历史看。它写的是很细致的、很精细的社会历史。"❶1973年5月25日，毛泽东在中央政治局会议上评价说"中国小说，艺术性、思想性最高的，还是《红楼梦》"❷。2014年10月15日上

---

❶ 毛泽东谈《红楼梦》：不看三遍没有发言权［N］.解放日报，2015-06-24.
❷ 毛泽东是怎样把《红楼梦》当作历史读的［EB/OL］.（2013-11-22）［2022-10-30］.http://dangshi.people.com.cn/n/2013/1122/c85037-23623529.html.

午,习近平总书记在北京主持召开文艺工作座谈会,在发表的重要讲话中提到:曹雪芹写《红楼梦》"披阅十载,增删五次","正是有了这种孜孜以求、精益求精的精神,好的文艺作品才能打造出来。"并指出"曹雪芹如果没对当时的社会生活做过全景式的观察和显微镜式的剖析,就不可能完成《红楼梦》这种百科全书式巨著的写作。"❶

2020年9月25日"2020年京杭对话"主场活动之一的"曹雪芹在京遗迹保护与传承"专题论坛在北京市通州区召开。❷论坛由北京市文物局党组书记、局长陈名杰同志主持。北京市政协副秘书长、民盟北京市委专职副主委、北京设计学会创始人宋慰祖,北京曹雪芹学会创会会长胡德平,中国红楼梦学会副会长孙伟科等10余位长期关注曹雪芹研究的专家,以及中共北京市海淀区委宣传部、北京植物园曹雪芹纪念馆、北京市东城区文物管理所、北京市海淀区温泉镇、北京市海淀区圆明园管理处、北京市通州区张家湾博物馆代表共同出席论坛,并就曹雪芹在京文物资源的整体性保护和利用问题进行了卓有成效的讨论。专家一致认为:曹雪芹在京遗迹是北京宝贵的文化资源,也是亟待擦亮的"文化名片"。北京市政协委员宋慰祖作为专家提出了:建设曹雪芹与《红楼梦》纪念馆,开发红学旅游线路,打造国际文学打卡地的倡议。还提出,应当构建以曹雪芹"崇文门外蒜市口民居十七间半"故居和张家湾、水南庄、克勤郡王府、斗公府、右翼宗学、西山正白旗等为节点的"曹雪芹在京遗迹"构成的城市上的曹雪芹博物馆概念,以及沿着珐琅厂、龙顺城、玉器厂、百工坊、天坛

---

❶ 习近平在文艺工作座谈会上讲话[EB/OL].(2014-10-15)[2022-10-30]. http://culture.people.com.cn/n/2014/1015/c22219-25842812.html?eqid=c6eb95ed000a67b000000000066457a9ea

❷ "曹雪芹在京遗存保护与传承"主题论坛在京召开[EB/OL].(2020-09-25) [2022-10-30].http://cul.china.com.cn/2020-09/25/content_41310100.htm?f=pad&a=true

工美一线参观老北京传统手工艺、工艺美术的旅游路线，形成旅游商品购物消费的文旅融合工程。进而推广至京津冀，联通正定的荣宁街、北京大观园等形成三地文旅协同发展的示范。

2021年北京设计学会、北京印刷学院合作承担了北京市文物局课题"曹雪芹在京遗迹标识工程"。并成立了北京文化产业研究院历史文化名城设计研究中心，专门开展"主题散点串联式文物"的保护、利用的研究。在课题的研究中，得到了中国红楼梦学会、北京曹雪芹研究会、民盟北京市委历史文化专委会的鼎力支持和指导。调研工作得到了东城区人民政府、中共西城区委宣传部、中共朝阳区委统战部、中共通州区委和民盟东城区委、民盟朝阳区委以及东城区文旅局、通州区张家湾镇、朝阳区半壁店村水南庄曹雪芹研究中心等的鼎力支持。课题组完成了曹雪芹在京遗迹的调查研究和标识设计。确定了通过统一标识、逐点认证挂牌的形式，运用数字识别系统，设计绘制曹雪芹在京遗迹标识地图形成参观导示，将散落于北京城市上的"曹雪芹在京遗迹"主题不可移动文物，形成统一识别，开展统一宣传。让参观学习者通过走进京城大街小巷，踏访世界文豪曹雪芹在北京生活、工作、学习、创作的历史遗迹和不可移动文物，让陈列在大地上的曹雪芹在京遗迹文物活起来，建立一座陈列在北京城市上的"曹雪芹在京遗迹博物馆"。

自2021年9月"曹雪芹在京遗迹标识工程"启动实施，课题组特别邀请了中国红楼梦学会会长张庆善，国家第一档案馆研究馆员张书才，民盟中央文化委员会副主任、北京设计学会创始人宋慰祖，中央美术学院教授王敏，北京曹雪芹研究会秘书长魏灵芝，中央美术学院设计学院副院长林存真，清华大学美术学院副院长赵超，北京印刷学院艺术设计学院院长张晓东，中国红楼梦学会副秘书长石中琪和《红楼梦学刊》副主编胡晴，国家博物馆副研究馆员向谦等组成"曹雪芹在京遗迹标识工程专家委员会"，统筹

指导课题的专业学术研究、文物遗迹调研和"曹雪芹在京遗迹"标识设计的评审及认定挂牌办法的制定起草工作。

一、曹雪芹在京遗迹的研究

课题组在北京市文物局的支持下,在张庆善、张书才等专家的指导下,深入走访了曹雪芹在京有历史记载的遗迹:崇文门外蒜市口十七间半故居、张家湾古镇、水南庄(庆丰闸和平津闸)、西单石虎胡同蒙藏学校(右翼宗学)、北京第二实验小学(克勤郡王府)、鲁迅中学(多罗贝勒府暨斗公府)、西山曹雪芹纪念馆等;参观了国家博物馆"隻立千古——《红楼梦》文化展";在朝阳区通惠河畔二闸(庆丰闸)旁水南庄召开了"曹雪芹在京遗迹标识工程"座谈会;在通州区张家湾举办"北京张家湾古镇红学文化论坛暨冯其庸学术研讨会",会上发布了"曹雪芹与红楼梦在京遗迹标识"设计专家评审结果。收集整理了十万余字的文字资料,形成了30余篇研究报告。

北京设计学会等课题主持单位,持续组织相关专家研讨会,认真学习研究和领会习近平总书记在2020年12月在中央政治局集体学习时强调的:"我们要加强考古工作和历史研究,让收藏在博物馆里的文物、陈列在广阔大地上的遗产、书写在古籍里的文字都活起来,丰富全社会历史文化滋养"❶。以"一个博物馆就是一所大学校"的思想为指导,对陈列在京城大地上的"曹雪芹在京遗迹"按时间、空间为序做了系统全面的梳理和研究,提出了建设"北京城上的曹雪芹文物游径"的建议。探索将曹雪芹

---

❶ 让文物活起来(思想纵横)[EB/OL].(2020-12-30)[2022-11-03].https://baijiahao.baidu.com/s?id=1687453600860716426&wfr=spider&for=pc

在京遗迹串联成链，建设城市上的"曹雪芹文化博物馆"。

二、曹雪芹在京遗迹探访

历时两年多的研究中，课题牵头单位北京设计学会北京印刷学院艺术设计学院组织了北京文化产业研究院历史文化名城设计研究中心、中国红楼梦学会、北京曹雪芹研究会等专业学术研究机构。并得到了民盟北京市委历史文化委员会的专家支持。依据档案记载、文献记录、名人诗词等，亲自踏勘、实地调研。并多次召开现场会、研讨会，听取相关文物保护单位的介绍。确定了本课题研究的曹雪芹在北京 30 余年的主要生活、工作、活动的空间历史遗迹的保护单位，包括：崇文门外蒜市口十七间半故居、张家湾古镇、庆丰闸东南的水南庄、新文化街的克勤郡王府和斗公府、西单小石虎胡同右翼宗学、西山正白旗等遗址遗迹。其中包括：一处世界文化遗产（大运河张家湾古镇），三处全国文物保护单位（克勤郡王府、女子高等师范学堂、蒙藏学校）。

（一）北京崇文门外蒜市口十七间半——曹雪芹故居纪念馆

曹雪芹（约 1715—1763），名霑，字梦阮，号雪芹，又号芹圃、芹溪。祖籍辽阳，曹寅之孙。❶根据 1982 年中国第一历史档案馆研究馆员张书才先生发现的雍正七年（1729 年）《刑部为知照曹頫获罪抄没缘由业经转行事致内务府移会》（以下简称《刑部移会》）所载"后因隋赫德见曹寅

---

❶ 徐中玉.中国古典文学精品普及读本.谈诗论文[M].广州：广东人民出版社，2019.

曹雪芹在京遗迹标识工程研究

之妻孀妇无力，不能度日，将赏伊之家产人口内，于京城崇文门外蒜市口地方房十七间半，家仆三对，给与曹寅之妻孀妇度命"❶，雍正七年（1729年）曹雪芹13岁左右，随祖母、母亲乘船沿运河回到北京，在张家湾码头换小船沿通惠河过庆丰闸（俗称"二闸"），在大通码头下船进东便门，走广渠门大街，居于崇文门外蒜市口"十七间半"（原广渠门大街207号院）。1999年因建设两广路工程，经市政府组织相关专家论证研究，确定"移址复建"该院落。在工程施工前，市政府组织市文物考古部门会同古建专家对蒜市口地区，特别是广渠门大街207号院进行了考古挖掘，从残留的地基判断，建筑为清中早期的建筑。2002年，原广渠门内大街207号院（曹雪芹故居）公布为原崇文区文物普查登记项目。

笔者作为自20世纪60年代起居住生活在广渠门内大街观马胡同达30多年的老邻居，对广渠门内大街207号院（曹雪芹故居）的记忆是：该院落位于蒜市口东侧靠近路口处，其院落以东紧邻劳动食堂和蒜市口副食店。院落坐北朝南，为五级高台阶，黑色对开大门，油漆已经剥落，门口有方形门墩一对，进的大门是一条近3米长的甬道，甬道尽头是一座门廊。甬道左手边竖立了四扇屏每块屏高约2.5米，宽约0.5米，底色为绿色，每块屏的中央有一个红斗方，上书"端方正直"四字，每屏一字。字迹清晰，浑厚有力。甬道的右侧是劳动食堂山墙。走过门廊进入内院是一座四合院，坐北朝南的正房和东西厢房，院中有棵老槐树。院子的对面就是老崇文区图书馆，旧时应是一座大车店。

调研了解到，曹雪芹故居十七间半移址复建工作得到了市区两级政府的高度重视。"1999年两广大街修建，207号院位于广安大街规划红线内。同年7月，原崇文区政协、北京市政协文史委、中国红学会召开第二次研讨

---

❶ 张书才. 曹雪芹家世生平探源［M］. 沈阳：白山出版社，2009.

7

会，形成《关于建立曹雪芹旧居遗址博物馆的建议》，建议两广大街施工中拆迁保护曹雪芹故居，在蒜市口地区建立纪念馆。2000年，崇文区（现东城区）着手研究曹雪芹故居的复建问题，2004年项目正式名称为'曹雪芹故居纪念馆'，落位崇外大街十字路东北角。"① 红学专家、曹学专家为复建开馆做了大量基础工作，周汝昌、张书才、胡德平、张庆善等先生都为故居保护与展陈提供指导。复建工作具体由当时崇文区政府（2010年后东城区政府）负责完成。早在2006年就完成了"曹雪芹故居纪念馆"的展陈大纲，并得到了专家的首肯。后因公共交通交叉施工、土地规划、资金筹措等影响因素，为实现曹雪芹故居尽早实现复建，市人大代表、政协委员宋慰祖持续17年提出建议、提案。在市、区政府的协调努力下，几经周折，终于在20年后的2019年1月23日移址复建工程正式启动，宋慰祖为奠基铲下了第一锹土。2022年7月29日，在发现雍正七年（1729年）《刑部移会》40年后，著名红学家冯其庸先生亲笔题写"曹雪芹故居纪念馆"，纪念馆正式开馆。张书才、胡德平、谈绪祥、孙新军为开馆揭幕，张庆善先生致辞，曹雪芹故居纪念馆正式对外开放。该馆恢复了乾隆京城全图所标注的院落格局。内容着重展出了《刑部移会》、曹雪芹与《红楼梦》、红楼生活美学等内容。冯其庸先生的题匾着重强调了其"曹雪芹故居"的历史和地位。为全球红学爱好者、专家、学者提供了一座红学与曹雪芹的研究、纪念、交流场地。

（二）克勤郡王（平郡王）府和斗公府

回京后的曹雪芹常随祖母、母亲前往石驸马大街西口平郡王府（克

---

① 北京唯一有史料记载的曹雪芹居处！曹雪芹故居纪念馆开馆[N].北京日报，2022-07-29.

勤郡王府）拜望姑母、平郡王妃曹佳氏。❶康熙四十五年（1706年），康熙皇帝指婚平郡王讷尔苏与曹寅之女为配，曹寅之女曹佳氏即是曹雪芹的姑姑。据清廷《列祖子孙》直格档玉牒备查，第二本载"讷尔苏……嫡福晋曹佳氏，通政使曹寅之女"。并载"纳尔苏，爱新觉罗氏，平比郡王罗科铎孙，袭。五十七年，从抚远大将军允䄉收西藏，驻博罗和硕，寻移古木。六十年，摄大将军事。雍正元年，还京。四年，坐贪婪，削爵。子福彭，袭"。曹佳氏共生育了福彭、福秀、福靖、福端四子。其有2子2孙承袭多罗平郡王（克勤郡王），曹雪芹与表哥平郡王福彭交往甚密。

曹雪芹常随福彭到石驸马大街（今新文化街）东口的斗公府（诺尼贝勒府，今鲁迅中学）走动。斗公府与克勤郡王府均为铁帽子王岳托后人，祖父贝勒诺尼是平郡王罗科铎之弟。因此两府人等将平郡王府称为"西府"，而将斗公府则称为"东府"。"斗公"即辅国公斗宝，乾隆五年（1740年）承袭辅国公，乾隆二十四年（1759年）缘事革退。子孙再无世爵，成为闲散宗室。斗公府到清朝末年已荒废。清光绪三十四年（1908年）七月黄瑞麟奏请设立女子师范学堂。清学部选址石驸马大街（今新文化街）斗公府旧址建筑校舍，宣统元年（1909年）建成。1912年改称北京女子师范学校，后改为北京女子高等师范学校，现为鲁迅中学。❷

（三）右翼宗学

大约在乾隆九年(1744年)，曹雪芹娶妻，作为正白旗皇家包衣，（清朝上三旗是正黄旗、镶黄旗、正白旗，为皇帝亲领。下五旗是正红旗、镶

---

❶ 清廷《列祖子孙》直格档玉牒备查，第二本载。
❷ 新文化街将恢复青砖灰瓦传统风貌［N］.北京晚报，2017-02-20

红旗、镶白旗、正蓝旗、镶蓝旗）安家寿安山下（即西山余脉聚宝山，位于卧佛寺北，毗邻香山）正白旗驻扎地，领取"铁杆庄稼"❶。

而曹雪芹则在位于西单牌楼北石虎胡同（旧称"虎门"）专为八旗皇室子弟开设的官学——"右翼宗学"（专收护卫内城西侧京城右翼的正黄旗、正红旗、镶红旗、镶蓝旗的宗室子弟的学校）谋得"司业"之职。这时他开始了对"石头记""披阅十载，增删五次"——撰写《红楼梦》。并在此结识了同病相怜的英亲王阿济格的五世孙、镶红旗的敦诚（1734—1791）、敦敏（1729—1796）兄弟。有敦诚《寄怀曹雪芹（沾）》诗云"当时虎门数晨夕，西窗剪烛风雨昏"记录并深切回味这段难忘的日子。

（四）水南庄

在通惠河著名的庆丰闸（二闸）东南有座小村庄叫作水南庄。曹雪芹与敦诚、敦敏三人常前往位于"蒜市口十七间半"东广渠门外庆丰闸旁的水南庄东兴酒楼上饮酒作诗，探讨文章。他们多有通惠河和庆丰闸的诗作。如下是敦敏创作的一首诗：

水南庄

缓步临流四野赊，水南庄外钓竿斜。
小桥野草归村路，隔岸垂杨卖酒家。
芦荻烟深聚网罟，萍波水暖长鱼虾。

---

❶ 因为旗人当兵是代代世袭的，不论天灾人祸都能按时获得收益，而且粮饷待遇高于汉人的绿营部队，又不像绿营部队那样经常需要出去打仗，所以旗兵的月饷被称为"铁杆庄稼"。

小园终日闲双手，种菜还兼学种瓜。

而敦敏在曹雪芹过世后，在庆丰闸东南水南庄的"望东楼"酒楼与朋友集饮时，写下了名篇《河干集饮题壁兼吊雪芹》，诗云：

花明两岸柳霏微，到眼风光春欲归。
逝水不留诗客杳，登楼空忆酒徒非。
河干万木飘残雪，村落千家带远辉。
凭吊无端频怅望，寒林萧寺暮鸦飞。

红学家考证这首诗应作于清乾隆二十九年（1764 年）甲申春至乾隆三十年乙酉（1765 年）间。这首诗回忆了曹雪芹曾同友人游通惠河，在庆丰闸（二闸）旁的望东楼酒楼上饮酒、赋诗、题壁，表达了对已故曹雪芹的悼念。

敦敏的《懋斋诗钞》中就有多首描写水南庄的诗。其中，《二闸迟敬亭不至》诗云："临风一棹趁扁舟，芦岸村帘分外幽。满耳涛声流不尽，夕阳独立小桥头。"《庆丰闸酒楼和壁间韵》诗云："古度明斜照，渔人争集先。村溥更清雅，芦外酒帘悬。"敦敏之弟敦诚有《潞河游记》，文中写到通惠河畔的景物。水南庄内还有多块清代的曹氏墓碑，有待研究。

（五）张家湾古镇

北京通州区张家湾古镇是世界文化遗产京杭大运河的北起点，遗存有张家湾古运河码头。从张家湾博物馆了解到：《红楼梦》中描写的十里街、花枝巷的原型即出自张家湾。据有关史料记载，在张家湾古镇城内外，有曹家祖坟、当铺、染坊、典地（600多亩）等；也记述了曹雪芹随祖母李氏返京顺运河而上，在张家湾"下大船，换小船"沿通惠河进京城的路线。在镇内还发现了曹雪芹的墓葬刻石，该刻石现存于张家湾博物馆，曾经引发了红学界关于一代文豪长眠于此的讨论。

（六）广渠门内东花市的寺庙

大约在乾隆十六年(1751年)，曹雪芹为撰写《红楼梦》，体验生活，离开右翼宗学。开始在"十七间半"周边，崇文门外花市一带遍访诸寺，如：卧佛寺、夕照寺、拈花寺、隆安寺、安化寺以及蟠桃宫、育婴堂等，久之与寺僧交契，寄居寺庙中，体验生活，继续专心著书。据记载1931年秋，国画大师齐白石与张次溪居于龙潭湖时，曾专程前往花市卧佛寺访寻曹雪芹遗迹❶，无果，齐白石根据张次溪的诗句"红楼梦断寺门寒"画了一幅《红楼梦断图》。

（七）西山正白旗"曹雪芹纪念馆"

北京曹雪芹纪念馆位于海淀区四季青乡正白旗村，1983年4月22日开馆，溥杰题写匾额"曹雪芹纪念馆"。曹雪芹晚年居住此地。

曹雪芹出身清代内务府正白旗包衣世家。曹雪芹的旗籍始终在正白旗健锐营。清朝正白旗是八旗的上三旗之一。正白旗是皇帝亲统之一，旗内无王，兵为皇帝亲兵，并从中挑选侍卫皇室的成员。大约在乾隆十二年

---

❶ 龙潭湖边寻张园——旧宅虽无，书画永存［EB/OL］.（2021-02-18）［2022-10-31］.https://baijiahao.baidu.com/s?id=1692026707495665973&wfr=spider&for=pc.

曹雪芹在京遗迹标识工程研究

（1747年），曹雪芹成婚，举家定居于西山正白旗。自己则在城内任职右翼宗学并继续撰写《红楼梦》。约在甲戌年即乾隆十九年（1754年）曹雪芹"披阅十年，增删五次"的一百二十回本《红楼梦》已经基本写就，如《脂砚斋重评石头记》开篇所说的："曹雪芹于悼红轩中披阅十载，增删五次，纂成目录，分出章回"的《红楼梦》已经基本写就。

自乾隆二十一年（1756年）起，曹雪芹因为帮助朋友于叔度扎制风筝而使其得以维持生计，大受启发。于是他开始着手编撰《废艺斋集稿》，写《南鹞北鸢考工志》是为"鳏寡孤独废疾者皆有所养"，是为使"废疾无告之穷民"免遭"转乎沟壑之中"的命运，"谋其有以技艺自养之道"的这项工作让曹雪芹感到能够帮助"废疾无告之人谋其以自养之道"，使他们不至于转乎沟壑之间，这才是一件有意义的事。从清乾隆二十二年（1757年）到中华人民共和国成立前，北京扎制风筝的名家，大都用的是曹雪芹的图谱，只是许多人并不知道图谱的创始人是曹雪芹。曹雪芹设计的京燕形象踏进了北京"双奥"，成为奥运吉祥物和纪念品。曹雪芹基于南城的传统手艺总结技艺，汇编成书，帮助残障人自力更生，体现了一代文豪高尚的精神境界。

约在乾隆二十二年（1757年）这一年曹雪芹的家庭发生变故。他离开蒜市口回到西郊正白旗家中居住。过起了"满劲蓬蒿老不华，举家食粥酒常赊"的生活。目睹这些变故，与曹雪芹曾经朝夕相处，交谊颇深的敦诚，当时正受父命在松亭关（喜峰口）分管税务。好友两地暌隔，思念甚切。有敦诚当年所作诗一首《寄怀曹雪芹》为证。

寄怀曹雪芹

少陵昔赠曹将军，曾曰魏武之子孙。
君又无乃将军后，于今环堵蓬蒿屯。

13

> 扬州旧梦久已觉，且著临邛犊鼻裈。
> 爱君诗笔有奇气，直追昌谷破篱樊。
> 当时虎门数晨夕，西窗剪烛风雨昏。
> 接篱倒著容君傲，高谈雄辩虱手扪。
> 感时思君不相见，蓟门落日松亭樽。
> 劝君莫弹食客铗，劝君莫叩富儿门。
> 残羹冷炙有德色，不如著书黄叶村。

乾隆二十七年（1762年），曹雪芹带着他"披阅十载，增删五次"的《红楼梦》成稿。带着正在编撰的《废艺斋集稿》即《南鹞北鸢考工志》等，听从好友劝说，回到了正白旗，与小儿共同生活，并于是年续弦。乾隆二十七年（1762年）的中秋日，万家团圆之时，天不悯才，曹雪芹却痛失爱子。儿子毕竟是他的全部希望与寄托。幼子的夭亡，使其过度忧伤和悲痛，致卧床不起。约在乾隆二十八年（1763年）除夕（2月12日），一代文豪曹雪芹于贫病中在西山正白旗仙逝。

基于课题组和专家、学者多年的研究的基础上，此次汇集多方专家研究成果，汇编出版《曹雪芹在京遗迹研究文集》一书。

三、"曹雪芹在京遗迹标识工程"课题研究

曹雪芹在京遗迹属于"主题散点串联式文物"，与之相关的不可移动文物遍布于北京东城、西城、朝阳、通州、海淀多个区，如何将这一离散式分布的主题相关文物串联起来进行整体保护，挖掘其内涵，系统表达，统一传承、统一展示，是文物保护与应用的新课题，是博物馆之城建设的新形式。2021年北京市文物局正式立项并委托北京设计学会、北京印刷学

曹雪芹在京遗迹标识工程研究

院开展实施"曹雪芹在京遗迹标识工程"。课题组围绕"曹雪芹在京遗迹"这一主题，将"主题散点串联式文物"如何保护与利用作为研究方向，开展了深入细致的研究，特别是借鉴了"中国共产党早期北京革命活动旧址"标识系统设计的经验，制定了一系列的主题散点串联式文物认定标准规范。

2021年在中国共产党建党百年之际，北京市完成31处中国共产党早期北京革命活动旧址的整修、保护工作，这31处旧址统一挂牌对外展出❶，它们为"主题散点串联式文物"的保护、展示、应用树立了范本。在实施过程中，根据实际情况分成三类进行打造提升：一是重点保护提升，二是一般保护，三是维持原貌、立牌存念。其中，通过实施"1+9"提升工程对北大红楼、北大二院旧址等进行重点保护提升。"1"即利用北大红楼举办"光辉伟业 红色序章"主题展览，"9"分别是北大二院旧址、《新青年》编辑部旧址、北京李大钊故居、李大钊烈士陵园、长辛店二七纪念馆、长辛店留法勤工俭学预备班、陶然亭慈悲庵、京报馆旧址、中法大学旧址，在这9处旧址分别举办相关的专题展览。2021年6月底前，北京市以北大红楼为代表的31处中国共产党早期北京革命活动旧址整体亮相，面向社会开放。

"31处旧址数量众多，布局分散，隶属各异"。❷中共北京市委针对这种情况，提出：本市在坚持适度、恰当原则下，把保护作为第一要务，把有效利用作为根本目的，聚焦中国共产党早期北京革命活动主题，多层次深度挖掘北京的红色资源、历史内涵和红色基因的工作方针。此项工作为"主题散点串联式文物"如何保护、管理、展示、应用做出了示范，也成

---

❶ "31处中国共产党早期北京革命活动旧址整体亮相 面向社会开放"[N].北京青年报，2021-07-02.

❷ 同❶。

15

曹雪芹在京遗迹研究文集

为课题组研究"曹雪芹在京遗迹标识工程"的样板。

课题组经过研究、论证着重梳理了有关历史记载和专家认同的曹雪芹在京遗迹：东城区（原崇文区）崇文门外蒜市口"十七间半"，通州区张家湾古镇，朝阳区水南庄和西城区克勤郡王府（实验二小）、斗宝辅国公府（鲁迅中学）、右翼宗学（蒙藏学校），海淀区西山正白旗（曹雪芹纪念馆）等。其中联合国教科文组织认定的世界文化遗产点 2 处：大运河上的张家湾码头（张家湾古镇）和庆丰闸（水南庄）；全国文物保护单位 3 处：克勤郡王府、北京女子高等师范学校（斗公府）、蒙藏学校（右翼宗学）；区级挂牌文保单位 1 座：曹雪芹故居纪念馆（崇文门外蒜市口地方房十七间半）；乡村纪念馆 1 座：曹雪芹纪念馆（海淀区四季青乡正白旗村）。

课题组认为："主题散点串联式文物"是让陈列在大地上的不可移动文物活起来的重要课题。应采用统一'标识工程'的形式，挖掘其内涵、做出统一标识和系统展示，形成"文物主题游径"[1]，构建一座主题清晰、文物活化、亦学亦研、文化传承的"城市上的博物馆"。这是当今建设博物馆之城的重要实践性突破和学术性成果，是博物馆建设的新领域、新形态、新理论，也是促进城乡博物馆建设与文旅融合产业发展的新形式、新路径。

四、曹雪芹在京遗迹标识设计应用规范

"主题散点串联式"文物，虽主题统一，但分布"散""乱"且"不可移动"，无法集中于一体，故无法在传统的博物馆内集中展出；但分别建

---

[1] "31 处中国共产党早期北京革命活动旧址整体亮相 面向社会开放"[N]. 北京青年报，2021-07-02.

曹雪芹在京遗迹标识工程研究

设博物馆又零散、杂、乱，难于起到系统展示、传播、研究、教育、学习的作用。这使得在城市中无法系统表达其文化内涵和塑造城市品牌。为了破解这一难题，文物界、文化界、科技界等领域协同，学术界开展了多方研究，无论是从文物活化，还是从文旅融合角度，力求运用统一标识设计和品牌形象表达，突出主题同一性、内容连续性、表达一致性。在理论指导下"曹雪芹在京遗迹标识工程"课题组的研究成果，为解决"主题散点串联式"不可移动文物的难题，系统化博物馆式展陈机制提供了理论依据和实践案例。

一是标识设计的内涵、目标定位。关于"曹雪芹在京遗迹标识工程"的标识设计，首先是定位为谁设计？表达什么？围绕"曹雪芹在京遗迹"开展统一标识设计，其表达的内涵一定要让红学和曹学的爱好者、参观者、学习者、旅游者一目了然、便于识别，具有曹雪芹概念突出、图形语言表达清晰之特点。

二是便于记忆、服务全面。曹雪芹在京遗迹标识要具有差异化设计，使人们可以联想到曹雪芹。在图形选择、色彩运用、功能建设上要以人为本，便于记忆、便于使用、便于服务。

课题组在接受任务后就开展了系统、全面的调研。一是根据对曹学文化和红学文化的研究，提炼图形、色彩和造型、表达特点。二是研究已有的类似设计案例。

（1）关于曹学、红学的内涵研究。"红与石"是曹雪芹与《红楼梦》的专属形象色彩表达。在多次听取专家学者的论述意见基础上，课题组在全国征集"曹雪芹在京遗迹标识设计"。100 余份设计方案，百花齐放，核心图形基本以红色为主体，字形多用"曹"字，造型主要以石头为主，而专家意见一致建议以石头为主视觉、红色为主色调，这就确定了视觉设计的定位和方向。

17

（2）相关题材设计表达的借鉴。2021年6月为庆祝中国共产党成立一百年，以北大红楼为代表的31处中国共产党早期北京革命活动旧址整体亮相，面向社会开放。这一项目的实施为本课题组项目研究作出了示范。北京市委宣传部提出设计方针：坚持适度、恰当原则下，把保护作为第一要务，把有效利用作为根本目的，聚焦中国共产党早期北京革命活动主题，多层次深度挖掘北京的红色资源、历史内涵和红色基因。设立图文并茂的标牌，展示其历史作用和独特价值。通过统一标识体系的建立，使散落于北京四九城的31处中国共产党早期北京革命活动旧址跃然北京城市之上。这使打造"主题散点串联式文物"的系统展陈与博物馆式传播成为可能，为构建"城市上的博物馆"作出了榜样。课题组通过学习研究和考察实践，积极借鉴了"31处中国共产党早期北京革命活动旧址整体亮相，面向社会开放"的统一标识设计的理念。

"曹雪芹在京遗迹"统一标识
形象设计

（3）"曹雪芹在京遗迹标识工程"的标识设计。基于以上的理论与案例研究，课题组完成了"曹雪芹在京遗迹标识工程"的统一形象设计。标志设计理念：以顽石之上一痕绛珠仙草，呼应《红楼梦》的原名《石头记》，以木石前盟的故事线索为内涵。

石头造型取自通灵宝玉"大如雀卵""莹润如酥"的描写，绛珠仙草参考清代画家改琦《红楼梦图咏》中的造型，浓丽的殷红色石头串联顽石、宝玉、神瑛侍者、绛洞花王、怡红公子的主角身世，呼应曹雪芹先生的写作之地"悼红轩"，也昭示红颜、红尘、千红万艳的红楼世界。该设计以一吟多意的象征隐喻，使作者和作品、曹学与红学、诗性兼画境浑然一体，指引人们走近这位中国古典文学史上的巅峰巨匠。

五、曹雪芹在京遗迹标识应用设计成果

在完成曹雪芹在京遗迹标识设计的基础上，课题组开展了标识应用设计，完成了"曹雪芹在京遗迹标识牌"的设计和各遗迹点的信息导示图的设计。

根据课题的要求，"曹雪芹在京遗迹标识工程"课题组借鉴"31 处中国共产党早期北京革命活动旧址整体亮相，面向社会开放"的统一标识，"串珠成链"构建中华大地上的同一主题文物展示传播的成功经验。研究完成了"曹雪芹在京遗迹标识"应用系统设计：LOGO、标识牌、线路导视图，构建成一个统一的视觉传达系统。实现"主题散点串联式文物"的整体亮相。基于此课题组提出了构建"陈列在大地上的主题散点串联式文物博物馆"理念。通过对"主题散点串联式文物"统一形象挂牌的方式，串珠成链，系统表达，整体展示。是对国家文物局等发布的"建设文物游径"的前期探索。通过对"曹雪芹在京遗迹"统一标识设计挂牌，使曹雪芹在北京生活遗迹的文物"活"起来。

（一）"曹雪芹在京遗迹标识工程"挂牌的设计

曹雪芹在京遗迹挂牌设计，通过统一形式、统一色彩、统一标识，旨在向社会观众、体验者传达其与曹雪芹相关联的信息，提供一套完整、系统的视觉认知体系。让观众可以迅速识别其形象的统一性。同时，基于数实共生，通过二维码信息查询，可了解每一处遗迹的基本情况和其他"曹雪芹在京遗迹"的位置关系与交通联络。

曹雪芹故居纪念馆牌

曹雪芹在京遗迹研究文集

（二）曹雪芹在京遗迹路线导示图设计

曹雪芹在京遗迹呈现在城市中的是主题统一、散点式分布状态。基于服务设计的理念，在视觉设计上采用了统一标牌形象，实现"主题散点串联式文物"的一体化呈现。为了方便参观和旅游人员易于寻找路线，课题组同步设计了"曹雪芹在京遗迹分布示意图"，放置于每一个"遗迹"点上。观众可通过扫描二维码定位导航即能迅速找到下一个"曹雪芹在京遗迹"点。

曹雪芹在京遗迹构建了一座北京城市上的"曹雪芹在京遗迹博物馆"。这些遗迹以博物馆为基础，力求形成与世界各国文豪故居的交流互动的文化交流联盟，彰显"各美其美，美人之美。美美与共，天下大同"的人类文明共同体理念，以期促进世界文化之交流。

基于曹雪芹在京遗迹遍布于北京东城、西城、通州、朝阳、海淀五个区，是典型的"主题散点串联式"的文物群，认定方式采用保护单位申请，专家评审认定，签订认定责任书，专业机构审核、授牌的方式。课题组为此起草了"申请表""认定书""标识牌"建设指导手册。

2023年5月，在课题结题之时，国家文物局、文化和旅游部、国家发展和改革委员会正式下发了《关于开展中国文物主题游径建设工作的通知》，明确指出"文物主题游径是以不可移动文物为主干，以特定主题为主线，有机关联、串珠成链，集中展示专题历史文化的文化遗产旅游线路。建设文物主题游径，有利于文物保护与利用，让陈列在广阔大地上的遗产更好活起来；有利于文物与旅游深度融合发展，增益旅游历史文化底蕴，满足人民日益增长的美好生活需要，服务国家战略和经济社

曹雪芹在京遗迹标识工程研究

会发展"[1]。

"曹雪芹在京遗迹标识工程"正是对《关于开展中国文物主题游径建设工作的通知》精神的具体实践。希望"曹雪芹在京遗迹标识工程"的研究成果能给"文物主题游径"建设提供参考。

---

[1] 参见《国家文物局 文化和旅游部 国家发展改革委关于开展中国文物主题游径建设工作的通知》(文物保发〔2023〕10号)。

21

曹雪芹蒜市口故居初探*

张书才·中国第一历史档案馆，研究馆员

雍正五年十二月（1728年1月），曹雪芹的叔父、江宁织造曹頫以骚扰驿站、亏空帑项、转移财物的罪名，受到革职抄家的惩处，于是"赫赫扬扬，已将百载"的"簪缨旧族"曹家就此败落了。曹雪芹作为废官家属，也便告别了江宁织造府中"锦衣纨绔""饫甘餍肥"的生活，于翌年夏季随同全家老少回到了北京归旗定居，开始了新的"历尽离合悲欢、炎凉世态"的生活，并在家庭和自身的兴衰际遇中磨炼成长为中国历史上最伟大的古典小说家。

曹雪芹回京后住在何处？这不仅于寻找曹雪芹的京华故居，而且于研究曹雪芹步入青年时代以后的生活环境、交游经历以及《红楼梦》的创作，都具有重要的意义。兹将笔者几年来断断续续考察探讨曹雪芹蒜市口故居遗址的一些情况和认识，整理成文，公诸同好，以期共同研究讨论，并吁请有关领导和主管部门予以关注和重视，共同为在北京市内建立曹雪芹故居纪念馆尽一份心力。

---

*原文载于：张书才.曹雪芹蒜市口故居初探[J].红楼梦学刊，1991（2）.

一、曹雪芹回京后住在蒜市口

1982年10月,笔者在全国《红楼梦》学术讨论会上,介绍了从中国第一历史档案馆所藏清代内务府档案中新发现的一件《刑部移会》,具文时间是雍正七年(1729年)七月二十九日。这件原始档案载明:

> 今于雍正七年五月初七日准总管内务府咨称:原任江宁织造员外郎曹頫,系包衣佐领下人,准正白旗满洲都统咨查到府。查曹頫因骚扰驿站获罪,现今枷号。曹頫之京城家产人口及江省家产人口,俱奉旨赏给隋赫德。后因隋赫德见曹寅之妻孀妇无力,不能度日,将赏伊之家产人口内,于京城崇文门外蒜市口地方房十七间半、家仆三对,给与曹寅之妻孀妇度命。除此,京城、江省再无着落催追之人。相应咨部。等因前来。
>
> 据此,应将内务府所咨曹寅之子曹頫京城及江省家产人口,俱经奉旨赏给隋赫德缘由,知会办理赵世显事务、王大人等可也。

这件档案以确凿的史实证明,曹雪芹一家由南京回到北京后,是住在崇文门外蒜市口。

蒜市口,又称蒜市。钱仪吉《衍石斋记事稿·杭大宗蒜市杂记序》有言:"蒜市在京师海岱门南二里。"海岱门又称哈德门,即崇文门。乾隆《京城全图》有蒜市口街,标于崇文门外大街南端尽头处东侧,是一条东西走向的小街道,路北西起崇文门外大街南端东侧,东至抽分厂南口,路南西起磁器口北口,东至石板胡同北口,长约二百米。从《京城全图》观之,蒜市口街房屋院落的大致布局是,路南为七个并排的大院落,除临街有一或二排房屋外,院内均空旷,当为车马客栈或店铺之属,路北除东西两端的二个院落较为空旷外，中间四个院落或二进或三进，房屋布局规整。据此，曹雪芹回京后居住的曹家旧宅，最大可能是蒜市口街路北的某一院落。

有的同志觉得，曹𫖯在康熙五十四年（1715年）七月十六日"奏覆家务家产折"中，只说"惟京中住房二所，外城鲜鱼口空房一所"❶，并未谈到蒜市口有房，从而怀疑蒜市口当为鲜鱼口之误。其实这是不可能的。因为：第一，两者虽同在外城南隅，但鲜鱼口在正阳门外，蒜市口在崇文门外，两处方位恰如一个四边形的两个对角，既非比邻，又非相距咫尺，更非读音相近，实在没有致误的因由。第二，这件《刑部移会》所称"崇文门外蒜市口地方房十七间半"，是根据总管内务府致刑部的咨文照录的，而据总管内务府官房租库档案记载，其对外城之入官房屋，总是冠以"某门外"字样，即使同一人的入官房屋亦然，如"正白旗尚志舜佐领下"（即曹家所在之佐领——笔者）所记"正阳门外云居寺胡同苏克济房九间……正阳门外冰窖胡同苏克济房二十二间……正阳门外燕尖胡同苏克济房八间……崇文门外中头条胡同苏克济房二十三间半"❷等等。可见，既然总管内务府咨称隋赫德"于京城崇文门外蒜市口地方房十七间半、家仆三对，给与曹寅之妻孀妇度命"，方位、地名、间数均十分明确，则其非正阳门外鲜鱼口之房屋，当无疑义。第三，曹寅《楝亭诗钞》卷一中的有关诗句透露，在康熙二十八年（1689年）前后，曹寅在蒜市口有房一所，并曾移居其中（详见下文）。总之，蒜市口之房屋断非曹𫖯所奏之鲜鱼口那所空房，而是曹寅置下的旧宅，当是曹𫖯所奏"京中住房二所"之一。

或谓曹家是正白旗满洲包衣佐领下人，当时满汉分居甚严，八旗满洲

---

❶ 故宫博物院明清档案部.关于江宁织造曹家档案史料[M].北京：中华书局，1975.

❷ 中国第一历史档案馆藏《内务府全宗档案·官房租库类》。

不准住在外城，因而曹家不可能在蒜市口有住房。实际情况并非如此。其一，曹家并非正白旗满洲，而是正白旗旗鼓佐领即包衣汉军佐领下人，乾隆曾强调旗鼓佐领下人"原系汉人，并非满洲"❶，与八旗满洲、包衣满洲有别，固不可以"满洲"或"满人"视之❷。其二，况且，即便是满洲旗人，实际上在外城居住者亦不少。仅据雍正九年（1731年）四月《内务府正白旗入官房屋作价册》的记载，满洲旗人、内务府旗人的入官房屋，在外城者就有数十处之多。即以崇文门外而论，便有蒜市口东王修德房五间，花儿市王先房二十五间，卧佛寺弘科房七间，中头条胡同苏克济房二十三间半，头条胡同苏五十四房七间。这些在外城的房屋，自然有的属于铺面房或出租房，但也不乏住房。《养吉斋丛录》中说得明白，八旗满洲官兵"乾隆十八年在外城居者已四百余家"，即是确证。

其实，曹雪芹一家回京后住在蒜市口的曹家旧宅，非但是理所当然，而且是非住不可的。因为：其一，曹寅一支的家产房屋都奉旨赏给了继任江宁织造隋赫德，除其给还的蒜市口这十七间半房屋外，曹家再无房屋可以居住；其二，也是更为重要的，在曹雪芹一家回京之前，隋赫德已向雍正帝奏明，"曹家属蒙恩谕少留房产以资养赡，今其家属不久回京，奴才应将在京房屋人口酌量拨给"❸，则隋赫德将蒜市口地方的十七间半房给还曹寅之妻，自然会事先请旨允准，即曹雪芹一家回京后住在蒜市口的旧宅乃是"钦命"，是不能不住的。所以，曹雪芹回京后住在蒜市口，自是定论。

---

❶ 嘉庆《钦定大清会典事例》卷八五七。
❷ 张书才.曹雪芹旗籍考辨［J］.红楼梦学刊，1983（3）.
❸ 中国第一历史档案馆.雍正朝汉文朱批奏折汇编［M］.南京：江苏古籍出版社，1991.

曹雪芹在京遗迹研究文集

二、蒜市口 16 号院是雪芹故居吗

为了探寻曹雪芹回京后的第一处故居，笔者自 1982 年底以来，多次到蒜市口附近访问考察，并在居委会同志的热情导引下，自西而东依次踏看了蒜市口街路北的各个居民院落。其中 16 号院，原为马家私宅，是现住中院北屋的马允升老先生的太祖于清朝嘉靖－道光年间买下的，迄今已有一百七八十年的历史了。马先生向笔者介绍了他的家世和这座三进院落的房屋变迁情况，并画了两幅平面草图加以说明。现将马先生的介绍综合简述如下：

我家原籍是河北省冀县人。太祖马曜东十几岁来京中布店学徒，后来经营布匹和估衣买卖。太祖原住在草厂胡同九条，后改住三里河街路北。大约在嘉庆道光年间，买下这个院子，由我曾祖马仲衡这一支居住。小时候听祖父马继壎讲，当时这个院子的前部，临街是四间面宽的三层勾连搭房，曾经是洗染坊营业，进入后面中院是从东侧的夹道走的。临街房的后面与中院之间是一道东西院墙，院墙中间是四扇木制屏门，上面有"端方正直"四个大字。中院中间是座小假山，东西厢房各三间，北房正房三间，堂屋正中上方是"韫玉怀珠"的横匾，西耳房一间，东边是通向后院的过道和厨房。后院东西厢房各三间，北屋正房三间，西耳房一间，东耳房二间；院中是座大葡萄架，东侧有口水井；从西厢房北墙开始，西北角的院墙向院里凹进一段。直到我幼年时，还是这个样子。

我十岁前后，也就是 1926 年左右，中院的房屋进行了翻建，并将南边院墙拆掉，添盖了五间南房，东侧夹道也延长直通后院了。1933 年，又把前院临街的勾连搭房，改建成了五间面宽的门脸房。

曹雪芹蒜市口故居初探

后院的北屋，自我家搬进后一直没有翻修改动过，只有几次修补。堂屋装有楠木乳白色雕花的八扇槅扇，上半部窗格中木花是黑色的，中间和东西两边都有黑檀木刻花落地罩，中间落地罩的上端挂着"富贵荣华"大字横匾，西间是前檐炕。其他各屋大都是后檐炕，炕前部有木刻槅扇，有的并有碧纱橱。各屋门上端多有大小不一的各色匾额，如"日月增光""紫气东来""静观""端宁""小憩"等。檐前抱柱上则有对联，可惜记不清楚了。

从上述马先生的介绍中可知，这个院落在嘉道年间的房间数，与曹家回京后所居之十七间半房全然不合，并且马先生也不知道这座院落在马家之前的房主是谁，而马家祖上传下来的房契、簿册、古书字画早年又被烧毁了，已无法找到直接的文字记载或实物证据，来断定这座院落就是曹雪芹的故居。但马先生介绍中提到了两点，即这座院落的形状和有"端方正直"四个大字的四扇屏门，却为我们做进一步的考察提供了线索。

据马先生介绍和实地勘察，这个院落有一个特点，即后院西北角的院墙有一段向院里凹进，这恰与乾隆《京城全图》上蒜市口街路北东数第三个院落的形状、大小规模相一致，使我们可以根据《京城全图》的所绘房屋间数和布局，结合有关材料，作出三点分析：

其一，依照乾隆《京城全图》所绘，这个院落临街房共六间（包括大门），前院西半南房三间，中院北屋正房三间，东西厢房各三间，后院空旷（院内有井，或是个小花园），全院总计房屋十八间。除这个院落外，蒜市口街路北和路南的其他院落，再没有十七八间房屋者。即是说，在乾隆十年（1745年）前后，蒜市口街唯有这个院的房屋间数，与曹家所居十七间半房相近，而如果这十八间房屋中有一间实为半间者，则恰与曹家回京后所居者相同。因此，设若乾隆《京城全图》所绘与雍正六年（1728

年）时的实际情况相一致，则这个院落当是曹家旧宅。

其二，曹寅《楝亭诗钞》卷一最后一题《南轩种竹》，有七绝三首，诗云：

> 西堂南辟市为邻，拟种檀栾障午尘。
> 论尺胜求寒水玉，携钱常避早朝人。

> 古寺凉风挽鹿车，贵唯买竹贱称书。
> 遄归不用忧长夏，手检闲枝挂葛裾。

> 尽有青光护药阑，却因石磴想风湍。
> 水文帘外立晴昼，袅袅亭亭三十竿。

此诗当作于康熙二十九年（1690年）春，其时曹寅在内务府供职，所写自是京中事。诗中既云"西堂南辟市为邻"，又云"古寺凉风挽鹿车"，所写地理环境显与内城贡院附近的曹家老宅迥别，而与蒜市口的这个院落相吻合。首先，从乾隆《京城全图》看，这座院落的前院西南角是南房三间，其北是中院的西厢房，其南临街房外即是蒜市，若此三间南房称南轩，中院西厢房称西堂，则恰是"西堂南辟市为邻"；其次，蒜市口街西边崇文门外大街西侧，当时自北而南而西依次有白衣庵、关帝庙、泰山行宫、大慈庵，蒜市口街东边广渠门内一带，更有崇恩寺、卧云庵、增福寺、隆安寺、安化寺等古刹琳宫，也确是"古寺凉风挽鹿车"的境界。可见，这个院落无论是房屋布局还是周围环境，均与曹寅诗中所写恰相符合。

其三，新校本《红楼梦》❶第三十八回，写黛玉"吃了一点螃蟹，觉得心口微微的疼，须得热热的喝口烧酒"——宝玉忙道："有烧酒。"便令将那合欢花浸的酒烫一壶来。

在这句话下，己卯、庚辰本都有双行夹批云："伤哉！作者犹记矮𩨨舫前以合欢花酿酒乎？屈指二十年矣。"这条脂批虽无署名和系年，但从所在位置和语气看，当是脂砚初评或再评时写下来的。如果是甲戌年（乾隆十九年）再评时写下的，则上推二十年是雍正十二年（1734年）甲寅。如果是初评时写下的，上推后的时间要早一些，但无论如何不会早于雍正六年戊申。显然，脂批所指出的矮𩨨舫，应是曹家回京后住宅中的一个舫（室）名。按：𩨨，音坳，头凹也；舫，船也，或谓两船相并，一般指小船。顾名思义，这屋子的形状像只小船，不高，中凹，两头翘，所以名之曰"矮𩨨舫"，颇具江南韵味。

那么，这"矮𩨨舫"有迹可循吗？有的。曹寅《楝亭诗钞》卷一倒数第三题为"小轩辟除，已移居其中，有怀子猷二首"，诗云：

旧营茅栋忆江皋，几席虚明似小舠。
白堊常年无改作，清宵一侣足游遨。
尘沙实积菴摩内，儿竖全矜画堁劳。
稍待月寒垂北户，地炉煨酒快乘尻。

苦怜幽境闭门成，一日成窗倍眼明。
腊雪竟宜添薄竹，藜床犹是面寒城。

---

❶ 新校本《红楼梦》指中国艺术研究院红楼梦研究所1982年的校注本《红楼梦》。

鹿皮净结双趺稳，烟宇闲飞数翼轻。

频念江乡点梅萼，思君脱帽趁逢迎。

此诗作于康熙二十八年（1689年）腊月，其时曹寅也在内务府供职，所写当然也是京中事。诗中对这个曹寅曾经"移居其中"的"小轩"的形状和方位作了明确交代，从而使我们知道了矮䑕舫的所在。因为：其一，"几席虚明似小舠"句，点明了这个小轩的形状像一只刀形小船❶。即是说，曹寅诗中这"似小舠"的小轩，与脂批所说曹宅中的矮䑕舫，都像小船，形状一样，两者应是同一个所在。其二，"稍待月寒垂北户"句，证明了这个小轩是在南面，是南房。即是说，这个"似小舠"的小轩，与上文所引曹寅《南轩种竹》诗中的南轩，都是南房，方位相同，两者应是同一个所在。明乎此，则脂批所说之"矮䑕舫"，即是曹寅诗中所写"似小舠"的"小轩"，亦即"南轩"。

上文考明，曹寅《南轩种竹》诗中所写南轩的方位和地理环境，与乾隆《京城全图》上蒜市口街路北东数第三个院落，即今蒜市口16号院的房屋布局和地理环境恰相符合。这样，既然"矮䑕舫"即是曹寅诗中之"南轩"，而曹雪芹、脂砚斋在"矮䑕舫前以合欢花酿酒"最迟是在雍正十二年（1734年），那么，矮䑕舫当然也只能是在曹家回京后的第一处居址——蒜市口的曹家旧宅里，从而也便进一步证实了今蒜市口16号院当是曹雪芹的故居。

---

❶ 舠，本作刀。《康熙字典》："《集韵》：丁聊切，音貂，小船也。《释名》：三百斛曰䑕，貂也；貂，短也；江南所名短而广、安不顾危者也。又都劳切音刀，义同。"至"船"（舠）形之屋，江南多有，建于院宇中。徐恭时先生曾函告，他早年去家乡即借住过这样的屋子，完全舠形，周围有小园。曹寅诗中所写"似小舠"的南轩，脂批所说之"矮舫"，自是舠形之屋。

据马先生介绍，他的太祖买下这座院落时，前院和中院之间是一道院墙，院墙中间是"端方正直"四扇屏门，直到1926年前后才拆掉，四扇屏门也移作他用，至今仍然保留着。那么，这"端方正直"四扇屏门，会否是曹家旧物呢？并进而证明16号院是曹家旧宅呢？

新校本《红楼梦》第二回冷子兴演说荣国府，对于贾政，曹雪芹原文说他"自幼酷爱读书，祖父最疼"，通行本❶则改为"自幼酷爱读书，为人端方正直，祖父钟爱"。这补加的"端方正直"四字，恰与四扇屏门上的相同，两者之间是否有联系？笔者考虑当是有的。从一般意义上讲，高鹗、曹雪芹都是内务府包衣汉人，虽生不同时，但高鹗对曹家的情况会有所闻见，并且为了补续《红楼梦》，对曹家有所调查访问也在常情之中。更重要的是，曹、高两家还有更深的关系。1978年方久忠同志告诉笔者，她听母亲说过，曹雪芹、高鹗都是方家的外甥。笔者曾请问详情，可惜老人已难提供更多的情况，只说是年轻时经常听久忠的祖父提起《红楼梦》，说曹雪芹和高鹗都是我们方家的外甥，这是上辈传下来的，当时方家的人都知道。由于久忠同志对上世的情况所知无几，又别无方家老人可资访问，未能深入调查。不过笔者相信久忠同志所讲当是实情，因为这一传说只是在方家家庭成员内部世代相传，过去从未向外声扬过，久忠同志也只是告诉了笔者一人；并且，经查乾隆年间的档案，内务府三旗也确有方姓包衣汉人，存在方、曹、高三姓联姻的可能性。由于这层关系，高鹗于曹家的家世家风、兴衰遭际等应该是有较深了解的，并能以在八九岁时就听说《红楼梦》，且知无全璧，无定本，所以高鹗补续《红楼梦》也便不是偶然的，而是有一定的渊源了。这样，高鹗在修补订正前八十回的过程中，把镌于四扇屏门之上、象征曹氏家训家风的"端方正直"四字，补入书中作

---

❶ 通行本指现行120回高续本《红楼梦》。

为荣国府嫡派代表人物贾政的评语,也就既是信手拈来而又符合情理了。所以,高续本中补入"端方正直"四字,应该是有所考的,而其与今蒜市口16号院中"端方正直"四扇屏门这一巧合,当亦揭示了这座院落与曹家旧宅的关系。

如果上述考析大致不误,可资佐证,则这座院落即现在的蒜市口16号院,应该就是曹雪芹故居,或者说至少要比其他几个院落具有更大的可能性。

三、曹雪芹居住蒜市口的意义

通过上文的考察辨析,曹雪芹于雍正六年(1728年)夏季回到北京后,即住在蒜市口的曹家旧宅已无疑义。同时,据雍正十三年十月二十一日内务府《奏将应予宽免欠项人员缮单请旨折》记载,曹頫分赔骚扰驿站银四百四十三两,近八年中仅交过银一百四十一两,尚不及三分之一,其余未交银两至此时才得以援照"本人确实家产已尽"例始邀宽免❶,即终雍正一朝,曹家不可能移居他处;并且,即使在乾隆改元之初,曹颙之子曹天佑立时补了州同,乃至曹頫或其子也赏了某项差使,有了一些俸禄,也难于在两三年内即能置产迁居。所以,曹雪芹在蒜市口居住的时间,至少也当有十余年。如此看来,曹雪芹在蒜市口地方几乎度过了他的整个青年时代,这无论从曹雪芹的成长、创作乃至文化古迹来讲,都具有至关重要的意义,值得深入探讨和研究。下面略举四点,以为抛引。

1. 对探讨曹雪芹的成长道路和《红楼梦》创作素材的来源取资,具有重要价值

蒜市口地处崇文门外,当时与内城大不相同,所居多为平民百姓,绝

---

❶ 高鹗《红楼梦序》,《红楼梦卷》第31页。

少达官士夫,是京师中下层社会的所在。康熙时人柴桑在《燕京杂记》中写道:

> 外城东有东小市,西有西小市,俱卖皮服、椅桌、玩具等物。而东小市皮服尤多,平壤数十亩,一望如白兽交卧。东小市之西又有穷汉市,破衣烂帽,至寒士所不堪者,亦重堆垒砌……穷困小民,日在道上所拾烂布涠纸,于五更垂尽时住此鬻之,天乍曙即散去也。

这一带既多市集庙会,又多车马客栈、梵宇琳宫,还有收养婴儿的育婴堂和赈恤穷民的粥厂。曾于雍正十三年署理顺天府府尹的蒋涟曾经奏称:

> ……及检查育婴堂档案,自十月初八日起,至十一月初七日止,病故婴儿七十七口。一月之中夭殇如此之多,殊为可悯……盖婴儿中有甫离母腹即行弃之者,有生才数月伊母病故无人鞠养者,亦有乳抱他人之子不能兼顾本生者,车户人等从各门运送至堂,全赖堂中乳母提携以冀存活,而乳母中或乳力短少,或性耽安逸,以致寒暑失调,饥饱不均,多所夭折。此固由管堂者不能尽心经理,实因稽察未有专官也。❶

总之,崇文门外一带充溢着中下层社会的生活氛围,既是故衣百货、农副产品的集散之地,也是商贩农夫、游民乞丐、市井豪侠乃至僧尼道

---

❶ 中国第一历史档案馆.雍正朝汉文朱批奏折汇编[M].南京:江苏古籍出版社,1991.

士、三教九流的荟萃之区。

曹雪芹是废官家属，家败回京后即生活成长在这样一个地域环境里，其耳闻目见、交往接触的自然多有下层社会的生活情景和各色人物，使他对社会对人生的体验和认识较之在江南时发生深刻的变化，对其成长、思想和创作产生深远的影响。即以小说人物而论，庚辰本第二十四回写贾芸路遇醉金刚一段文字，有眉批云：

余三十年来得遇金刚之样人不少，不及金刚者亦不少，惜书上不便历历注上芳讳，是余不足心事也。壬午孟夏。

壬午是乾隆二十七年（1762年），上推三十年为雍正十年（1732年），正是曹雪芹住在蒜市口期间。显然，曹雪芹之所以能写出醉金刚倪二，以及香料铺掌柜卜世仁、江湖道士王一贴、包揽词讼的老尼静虚等着笔不多而跃然纸上的各色人物，乃至将贾蓉之妻秦可卿写成是从养生堂（育婴堂）抱来的孤女，无疑都与住在蒜市口、寓居卧佛寺时期的生活经历和对社会众生相的了解有着必然联系。

2. 否定了雍正五年底曹获罪被抄后曹家曾一度"中兴"的可能性

有些研究者依据脂批的提示，论证了《红楼梦》中贾府抄家前的某些艺术描写，其素材取之于曹家被抄之后，从而认为曹家被抄后又曾"中兴"。其所依据的脂批主要有两条。

第一条，庚辰本第三十八回上的一条双行夹批：

伤哉！作者犹记矮𩵩舫前以合欢花酿酒乎？屈指二十年矣。

上文已经谈到，此批当是脂砚斋初评或重评时所写，即最迟写于乾隆十九年（1754年），上推二十年，为雍正十二年（1734年），其时曹雪芹住在蒜市口的曹家旧宅。矮䫜舫，即是曹寅《小轩辟除已移居其中有怀子猷》诗中所写"几席虚明似小舫"的小轩，亦即《南轩种竹》诗中所写"西堂南辟市为邻"的南轩，它在蒜市口曹家旧宅之中。

第二条，靖本第四十一回写妙玉泡茶一段文字上的脂批：

尚记丁巳春日谢园送茶乎？展眼二十年矣。丁丑仲春畸笏。

丁巳是乾隆二年（1737年），丁丑是乾隆二十二年（1757年），两者相距恰为二十年。显然，"谢园送茶"事在乾隆二年之春日。谢园，在有关曹家的各种资料中，仅此一见，但其为曹家京中住宅里的小园名，当无疑义。那么，谢园因何而名之，又在何处呢？

笔者考虑，"谢园"之命名寓意，如"西堂"应与曹寅自比谢灵运，而将其弟曹宣比作谢惠连，以喻他们兄弟如同谢氏兄弟一样欢洽友爱有关。据《南史》列传第九《谢方明传》中记载："（谢方明）子惠连，年十岁能属文，族兄灵运嘉赏之，云：'每有篇章，对惠连辄得佳语。'尝于永嘉西堂思诗，竟日不就，忽梦见惠连，即得'池塘生春草'，大以为工。常云：'此语有神功，非吾语也。'"曹寅视二谢为兄友弟悌的楷模。他不仅用谢灵运在西堂思诗不久而梦见族弟谢惠连即得佳句"池塘生春草"的典故，以"骨肉应何似，欢呼自不支……却笑今宵梦，先输春草池"[1]的诗句，来比喻他们兄弟如同二谢一样手足情深，相依相得；而且还用谢灵运的"西堂"来为自己京中住宅和江宁织造署内的书斋命名，并自号"西堂扫花行者"，以为友于兄弟的象征。显然，"谢园"者，乃因曹寅自比谢灵

---

[1] 曹寅. 楝亭诗别集［M］. 上海：上海古籍出版社，1978.

运而名之，当属不误。

谢园既是曹寅自己命名的京中住宅内之小园，则其应在蒜市口曹寅旧宅之内。因为：第一，除蒜市口的旧宅外，曹寅一支的其他宅院于曹頫获罪后均赏给了隋赫德；第二，如上文所考，曹寅京中住宅内的西堂及矮䫜舫，均在蒜市口旧宅之内，而西堂、谢园的命名寓意完全一致，两者应在同一所宅院之中；第三，以乾隆《京城全图》考察，曹宅（今蒜市口16号院）后院空旷而无房屋，且院中有水井一口，具备原是小园的客观条件和遗迹。

总之，脂批中提到的"矮䫜舫前酿酒"和"谢园送茶"二事，尽管一在雍正十二年（1734年），一在乾隆二年（1737年），但都发生在蒜市口曹家旧宅之中。因此，这两条脂批非但不能作为曹家被抄后又曾"中兴"的根据，反而倒是曹雪芹在乾隆改元之初仍住在蒜市口的明证。

3. 证实了曹雪芹曾寓居卧佛寺传说的可靠性

故老传说，曹雪芹家败落后，曾居崇文门外卧佛寺。1931年秋，国画大师齐白石与张次溪先生曾往访遗迹，并题诗作画。次溪先生有句云："都护坟园草半漫，红楼梦断寺门寒。"白石先生取其意，为绘《红楼梦断图》，并题诗一绝云："风枝露叶向疏栏，梦断红楼夜半残。举火称奇居冷巷，寺门萧索短檠寒。"❶堪称红楼佳话。然而多年以来，论者多以曹雪芹是满洲旗人，不能居外城，因而猜想这卧佛寺当是西城旧刑部街西之卧佛寺，即鹫峰寺。现在，清代档案既已证明曹雪芹回京后住在蒜市口，则其"曾居崇文门外卧佛寺"之传说，当可坐实。

崇文门外卧佛寺，在蒜市口东北二里许。"清朱彝尊的《日下旧闻考》载：'卧佛寺，入山门有圆殿，佛立其中。后殿有卧佛，长丈余，有十余

---

❶ 张次溪. 记齐白石谈曹雪芹和〈红楼梦〉[J]. 文艺世纪，1963（6）.

佛环立肩背后。寺无碑记，只西廊一铁钟，系正德戊辰年(1508年)所铸.'"❶ 寺为三进，旧有垮院，颇具亭石花木。而其南广渠门内一带，亦复琳宫栉比，雅静幽胜。曹家在江南时即与佛门多所瓜葛，曹雪芹自幼受家庭熏陶影响，与僧尼寺庵交往接触，自是情理中事。迨家败回京后，既住蒜市口，就近访游诸寺，日久与寺僧交契，或在孀母故去、贫穷难耐凄凉之时，寄居卧佛寺中，甚至在此期间开始构思《红楼梦》并写初稿，自有可信之处。试看《红楼梦》第一回便写一寄居葫芦庙中的穷儒贾雨村，说他"自前岁来此，又淹蹇住了，暂寄庙中安身，每日卖文作字为生"。而蒙古王府本在此有一条批语，特地点明：

庙中安身，卖字为生，想是过午不食的了。

作者如此写，批者如此批，当非偶然，应该是"隐"着作者曹雪芹、批者脂砚的一段亲身经历在，即寄居萧寺，作文卖字，过午不食的落魄生涯。

4. 为筹建"曹雪芹故居纪念馆"提供了最佳选址

曹雪芹由江南回京后的第一处居址是蒜市口的曹寅旧宅，既然有当时档案的原始记录为证，自是确凿无疑。尽管今天要找到原封不动地保留着十七间半房屋的宅院已是无望，但今天的蒜市口16号院的形状和大小规模仍然与乾隆《京城全图》所绘一致，而乾隆《京城全图》上这个院落的房屋间数和布局，又与档案所载及曹寅诗中所写基本相符，可以初步断定这个院落就是曹雪芹故居遗址。退一步说，即便这个院落只是具有可

---

❶ 崇文门外还有一个卧佛寺，曹雪芹曾寄居寺中构思《红楼梦》[EB/OL]．（2020-02-23）https://baijiahao.baidu.com/s?id=1659322534325626842&wfr=spider&for=pc.

能性，不能最后敲定，但蒜市口街的长度不过二百余米，从乾隆《京城全图》看路北也不过只有六个院落，而东西两端的三个院落又可排除，因此无论中间的三个院落中哪一个是曹雪芹故居，其间也不过是左邻右舍的差别，并非不着边际。应当说在此处修复曹雪芹故居，建立"曹雪芹故居纪念馆"，是最有根据、最可靠的选址。

应该承认，曹雪芹是我们中华民族历史上的文坛巨子，《红楼梦》是我们中华民族文化中的传世瑰宝，曹雪芹和《红楼梦》的研究已经进入"世界学"之林。毫无疑问，在蒜市口建立"曹雪芹故居纪念馆"，收藏和陈列展出曹雪芹家世生平史料、《红楼梦》的版本和有关文物、研究资料等，对于弘扬民族文化，增强民族自豪感，进行爱国主义教育和发展北京市的旅游事业，都是必要的，可行的，具有重大现实意义和推动作用的。

当然，如果我们把思路放宽一些，把眼光放远一点，结合北京市、崇文区的城市规划建设，还可以考虑在蒜市口路北建立"曹雪芹故居纪念馆"。其建筑布局可作如下设想：东边为"曹雪芹故居"，依照乾隆《京城全图》所绘东数第三个宅院（即今蒜市口16号院）的房屋格局，修复十七间半房屋，作为参观、凭吊的场所；故居西侧建造《红楼梦》资料研究中心"，既是负责征集、交换有关研究资料的机构，又是提供阅览、研究的场所。同时，还可考虑适当修复卧佛寺，以及东郊通惠河二闸一段景区。这样，我们首都北京便可开辟一条《红楼梦》旅游线"，把蒜市口、卧佛寺、二闸、恭王府、南菜园"大观园"及西山"曹雪芹纪念馆"等与曹雪芹、《红楼梦》有关的文化古迹、景点连接起来，循踪寻梦，必会吸引国内外的《红楼梦》爱好者和旅游者。如果这一设想能够实现，实在是一件造福今人和子孙后代的大喜事，其于我们中华民族文化的价值、作用和意义，大矣！

曹雪芹蒜市口故居*

张书才·中国第一历史档案馆，研究馆员

北京崇文门外蒜市口地方曹雪芹故居，早在1982年中国第一历史档案馆发现有关档案后，就开始考证调查了。1991年第2辑《红楼梦学刊》发表《曹雪芹蒜市口故居初探》一文，作者根据清代档案、乾隆《京城全图》与实地踏勘调查所见，首次考析论证了蒜市口16号院"应该就是曹雪芹故居，或者说至少要比其他几个院落具有更大的可能性"。此后数年，时有各界人士前往蒜市口16号院走访考察。从1999年6月开始，北京市崇文区政协、北京市政协文史委员会、中国红楼梦学会多次联合召开研讨会，各界专家经过充分讨论和实地考察，除部分古建专家认为具体确认遗址"还需进一步考证"外，会议达成五点共识，并对照乾隆《京城全图》和对院内"端方正直"屏门、水井等物的考析，认定原蒜市口16号（现广渠门内大街207号）即为曹雪芹故居遗址"基本可信"。❶

＊原文载于：张书才. 曹雪芹蒜市口故居[J]. 文史知识，2003（12）.

❶ 参见：1999年6月14日《关于曹雪芹旧居遗址研讨会纪要》。

曹雪芹在京遗迹研究文集

一、遗址确认依据

概括说来,确认蒜市口 16 号为曹雪芹故居遗址,主要有三个方面的证据:

(一)清代档案

据中国第一历史档案馆所藏档案记载,曹雪芹的叔父、江宁织造曹頫因骚扰驿站、亏空库银、转移家中财物获罪,受到抄没家产与革职枷号的惩处。雍正六年(1728 年)三月初二日,接任江宁织造隋赫德在《细查曹頫江南家产人口等情折》中奏明:

> 曹頫所有田产、房屋、人口等项,奴才荷蒙皇上浩荡天恩特加赏赉,宠荣已极。曹頫家属蒙恩谕少留房产,以资养赡。今其家属不久回京,奴才应将在京房屋人口酌量拨给。

雍正七年(1729 年)七月二十九日,刑部在给办理赵世显事务王大臣的移会中,引据内务府咨文称:

> 查曹頫因骚扰驿站获罪,现今枷号。曹頫之京城家产人口及江省家产人口,俱奉旨赏给隋赫德,后因隋赫德见曹寅之妻孀妇无力,不能度日,将赏伊之家产人口内,于京城崇文门外蒜市口地方房十七间半、家仆三对,给与曹寅之妻孀妇度命。

这两件档案证明,曹雪芹与祖母等一家老小由南京回到北京后,就

住在崇文门外蒜市口地方房"十七间半"房的曹家旧宅,并且也只能居住于此。

（二）乾隆《京城全图》

乾隆四年至十五年（1739—1750 年）勘测绘制完成的《京城全图》,详细记录了当时北京内城、外城的街巷及各个院落的房屋布局和间数。据该图所绘,蒜市口街在崇文门外大街南端尽头处,西至泰山行宫和娘娘庙街(清末改称瓷器口街)北口东侧,东至抽分厂南口、石板胡同北口。经逐一核查地图上所绘蒜市口街及其附近的各个院子的房屋间数,只有蒜市口街北侧由抽分厂南口往西数第三个院子有房十八间,此外再没有十七八间房屋的宅院。该院是一个坐北向南的三进院落:临街房六间(东数第二间为院门);前院由一道中间偏东些的南北隔墙分为两部分,西部有北房三间,东部无房;前院与中院之间是一道东西隔墙,中间偏东些有门通中院;中院北屋正房三间,东、西厢房各三间;后院空旷无房,西院墙向内凹进一段。全院总计房十八间。

据中国第一历史档案馆所藏雍乾年间内务府官房租库档案记载,房间有二檩、三檩、四檩、五檩、六檩、七檩之别,无论几檩,皆谓一间,不以檩少间小为"半间"。那么,"半间"之称又何所指呢?文献无证,民间则有两种说法:一说是院门过道,旧时按"半间"计算;一说是旧时迷信,以单数为阳宅(活人所居),双数为阴宅(死人所居),所以往往忌言双数而称"半间"。依据这两种说法,"房十八间"可称为"房十七间半",而"房十七间半"实际是"房十八间"。所以,乾隆《京城全图》上,标示的这个"十八间房"的院子,应该就是档案所载"房十七间半"的曹宅。

（三）遗迹遗物

经实地踏勘调查，乾隆《京城全图》所标示的这个"十八间房"的院子，就是依然存在的蒜市口16号，两者的方位、形状（后院西院墙向内凹进一段）、大小完全一样，只不过院内房屋间数布局已经不同罢了。并且，现存的后院古井、"端方正直"四扇屏门等遗迹遗物，也揭示了蒜市口16号院与曹家旧宅之间的某种渊源关系。

先说古井。后院在乾隆《京城全图》上空旷无房，既有水井一口，证明当年后院是个小花园。《红楼梦》第41回栊翠庵妙玉烹茶一段文字，有一条眉批说：

尚记丁巳春日谢园送茶乎？展眼二十年矣。丁丑仲春，畸笏。

畸笏，即畸笏叟，多认为是曹雪芹之叔曹頫的化名。丁巳是乾隆二年（1737年），丁丑是乾隆二十二年（1757年），恰是相距二十年。可见，"谢园送茶"发生在乾隆二年春日，正是曹雪芹一家住在蒜市口时期，即谢园实为蒜市口曹家旧宅内的一个小花园，与蒜市口16号后院在乾隆初年是花园完全相合。至于"谢园"之命名寓意，当如"西堂"一样，应与曹寅自比谢灵运，而将其弟曹荃比作谢惠连，以喻他们兄弟如同谢氏兄弟一样欢洽友爱相关。曹寅既自比谢灵运，用其书斋"西堂"之名来为自己京城家中和江宁织造署内的书斋命名，并自号"西堂扫花行者"，那么，将自己休憩时暂住并招待外城友人的蒜市口宅中小园命名为"谢园"，实也情理中事。所以，后院古井遗迹，应是蒜市口16号院即为曹雪芹故居遗址的一个证据。

再说"端方正直"四扇屏门。据祖居此院一百数十年的马允升老人介绍，屏门是祖上买下这个院子时就有的,原在中院南墙中间垂花门处,1926年前后增建南房时,才拆下移作东夹道墙壁了。"端方正直",显与旧时宅院影壁、屏门常用的"富贵平安""紫气东来"一类的吉祥语不同,应是家训家风的体现和象征。这在《红楼梦》中也有迹可循。第二回冷子兴演说荣国府,写贾政"为人端方正直",最受祖父疼爱。第二十二回元宵制灯谜,贾政又作砚台谜:"身自端方,体自坚硬;虽不能言,有言必应。"脂评说:"好极!的是贾老之谜,包藏贾府祖宗自身。'必'字隐'笔'字,妙极,妙极!"脂砚此评,特地点明包藏"祖宗自身",应是有感于自身家世所发。蔡义江先生对此有精辟的分析,他在《曹雪芹故居遗址记》中说:

> 初读,我以为脂评是说,有曹家影子的贾府原是诗书翰墨之家,故言笔砚。现在看来,还不止,同时也"包藏"对"祖宗"为人的评赞。"端方"二字,已做入谜面;"正直"二字,则以"笔"(谐"必")来指代,如谓"笔直"。谜语后八字,意谓虽无巧言善辩之才,然欲有表述,必以正直之心应对之。这不禁使人想起曹寅救陈鹏年故事:鹏年为人所陷,几遭诛杀。"曹寅免冠叩头,为鹏年请"。时李煦伏其后,"见寅血被额,恐触上怒,阴曳其衣警之;寅怒而顾之曰:'云何也?'复叩头,阶有声,竟得请。出,巡抚宋荦逆之曰:'君不愧朱云折槛矣!'"(《耆献类征·陈鹏年传》)所以,若以此谜语及"端方正直"四字来形容曹寅,倒确是很贴切的。脂评连声称赞"妙极,妙极",恐正包含这层意思在。

《红楼梦》庚辰本第二十二回

所以,"端方正直"四扇屏门既是马家祖上买下此院前的原有之物,其为曹家旧有,渊源有自,可为曹雪芹故居遗址佐证,应该说是可信的。

综上所述,可归纳为一句话:蒜市口 16 号院(后改为广渠门内大街 207 号),是迄今发现的唯一一处有清代档案可据、有乾隆《京城全图》可证、有遗迹遗物可寻的曹雪芹故居遗址。

曹雪芹蒜市口故居

二、周边寺庙佐证

曹雪芹自雍正六年（1728年）初夏由南京回到北京后，就住在崇文门外蒜市口地方的曹家旧宅内，并据故老传说，他还在广渠门内卧佛寺寄居过。1931年秋，国画大师齐白石与张次溪先生曾往访遗迹，并题诗作画。次溪先生有句云："都护坟园草半漫，红楼梦断寺门寒。"白石先生取其意，为绘《红楼梦断图》，并题诗一绝："风枝露叶向疏栏，梦断红楼夜半残。举火称奇居冷巷，寺门萧索短檠寒。"令人想见曹雪芹穷厄著书的情景。卧佛寺在今东花市斜街，西南距蒜市口约二里许。曹家在江南时即与佛门多所瓜葛，家败回京后自然更会礼佛祈福，与附近寺庵僧尼交接往还，雪芹日久与寺僧交契，或在孀母故后，贫穷难耐凄凉之日，就近寄居卧佛寺中，自属可信。如此看来，曹雪芹既居蒜市口，又寓卧佛寺，大约也就早已度过了他的青壮年时代。在雍正乾隆年间，崇文门外一带与内城大不相同，且较正阳门外、宣武门外空旷荒僻。所居多为商人工匠，车户脚夫及无业贫民，绝少达官士夫。收养弃婴的育婴堂，赈恤穷民的粥厂也设在这里。总之，这一带充溢着中下层社会的生活氛围，既是故衣杂货、农副产品的集散之地，更是商贩农夫、游民乞丐、市井豪侠以及僧尼道士、三教九流的荟萃之区。曹雪芹生活成长在这样一个地域环境里，目见耳闻、交往接触的多有下层社会的生活情景和各色人物，必然使他对社会对人生的体验和认识较之在江南时发生深刻变化，对其思想和创作产生既大且深的影响。即以小说人物而论，《红楼梦》第二十四回，写贾芸路遇醉金刚倪二一段文字，庚辰本有脂批云：

余三十年来得遇金刚之样人不少，不及金刚者亦不少，惜书上不便历历注上芳讳，是余不足心事也。壬午孟夏。

壬午是乾隆二十七年（1762年），上推三十年为雍正十年壬子（1732年），正是曹雪芹住在崇文门外蒜市口期间。显然，曹雪芹能写出醉金刚倪二，以及香料铺掌柜卜世仁、江湖道士王一贴、包揽词讼的老尼静虚等着笔不多却跃然纸上的各色人物，乃至将贾蓉之妻秦可卿写成是从养生堂（育婴堂）抱来的孤女，无疑都与他住在蒜市口、寄居卧佛寺期间的生活经历和对社会众生相的了解，有着必然的联系。善因楼梓本《批评新大奇书红楼梦》第一回有朱笔眉批称，曹雪芹"通文墨，不得志，遂放浪形骸，杂优伶中，时演剧以为乐，如杨升庵所为者"。曹雪芹与优伶交往过从并亲自登台串戏、歌哭笑傲的经历，只能发生在他在右翼宗学当差之前，即在蒜市口居住期间。清代内城不准开设戏馆，戏班、戏园和可供演戏的茶楼、会馆都在外城，而以前门外最多。《红楼梦》中写了大量的演戏、看戏、说戏的情节，涉及剧目、声腔、戏班之多，是任何一部古典小说所无法比拟的，这既是清代中期京城戏曲文化发展繁荣的真实反映，更与曹雪芹曾经"杂优伶中，时演剧以为乐"的亲身经历紧密相关。尤其值得一提的是，脂评曾指出"作者当日发愿不作此书，却立意要作传奇（戏曲）"。《红楼梦》第五回在唱"新制的红楼梦仙曲十二支"（加"引子""收尾"共十四支曲）之前，警幻仙姑说道：

此曲不比尘世中所填传奇之曲，必有生旦净末之别，又有南北九宫之限。此或咏叹一人，或感怀一事，偶成一曲，即可谱入管弦。若非个中人，不知其中之妙。

曹雪芹既然"立意要作传奇"，并通过警幻之口把"红楼梦仙曲"称作"红楼梦原稿"，自然是深知其妙的"个中人"。这说明曹雪芹在"杂优伶中，时演剧以为乐"之日，不仅有自编自演、现身说法之经历，且写过

《红楼梦》传奇"原稿"。小说《红楼梦》中既有大量的"传奇之曲",有的人物对话中也时带戏曲对白的声口,可资参酌。若果是曹雪芹"披阅十载,增删五次"过程中有一次是传奇原稿,应是"时演剧以为乐"前后所为,似可进一步证明《红楼梦》是曹雪芹在蒜市口居住期间开始写作的。

三、勘测提供实证

虽然在1999年6月召开的第一次曹雪芹故居研讨会上,就达成了原蒜市口16号即曹雪芹故居遗址"基本可信"的共识,各界专家学者和新闻媒体也一再呼吁原址保留,但由于该院在两广大街施工红线之内,最后还是决定将其拆除,同时对现场进行考古发掘,将来易地复建。2000年12月,经河南省洛阳文物勘测公司对中院、后院(其时前院地基已被道路施工队挖掘机摧毁运走)进行地下发掘勘测,发现地基层次分明,年代易辨:中院耳房及后院房屋的地基是清代中期以后的,中院正房三间、东西厢房各三间的地基下层及后院水井是清代前期的,与乾隆《京城全图》上的房屋布局、间数完全吻合。但是,就在进入21世纪的第一天,这个唯一有实据可证的曹雪芹故居遗址,终于"落了片白茫茫大地真干净"。面对此情此景,也就难怪人们感慨万端了!

聊可宽慰的是,经过崇文区区委、区政府、政协和各界人士的不懈努力,多方协调,几经折冲,终于确定在两广大街与崇文门外大街交会处之十字路口东北角,按照广渠门内大街207号(原蒜市口16号)曹雪芹故居遗址的占地面积,及其在乾隆《京城全图》上的形状、房屋布局,复建一座具有康雍时期外城民居风貌的三进院落,建立蒜市口曹雪芹故居纪念馆。目前,中国建筑设计研究院建筑历史研究所的设计人员,正在研究设计中。

这里是曹雪芹写《红楼梦》的地方*
——写在蒜市口十七间半曹雪芹故居纪念馆复建工程完成之际

张庆善·中国艺术研究院研究员

中国红楼梦学会名誉会长

据悉，崇文门外蒜市口十七间半曹雪芹故居纪念馆复建工程基本完成，有望年内开馆，这是中国文化史上的一件大事，是广大《红楼梦》研究者、爱好者多年的期盼，因为这里是唯一有可考文献记载的伟大文豪曹雪芹故居，是曹雪芹长期生活的地方，也是文学巨著《红楼梦》诞生的地方。

清雍正五年（1727年）丁未十二月，曹頫因骚扰驿站等罪名，被革职抄家，从此，赫赫扬扬近六十年的江南曹家一败涂地。雍正六年（1728年）戊申春夏之交，曹雪芹随祖母回到北京。曹雪芹一家回到北京后住在什么地方？很长时间人们并不清楚。1982年10月22日至29日，第三届全国《红楼梦》学术研讨会在上海师范学院（即今天的上海师范大学）举行，在这次研讨会上，著名红学家、中国第一历史档案馆研究馆员张书才先生，发布了中国第一历史档案馆所藏清代内务府档案中新发现的一件

---

*原文载于：张庆善.这里是曹雪芹写《红楼梦》的地方[J].红楼梦学刊，2021（5）.

这里是曹雪芹写《红楼梦》的地方

满汉文字合璧的《刑部为知照曹𫖯获罪抄没缘由业经转行事致内务府移会》❶，全文如下：

刑部为移会事。

江南清吏司案呈：

先据署苏抚尹咨称：奉追原任江宁织造曹寅名下得过赵世显银八千两一案，随经饬令上元县遵照勒追去后。今据该县详称："县详织造隋批开：前任织造之子曹𫖯已经带罪在京，所有家产奉旨赏给本府，此处并未遗留可追之人。等情。"查曹寅应追银两，原奉部文在于伊子名下追缴。今一年限满，即据查明伊子曹𫖯现今在京，又无家属可以着追，上元县承追职名似应邀免。等因咨部。

本部以曹寅名下应追银两，江省既无可追之人，何至限满始行详报，明属玩延，行文该旗作速查明曹𫖯是否在京，并江省有无可追之人，咨复过部，以凭着追。仍令该抚将承追不力职名补参，并知会办理赵世显事务之王、大人等在案。

今于雍正七年五月初七日，准总管内务府咨称：原任江宁织造、员外郎曹𫖯，系包衣佐领下人，准正白旗满洲都统咨查到府。查曹𫖯因骚扰驿站获罪，现今枷号。曹𫖯之京城家产人口及江省家产人口，俱奉旨赏给隋赫德。后因隋赫德见曹寅之妻孀妇无力，不能度日，将赏伊之家产人口内，于京城崇文门外蒜市口地方房十七间半，家仆三对，给与曹寅之妻孀妇度命。除此，京城、江省再无着落催追之人。相应咨部。等因前来。

据此，应将内务府所咨曹寅之子曹𫖯京城及江省家产人口，俱经

---

❶ 张书才.曹雪芹家世生平探源[M].沈阳：白山出版社，2009.

奉旨赏给隋赫德缘由，知会办理赵世显事务王、大人等可也。

雍正七年七月二十九日

据张书才先生研究，这件《刑部移会》，是在审追赵世显贪污案的过程中形成的。赵世显曾任河道总督十三年之久，贪赃枉法被查办，在查案中牵扯到曹雪芹的爷爷曹寅（得过赵世显银八千两），因曹寅早已去世，故奉文在曹寅的儿子曹頫名下追缴。又，根据《江宁织造隋赫德奏细查曹頫房地产及家人情形折》（雍正朝）❶，说得更清楚：

> 曹頫家属蒙恩谕少留房产以资养赡。今其家属不久回京，奴才应将在京房屋人口酌量拨给……

可见蒜市口十七间半这个地方是遵照雍正皇帝的旨意给曹家留下的，这与雍正处理李煦的情景有很大的不同。作为江南三织造之一的苏州织造李煦，与曹雪芹家关系极为密切，正如《红楼梦》中所说，四大家族是一荣俱荣，一损俱损的关系。曹雪芹的奶奶（曹寅的妻子）就是李煦的堂妹。李煦一家的命运显然比曹家惨得多，雍正一上台，就抄了李煦的家，财产全部抄没，家中仆人卖掉，还把70多岁的李煦发配到东北的打性乌拉，以至于李煦惨死在那里。但他对曹家的处理似乎手下留情，曹頫只是"枷号"，还拨给曹家部分房产，以资养赡，这确实是"皇恩浩荡"了，其中缘由，值得深入研究。不管怎么样，当时曹雪芹家是获罪之家，在江南和北京的房产都被没收了，只有这一个地方是雍正皇帝格外开恩"赐"给

---

❶ 故宫博物院明清档案部.关于江宁织造曹家档案史料［M］.北京：中华书局，1975.

这里是曹雪芹写《红楼梦》的地方

曹家居住的,因此曹雪芹家只能住这里,而且住的时间不会短,因为这是皇帝"恩赐"的地方,曹家是不能随意搬走的,曹家也没有别的地方去。

但"崇文门外蒜市口十七间半"的具体位置到底在哪里,人们一直没有搞清楚。张书才先生经多年研究,于1991年红楼梦学刊第2辑发表了《曹雪芹蒜市口故居初探》一文,首次考析论证了蒜市口16号院"应该就是曹雪芹故居,或者说至少要比其他几个院落具有更大的可能性"。他的观点得到绝大多数专家学者的认可。张书才先生根据什么认定蒜市口16号院就是曹雪芹故居呢?他说:"我之所以认为蒜市口16号院应该是曹雪芹故居遗址,概而言之是三条:一是该院在乾隆《京城全图》上是一个三进院,总计有房十八间,与'十七间半'相近,且历史沿革及房屋变迁情况较为清楚;二是该院的房屋方位及地域环境,与曹寅《南轩种竹》等诗中'西堂南辟市为邻''古寺凉风挽鹿车'及'近市''衡门'诸具体描写相吻合;三是该院的后院古井、'端方正直''韫玉怀珠'的匾额等遗迹、遗物,适与《红楼梦》中荣国府嫡系人物贾政父子的人品、命名及'脂批'中提到的雍正末年至乾隆初年曹雪芹家中之'矮𩗺舫''谢园'等,有着某种关联,揭示了该院与蒜市口曹家旧宅之间的渊源关系。"❶ 后来蒜市口16号院遗址的挖掘,进一步证明了张书才先生的观点是正确的。

说蒜市口十七间半就是曹雪芹故居,因为这有无可争议的文献史料证明,尽管在具体地址上还有一些争议,但当年的蒜市口不过一二百米长,再怎么争议,曹雪芹故居也离不开蒜市口,也离不开今天复建的"故居"有多远。但要说这里就是曹雪芹写作《红楼梦》的地方,有人就会反驳了——不是说曹雪芹在西山写的《红楼梦》吗?怎么可能是在蒜市口写的《红楼梦》呢?这些年这个说法流传很广,影响很大,说什么曹雪芹最

---

❶ 张书才.曹雪芹家世生平探源[M].沈阳:白山出版社,2009.

51

曹雪芹在京遗迹研究文集

后十年在西山的黄叶村写了《红楼梦》,到后来书没有写完,曹雪芹就病死了等等。这其实是一个误传,顶多是一个"传说"。

著名红学家蔡义江先生多年前在《〈红楼梦〉是怎样写成》一书中,就令人信服地回答了"曹雪芹在黄叶村著书了吗"这个问题。他说:"曹雪芹晚年在北京西山黄叶村著书,这好像没有什么疑问,还有画家专就此题材作过《黄叶村著书图》的画,怎么现在却提出疑问来了呢?我不是故意要标新立异,不过是尊重事实而已。在我看来,曹雪芹确实没有在黄叶村著书,尤其是没有再继续写《红楼梦》。《红楼梦》已在曹雪芹迁往西山前写成了,还写什么呢?"❶蔡先生说曹雪芹在迁居西山前《红楼梦》已经写完了,真的吗?这有根据吗?确如蔡先生所说,曹雪芹在去西山居住之前已经完成了《红楼梦》的创作,是有确凿的根据的。要论证这个问题,只要弄清楚两个关键性时间点就行了,一是曹雪芹什么时候写完《红楼梦》的?二是曹雪芹什么时间迁居西山的?

现存《红楼梦》早期抄本《脂砚斋重评石头记》(甲戌本)上,有一段关于曹雪芹创作《红楼梦》十分重要的交代:"后因曹雪芹于悼红轩中披阅十载,增删五次,纂成目录,分出章回,则题曰《金陵十二钗》。并题一绝云:满纸荒唐言,一把辛酸泪。都云作者痴,谁解其中味。"诗后有一行文字:"至脂砚斋甲戌抄阅再评仍用石头记。"而在甲戌本的"凡例"结尾,亦有一诗:"浮生着甚苦奔忙,盛席华筵终散场。悲喜千般同幻渺,古今一梦尽荒唐。漫言红袖啼痕重,更有痴情抱恨长。字字看来皆是血,十年辛苦不寻常。""披阅十载"和"十年辛苦不寻常",都清楚地告诉我们,曹雪芹写《红楼梦》用了十年的时间,而到甲戌年脂砚斋抄阅再评时,《红楼梦》已历经"披阅十载,增删五次,纂成目录,分出

---

❶ 蔡义江.红楼梦是怎样写成的[M].北京:北京图书馆出版社,2004.

这里是曹雪芹写《红楼梦》的地方

章回",可见已经是基本写完了。为什么说是基本写完了,我的意思是说《红楼梦》已经基本完成了全稿,包括八十回以后的情节以至到全书结尾的"情榜"等,但在一些地方还需要修补,如十七、十八的分回问题、林黛玉的眼睛该怎么写等。乾隆十九年甲戌即1754年,由此往前推十年或十一年、十二年(因为甲戌年是"再评",而每一次评阅的时间差不多两年),那就是乾隆七年、八年或九年,即1742年、1743年或1744年,曹雪芹创作《红楼梦》应该是从1742年、1743年或1744年动笔的。有一种说法认为曹雪芹在生活非常凄苦的境遇下,接受他的朋友敦诚敦敏兄弟"不如著书黄叶村"的劝告,于乾隆六、七年(1742、1743年)就举家迁往西山,开始了《红楼梦》创作。这个观点没有任何文献支持,是主观推测,是不能为据的。敦诚生于雍正十二年(1734年),到乾隆六、七年也不过虚岁八岁、九岁,他那时根本不可能认识曹雪芹,而且一个八九岁的小孩又如何能劝曹雪芹"不如著书黄叶村"呢?敦诚写诗劝曹雪芹"不如著书黄叶村",是在乾隆二十二年(1757年),而他在乾隆九年(1744年)入的右翼宗学,在这之后的几年里他才与曹雪芹相识相聚,曹雪芹怎么可能在去右翼宗学之前就举家迁居西山了呢?因此我们可以肯定地说,曹雪芹是在离开右翼宗学以后,才移居西山一带的。

曹雪芹是什么时间迁居西山的呢?这就不能不提曹雪芹与敦诚敦敏兄弟在右翼宗学相识的时间及离开右翼宗学的时间。

敦诚生于1734年,乾隆九年甲子(1744年)十一岁时入右翼宗学,当时他的哥哥敦敏也在右翼宗学,年十六岁。乾隆二十二年丁丑(1757年),敦诚在喜峰口替他的父亲做松亭关税的差事,他在秋天写了一首诗《寄怀曹雪芹》,这首诗对论证曹雪芹到底在什么地方写的《红楼梦》至关重要,不妨全诗照录:

53

少陵昔赠曹将军，曾曰魏武之子孙。
君又无乃将军后，于今环堵蓬蒿屯。
扬州旧梦久已觉，雪芹曾随其先祖寅织造之任。
且著临邛犊鼻裈。
爱君诗笔有奇气，直追昌谷破篱樊。
当时虎门数晨夕，西窗剪烛风雨昏。
接䍦倒著容君傲，高谈雄辩虱手扪。
感时思君不相见，蓟门落日松亭樽。时余在喜峰口。
劝君莫弹食客铗，劝君莫叩富儿门。
残杯冷炙有德色，不如著书黄叶村。❶

这首诗告诉我们这样几条重要的信息：①敦诚这首诗写于乾隆二十二年（1757年），证明这个的时候，曹雪芹已经移居西山了；②曹雪芹在西山居住的地方很荒凉，生活贫穷；③曹雪芹在西山的生活如同临邛卖酒的司马相如，很可能是靠卖字画谋生；④敦诚极为敬佩曹雪芹的才华；⑤敦诚很怀念当年在"虎门"（即右翼宗学）与曹雪芹朝夕相聚时的快乐时光，尤其是曹雪芹喝酒后那种傲世狂态、不拘礼俗的形象历历在目；⑥敦诚劝曹雪芹再贫穷也不必发牢骚，乞求富人，看人家的脸色，不如像以前那样去写书吧（"不如著书黄叶村"，即写《红楼梦》）。

那么，敦诚诗中所说的"当时"，即他与曹雪芹在右翼宗学相识是什么时候呢？我们前面说过，敦诚是十一岁入右翼宗学的，但让曹雪芹与一个虚岁十一岁的小孩"当时虎门数晨夕，西窗剪烛风雨昏。接䍦倒著容君傲，高谈雄辩虱手扪"，那当然是不可能的。因此吴恩裕先生认为："十一

---

❶ 蔡义江. 红楼梦诗词曲赋鉴赏［M］. 北京：中华书局，2001.

岁的敦诚是无论如何也不能够欣赏三十岁的曹雪芹那种'接䍦倒著容君傲,高谈雄辩虱手扪'的风度的,我认为这'当时'应该是指乾隆十三、十四年左右。那时敦诚年已十五六岁……我估计曹雪芹却是早就可能因故在乾隆十五、十六年左右就离开了右翼宗学而不久就搬到了西郊去住了。"❶

周汝昌先生在《红楼梦新证》中则认为,曹雪芹移居西郊当在乾隆二十一年(1756年)丙子前后,他的根据是:"雪芹何时迁居山村,不可确考;唯去年敦诚犹在宗学岁试优等记名,而明年敦诚赠诗已有'残杯冷炙有德色,不如著书黄叶村'之句,可知其时盖有宗学卸职,寄居亲友一类生活阶段而转入山村僻处之交关也,颇疑迁入村居当不出本年前后。"❷

我认为吴恩裕先生、周汝昌先生的分析很有道理,曹雪芹与敦诚在右翼宗学相识时,极可能是乾隆十三、十四年(1748年、1749年)。而曹雪芹移居西山的时间,不会早于乾隆十五、十六年,也不会晚于乾隆二十二年(1757年)。根据甲戌本的记载,曹雪芹早在乾隆七年、八年或九年就开始《红楼梦》创作了,因此不管是乾隆十五、十六年,还是乾隆二十一年曹雪芹移居西山,都足以证明《红楼梦》不是在西山写的,因为在曹雪芹开始创作《红楼梦》的时候,他还不认识敦诚敦敏兄弟,还没有去右翼宗学,自然谈不上离开右翼宗学,更谈不上移居西山。按吴恩裕先生说法,曹雪芹与敦诚兄弟"当时虎门数晨夕,西窗剪烛风雨昏"是乾隆十三、十四年,又说曹雪芹是乾隆十五、十六年离开了右翼宗学,他们相处只有两年左右时间,我认为这与"数晨夕"不甚合,我个人更倾向于曹雪芹离开右翼宗学的时间极可能在乾隆十八年、十九年,甚至是乾隆二十

---

❶ 吴恩裕. 曹雪芹丛考[M]. 上海:上海古籍出版社,1980.
❷ 周汝昌. 红楼梦新证·史事稽年[M]. 北京:人民文学出版社,1976.

年。那时，曹雪芹基本完成了《红楼梦》，他把稿子交给了脂砚斋、畸笏叟等亲友抄阅，他因处世难、生活困难等原因移居西山。吴恩裕先生认为，曹雪芹离开右翼宗学以后，生活无着落，"曹雪芹离开右翼宗学不是'善'离，而是有些'文章'的，并且他自乾隆十五、十六年离开宗学之后，生活一下子就成了问题。"❶ 这可能就是促使曹雪芹移居西山的主要原因。

曹雪芹移居西山一个小山村，具体什么地方，已不可考。但有一点是"可考"的，就是住的山村很偏僻，人烟稀少，生活很贫穷。敦诚诗中说："于今环堵蓬蒿屯。"（《寄怀曹雪芹》）"满径蓬蒿老不华，举家食粥酒常赊。衡门僻巷愁今雨，废馆颓楼梦旧家。司业青钱留客醉，步兵白眼向人斜。何人肯与猪肝食，日望西山餐暮霞。"（《赠曹雪芹》）敦敏诗中说："碧水青山曲径斜，薛萝门巷足烟霞。寻诗人去留僧舍，卖画钱来付酒家。"（《赠芹圃》）张宜泉诗中说："寂寞西郊人到罕，有谁曳杖过烟林。"（《和曹雪芹西郊信步憩废诗原韵》）"爱将笔墨逞风流，庐结西郊别样幽。门外山川供绘画，堂前花鸟入吟讴。"（《题芹溪居士》）敦诚、敦敏、张宜泉的诗中都描绘了曹雪芹晚年居住山村的偏僻荒凉，生活极为困难。曹雪芹居住的地方是"环堵蓬蒿屯"，是"衡门僻巷"，是"寂寞西郊人到罕"，是"庐结西郊别样幽"。而他生活的状况是"举家食粥酒常赊"，是"卖画钱来付酒家"。无论是生活的环境、生存的条件及心情，住在西山的曹雪芹都根本无法去创作《红楼梦》，他在那样的生活环境中，吃饭都成了问题，他又如何去写"备记风月繁华之盛"的《红楼梦》呢？更何况，《红楼梦》明明在他移居西山之前就已经基本写完了，他到西山还写什么呢？

那么，曹雪芹移居西山后，会不会继续"修补"《红楼梦》呢？也不

---

❶ 吴恩裕. 曹雪芹丛考［M］. 上海：上海古籍出版社，1980.

这里是曹雪芹写《红楼梦》的地方

可能。蔡义江先生说:"雪芹最后十年左右迁居西郊某山村后,吟诗、作画、出游、访友、饮酒、哭歌、高谈、题壁、留僧舍、悲遇合、举家食粥、白眼向人等,都可以一一找到资料依据,唯独找不到一点著书、改稿的迹象。脂评中虽有'书未成''此回未成'等话,但都不是他一直在写书而来不及写成的证据。那只是表示书稿残缺后,没有去补成它,遂使这些耗费半生心血写成的文字,最终却不能成书的憾恨。"❶ 确如蔡义江先生所说,"不如著书黄叶村",不是"著书黄叶村"。正是因为曹雪芹晚年生活困顿潦倒,心中愤懑,他的好朋友敦诚才劝他:"劝君莫弹食客铗,劝君莫叩富儿门。残杯冷炙有德色,不如著书黄叶村。"蔡义江先生指出,从甲戌(1754年)重评后的己卯、庚辰本的情况就可以看出,甲戌后诸本,虽有文字上的一些差异,但均非作者自己的改笔,这足可证明作者自己根本没有再审改过已写成的书稿。其他明显漏误,破损或批"俟雪芹"等语的,均绝无回应,可知说雪芹死前一直在写书是不符合实际的。❷

曹雪芹不是在西山写的《红楼梦》,那么他是在哪里写的呢?当然是在他的家里写的《红楼梦》了,他的家就是崇文门外蒜市口十七间半。这样的判断,是有依据的:

(1)崇文门外蒜市口十七间半,是北京唯一有可靠文献记载证明的曹雪芹的家,是根据雍正皇帝的谕旨"恩赐"给曹家的,不是一般的居住地。

(2)曹雪芹家当时在北京除了这里已经没有其他房产了,因此曹雪芹在这里居住的时间不会短,甚至大半生都是住在这里,直到最后十年左右迁居西山一带。

---

❶ 蔡义江.红楼梦是怎样写成的[M].北京:北京图书馆出版社,2004.
❷ 蔡义江.红楼梦答客问[M].北京:龙门书局,2013.

（3）《红楼梦》有关情节透露，崇文门外蒜市口这里的生活环境和生活经历，对曹雪芹创作《红楼梦》有一定的影响。

（4）据《内务府奏将应予宽免欠项人员缮单请旨折》记载："曹頫等骚扰驿站案内，原任员外郎曹頫名下分银四百四十三两二钱，交过银一百四十一两，尚未完银三百二两二钱。"❶ 从雍正六年（1728年）六月审结催缴，到雍正十三年（1735年）十月，仅交过银一百四十一两，曹家被抄家后，确实是败落了，连几百两银子都拿不出来了，由此可见曹家当时生活状况。根据甲戌本的记载，曹雪芹是从乾隆七年、八年或九年（1742年、1743年、1744年）开始创作《红楼梦》的，在开始写《红楼梦》的时候，曹家根本不可能再置房产，也不敢置房产，曹雪芹只能住在这里。

曹雪芹在蒜市口十七间半写《红楼梦》，是张书才先生最早提出的，他说：曹家"全家败回北京后，即住蒜市口，就近访游诸寺，日久与寺僧交契，又爱寺院雅静清幽，或在贫穷难耐凄凉之时，一度寄寓卧佛寺中，甚至在此始作《红楼梦》之构思乃至初稿，自有可信之处。试看《红楼梦》第一回便写一寄居葫芦庙的穷儒贾雨村，说他'自前岁来此，又淹蹇住了，暂寄庙中安身，每日作文卖字为生'，而蒙古王府本在此处有一条批语，特地点明：'庙中安身，卖字为生，想是过午不食的了。'作者如此写，批者如此批，似非偶然，盖'隐'有作者雪芹、批者脂砚的一段亲身经历，即寄寓萧寺，作文卖字、过午不食的落魄生涯。"❷ 张书才先生的这个分析是很有道理的。

蔡义江先生也说过："1999年6月初，我与友人们访问了当年雍正发还给曹頫赡养'两世孀妇'的崇文门外蒜市口'十七间半'老宅。我想，

---

❶ 故宫博物院明清档案部.关于江宁织造曹家档案史料［M］.北京：中华书局，1975.

❷ 张书才.曹雪芹家世生平探源［M］.沈阳：白山出版社，2009.

这里是曹雪芹写《红楼梦》的地方

这里是有清档案可查的确确实实的曹雪芹故居。雪芹从幼年随家自南京回到北京后，就住在这儿。到他三十岁左右独自迁往西郊某山村居住前，是否还搬到别的地方去过，因资料缺乏，难以推断。《红楼梦》的创作既开始甚早，作者还不满二十岁，必定还住在这里。所以，我十分感慨地写了一首小诗说：'曹家馀此宅，春梦了无痕。泣血书成后，独迁黄叶村。'" ❶

坊间传说，曹雪芹流落无依，寄食亲友家，每晚挑灯写《红楼梦》，没有纸，就用日历纸背写书。还有的说，曹雪芹素放浪，至衣食不给，其父执某，钥空室中，三年时间，《红楼梦》写成。这种种传闻，可以给"曹雪芹故事""曹雪芹传奇"增添谈助，但因没有任何文献依据，对研究曹雪芹不足为证。试想，曹雪芹要写出几十万字的《红楼梦》，如果没有比较安定的生活环境和必要的生活条件，没有大量的素材积累，没有大量的阅读（《红楼梦》内容极为丰富，涉及多方面的知识，不大量的阅读，知识从哪里来？），他怎么能写出"传神文笔足千秋"的《红楼梦》呢？因此，根据《红楼梦》成书的时间，根据曹雪芹家当时的生活状况，根据蒜市口十七间半是雍正皇帝"恩赐"给曹家的唯一房产，决定了曹雪芹在这里生活的时间不会短，我们完全可以肯定地说崇文门外蒜市口十七间半就是曹雪芹写《红楼梦》的地方，至少他是在这里开始了《红楼梦》的创作。

当年虽然绝大多数专家学者认为蒜市口16院就是曹雪芹故居，但因16号院处在两广大街的施工路段内，最后被拆除了，后确定在崇文门外大街十字路口东北角，按照广渠门内大街207号（原蒜市口16号院）曹雪芹故居遗址的占地面积，及其在乾隆全图上的形状、房屋布局，复建一座具有康雍时期外城居民风貌的三进院落，建立曹雪芹故居纪念馆。我认为

---

❶ 蔡义江. 红楼梦是怎样写成的［M］. 北京：北京图书馆出版社，2004.

59

保留原址自然是最好的，但在当时的情况下，从实际出发，北京市政府决定在原址附近重新复建，仍是值得肯定的。再有争议，这里也是蒜市口地方，蒜市口街也就一二百米长，现在复建的曹雪芹故居离"蒜市口16号院"很近，这里当然是复建曹雪芹故居纪念馆非常合适的地方了。

2021年，崇文门外蒜市口十七间半曹雪芹故居复建工程终于基本完成。在人们的期盼中，2022年7月28日由冯其庸先生题写馆名的"曹雪芹故居纪念馆"正式开馆。我们衷心地庆贺曹雪芹故居的复建完成，我们走进曹雪芹的"家"，在《红楼梦》诞生的地方，向伟大的文学家致以崇高的敬意。

蒜市口十七间半曹雪芹故居研究述论

张 歆·廊坊师范学院文学院戏剧影视文学系讲师
石中琪·中国艺术研究院红楼梦研究所副所长，研究员

曹雪芹家世与生平的考证作为《红楼梦》研究中的一个重要分支，最初学者更关注其与《红楼梦》创作之间的联系，往往将其视为《红楼梦》研究之旁证。[1]中华人民共和国成立后，《红楼梦》中独特的"人民性"与"革命性"意涵被挖掘，成为红学发展的重要思想资源。20世纪80年代以后，随着《刑部为知照曹𫖯获罪抄没缘由业经转行事致内务府移会》的发现及蒜市口16号房屋的考古挖掘，围绕"蒜市口十七间半曹雪芹故居"（以下简称"曹雪芹故居"）的研究逐渐成为一种互动、开放、带有自主性和能动性的知识生产过程。相关学者通过实地考察、文献研究、口述、文字记录与图像结合等方式对曹雪芹故居展开交叉性研究。这不仅有助于理解不同时空维度的文本、图像之间的互文对话以及在这种相互作用中所构建的学术脉络，还能够更为清晰地凸显曹雪芹故居文化象征意义的生成过程。只有关注这种过程本身，我们才能更深入地阐释曹雪芹故居研究的发展脉络及其以何种方式关联着我们的世界和生命体验的问题。

---

[1] 如顾颉刚在为俞平伯所著《红楼梦辨》（亚东图书馆1923年版）一书所写序言中提及此前一百年间的"旧红学"时谈道："自从有了《红楼梦》之后，'模仿''批评'和'考证'的东西如此的多……在这一百年之中，他们已经闹得不成样子，险些把它的真面目涂得看不出了。"

曹雪芹在京遗迹研究文集

一、曹雪芹故居研究之滥觞

中华人民共和国成立之后，随着1954年《红楼梦》研究批判运动的深入，关于《红楼梦》及曹雪芹的相关研究更加注重发掘并发扬其中富有"人民性""革命性"的文化遗产及其精神资源。其中，对曹雪芹故居的研究逐渐为学人所关注。❶

1962年，北京市文化局为了配合纪念曹雪芹逝世二百周年的活动，对曹雪芹故居、坟茔及后裔做了较全面的走访和调查，分别做了《北京市文化局关于曹雪芹故居后裔及坟茔的调查报告（1962年3月26日）》和《北京市文化局关于曹雪芹墓葬故居及后裔调查第二阶段工作情况汇报（1962年7月26日）》。❷ 此次调查以吴恩裕《有关曹雪芹八种》一书所提供的线索为参考，先后在"海淀区镶黄旗村""镶黄旗营""红石山""正蓝旗村""正白旗村""蓝靛厂火器营""香山健锐营"等地及周边村庄进行调研，均未获得具体资料，但此次调研将曹雪芹故居问题作为曹雪芹家世研究中一个极为重要的子项提出，并将其作为把握《红楼梦》及曹雪芹其人其事的一把"钥匙"，探讨曹雪芹故居位置之所在，研究本身即具有极为重要的现实意义。此次调研工作中搜集到的虽然多为"间接的只言片语或道听途说"❸，但对15个单位和80余位干部及群众的访问，以及1200多处坟茔的"踏查"，不仅推动了其后曹雪芹故居研究中资料学体系的发

---

❶ 如：吴恩裕.有关曹雪芹八种[M].上海：古典文学出版社，1958；吴恩裕.曹雪芹的故事[M].北京：中华书局，1962；吴恩裕.有关曹雪芹十种[M].北京：中华书局，1963；周汝昌.曹雪芹[M].北京：作家出版社，1964；李希凡.曹雪芹和他的《红楼梦》[M].北京：人民出版社，1973；等等。

❷ 1962年北京市文化局关于曹雪芹生平的调查报告[M]//北京档案馆.北京档案史料（四）.北京：新华出版社，2001.

❸ 同❷.

展与完善,也为曹雪芹故居研究的发展提供了重要契机。

20世纪70年代末,短暂停滞的曹雪芹故居、坟茔及后裔等研究得以复兴。❶1979年1月文学艺术研究院红楼梦研究所成立❷,同年5月《红楼梦学刊》和《红楼梦研究集刊》相继创刊,开启了"新时期红学的航程"❸。自此,围绕曹雪芹故居、坟茔及后裔等研究的相关论著开始大量发表,如蔡义江《目前〈红楼梦〉研究中的几个问题》❹、易管《江宁织造曹家档案史料补遗——康熙三十五年至五十九年的曹家奏折一一五件》❺、王春瑜《论曹寅在江南的历史作用》❻、曹汛《跋〈东京新建弥陀禅寺碑记〉——曹雪芹家世碑刻史料的考证》❼、赵宗溥《曹雪芹的旗籍问题考释》❽等。此外,还有黄进德《曹寅与两淮盐政——读〈红楼梦新证〉有

---

❶ 冯其庸.曹雪芹的时代、家世和创作——读故宫所藏曹雪芹家世档案资料[J].文物,1974(9);冯其庸.曹雪芹家世史料的新发现[J].文物,1976(3);吴新雷.关于曹雪芹家世的新资料——《康熙上元县志·曹玺传》的发现和认识[J].南京大学学报(哲学社会科学版),1976(2);曹汛.有关曹雪芹家世的一件碑刻史料——记辽阳喇嘛园《大金喇嘛法师宝记》碑[J].文物,1978(5);吴恩裕.曹雪芹佚著《废艺斋集稿》残篇的新补充[J].沈阳师范学院学报(哲学社会科学版),1979(1)。沈阳师范学院中文系.曹雪芹生平家世资料专辑,1979年;冯其庸.曹雪芹家世新考[M].上海:上海古籍出版社,1980;吴世昌.红楼梦探源外编[M].上海:上海古籍出版社,1980;胡文彬.红楼梦叙录[M].吉林:吉林人民出版社,1980.

❷ 1980年,"文学艺术研究院"更名为"中国艺术研究院"。

❸ 张庆善.新时期红学四十年——为红楼梦研究所建所、《红楼梦学刊》创刊四十周年而作[J].红楼梦学刊,2019(3).

❹ 蔡义江.目前《红楼梦》研究中的几个问题[J].红楼梦学刊,1979(1).

❺ 参见易管:《江宁织造曹家档案史料补遗——康熙三十五年至五十九年的曹家奏折一一五件》,全文分上、中、下三篇,分别刊于《红楼梦学刊》1979年第2辑、1980年第1辑、1980年第2辑。

❻ 王春瑜.论曹寅在江南的历史作用[J].红楼梦学刊,1980(1).

❼ 曹汛.跋《东京新建弥陀禅寺碑记》——曹雪芹家世碑刻史料的考证[J].红楼梦学刊,1980(2).

❽ 赵宗溥.曹雪芹的旗籍问题考释[J].红楼梦学刊,1981(4).

关章节书后》❶、任世铎与张书才《新发现的查抄李煦家产折单》❷、江慰庐《〈红楼梦〉与扬州》❸ 等。考证《红楼梦》作者各种文献及其文物资料的研究随着新时期红学的起航也开启了新的阶段。

二、文字、图像和口述：曹雪芹故居的发现

20 世纪 80 年代初期，随着《刑部为知照曹頫获罪抄没缘由业经转行事致内务府移会》的发现，其中提到的"京城崇文门外蒜市口地方房十七间半"被初步确定曹雪芹京城之寓所，具体位置由张书才等研究者结合清代档案、乾隆《京城全图》与实地勘探调查考证为"蒜市口 16 号院"❹。自此，围绕着"蒜市口十七间半"的研究作为新时期《红楼梦》及曹雪芹研究领域的学术"生长点"，在学术机构、刊物及学人的努力下，曹雪芹故居相关研究得以迅速发展。

1981 年，任世铎和张书才发表《新发现的查抄李煦家产折单》❺ 一文，并于前附言谈及新发现的《总管内务府奏查抄李煦在京家产情形折》和《查弼纳奏查明李煦苏州家产并请另行查办李煦亏欠折》是从中国历史第一档案馆所藏满文档案中翻译而来，是"迄今发现的唯一一件查弼纳有关查抄李煦家产奏折的原件"❻，对探讨曹雪芹的家世具有重要的参考价值。

---

❶ 黄进德.曹寅与两淮盐政——读《红楼梦新证》有关章节书后［J］.南京师大学报（社会科学版），1980（2）.

❷ 任世铎，张书才.新发现的查抄李煦家产折单［J］.历史档案，1981（2）.

❸ 江慰庐.《红楼梦》与扬州［J］.扬州大学学报（人文社会科学版），1981（1）.

❹ "崇文门外大街南端尽头东侧，路北西起崇文门外大街南端东侧，东至抽分厂南口，路南西起磁器口北口，东至石板胡同北口，长约 200 米。"参见张书才.曹雪芹蒜市口故居初探［J］.红楼梦学刊，1991（2）.

❺ 任世铎，张书才.新发现的查抄李煦家产折单［J］.历史档案，1981（2）.

❻ 同❺.

蒜市口十七间半曹雪芹故居研究述论

1982年，在全国《红楼梦》学术研讨会❶上，张书才向大会介绍了有关曹家家世的十多篇新资料，多为满文。其中，一份记载着雍正七年七月刑部追查赵世显贪污一事的档案格外引人注目，其中提到曹頫获罪原因乃为骚扰驿站事，且明确提及"曹頫之京城家产人口及江省家产人口，俱奉旨赏给隋赫德。后因隋赫德见曹寅之妻孀妇无力，不能度日，将赏伊之家产人口内，于京城崇文门外蒜市口地方房十七间半、家仆三对，给与曹寅之妻孀妇度命。"❷张书才在大会发言《新发现的曹頫获罪档案史料浅析——在一九八二年全国红学讨论会上的发言提要》中提到这件《刑部移会》的发现，为研究"曹頫获罪的原因及其结局，以及曹頫家属回京后的情况"提供了第一手史料，具有重要的参考价值。❸此外，张书才先生还提出了一种"当时人看当时事"的研究方向：研究《红楼梦》，不宜离开历史，离开产生《红楼梦》的那个一定的历史范围，而是需要首先了解研究一下康、雍、乾时期的政治、经济、文化、思想、阶级矛盾和典章制度，自然也包括统治阶级内部的争斗、旗人内部的满汉关系及其生活思想状况，以及曹家的兴衰遭际等。❹这种对于"历史唯物主义的具体分析"的重视，将《红楼梦》置于历史语境之中展开研究，张书才亦在其后的研究中通过对清朝档案史料的梳理，阐述"实际的材料"❺在《红楼梦》及曹雪芹相关

---

❶ 该研讨会于1982年9月22日至29日在上海师范学院举行。

❷ 张书才，王道瑞，俞炳坤.中国历史第一档案馆〈新发现的有关曹雪芹家世的档案〉[J].历史档案，1983（1）.

❸ 张书才.新发现的曹頫获罪档案史料浅析——在一九八二年全国红学讨论会上的发言提要[J].上海师范大学学报（哲学社会科学版），1982（4）.

❹ 同❸.

❺ 此言引自俞平伯《红楼梦辨》"顾序"，张书才"当时人看当时事"的研究路径，承袭了顾颉刚在《红楼梦辨》序言中提出的把实际的材料"做前导"，"实际的材料使得嘘气结成的仙山楼阁换做了砖石砌成的奇伟建筑"之谈，且在具体研究中有了进一步的推进。（可参见亚东图书馆1923年版，"顾序"，第12-13页）

65

曹雪芹在京遗迹研究文集

研究中所具有的特殊意义。1983年，张书才应《团结报》总编许宝骙先生邀约撰写《雪芹旧居，京华何处》❶一文，此文是有关蒜市口十七间半曹雪芹故居研究的第一篇正式文章，后收录至《曹雪芹家世生平探源》❷一书中，在书后的"结集附记"中，张书才自述："我调查曹雪芹蒜市口故居遗址，经历了一个由面（地区）到线（蒜市口街）、由线到点（宅院）、逐步缩小范围的过程，此文记述了我最初调查的情况和认识。"❸其后，张书才在《新发现的曹𬱃获罪档案史料考析——关于曹𬱃获罪的原因与被枷号及其家属回京后的生活状况和住址问题》❹一文中提到《刑部移会》的价值之四"即明确记载了隋赫德"拨给"曹𬱃家属的房屋在崇文门外蒜市口地方，为"探讨曹雪芹的行踪提供了新的线索"。此文中，张书才对"蒜市口故居"的具体位置结合钱仪吉的《衍石斋记事稿·杭大宗蒜市杂记序》和乾隆《京城全图》做了初步设想，提出"曹雪芹回京后居住的曹家旧宅，最大可能是蒜市口街路北、崇文门外大街与抽分厂之间的某一院落"；根据碑刻和史料，曹家又与寺院渊源颇深，蒜市口街西北路边，自东而西，有关帝庙、泰山行宫、大慈庵等庙宇，故而香串儿胡同南口西侧与大慈庵之前的两座十几间房屋的三进院落，"似亦应包括在探寻曹雪芹旧居的范围之内"。其后，张书才又陆续发表了《关于曹寅子侄的几个问题》❺《八旗满洲》❻《再谈曹𬱃获罪之原因暨曹家之旗籍》❼《清代的盟旗制

---

❶ 此文后被收入中国人民大学"复印报刊资料"《红楼梦研究》1983年第4期。
❷ 张书才.曹雪芹家世生平探源[M].沈阳：白山出版社，2009.
❸ 同❷.
❹ 张书才.新发现的曹𬱃获罪档案史料考析——关于曹𬱃获罪的原因与被枷号及其家属回京后的生活状况和住址问题[J].历史档案，1983（2）.
❺ 张书才.关于曹寅子侄的几个问题[J].江海学刊，1984（6）.
❻ 张书才.八旗满洲[J].文献，1985（4）.
❼ 张书才.再谈曹𬱃获罪之原因暨曹家之旗籍[J].历史档案，1986（22）.

度》❶《漫谈〈红楼梦〉续书》❷等文章。

经过数年的潜心研究，1991年张书才在《红楼梦学刊》第2辑发表《曹雪芹蒜市口故居初探》一文，对其在《新发现的曹𬱖获罪档案史料考析——关于曹𬱖获罪的原因与被枷号及其家属回京后的生活状况和住址问题》❸一文"关于曹雪芹回京后的住址"中提到的故居位置之设想进一步"深入考察"，结合档案史料与乾隆《京城全图》的逐一对比与辨析，确认"蒜市口16号院"，即抽分厂西数第3号院为"曹家旧宅"。文中提到，自1982年以来，张书才多次到"蒜市口左近"访问考察，"自西而东依次踏看了蒜市口街路北的各个居民院落"，并对"16号院"的马允升进行访谈❹，由此了解此院落在嘉道年间的房屋变迁情况，结合院落形状及有"端方正直"四字的屏门、曹寅《楝亭诗钞》等资料，按图索骥，考证曹雪芹故居即为此处。值得注意的是，张书才在此文的第三部分"曹雪芹居住蒜市口的意义"中提及"证实了曹雪芹曾寓居卧佛寺传说的可靠性"。此故老传说流传已久，据张次溪在《记齐白石谈曹雪芹和〈红楼梦〉》❺一文回忆，他早先听沈太侔先生说过：相传《红楼梦》作者曹雪芹在家道中落之后，曾一度在卧佛寺里住过。到了1931年秋天，齐白石同他专程去该寺寻访曹雪芹遗迹，但遍问庙里庙外一带的老住户，都"瞠目无所知"，返家后心有戚戚然，张次溪作《吊曹雪芹故居》诗五首。其一云"都护坟园草半漫，红楼梦断寺门寒"，由

---

❶ 张书才.清代的盟旗制度[J].文献，1987（4）.
❷ 张书才.漫谈《红楼梦》续书[J].古典文学知识，1989（1）.
❸ 张书才.新发现的曹𬱖获罪档案史料考析——关于曹𬱖获罪的原因与被枷号及其家属回京后的生活状况和住址问题[J].历史档案，1983（2）.
❹ 《曹雪芹蒜市口故居初探》一文中收入部分马允升口述资料。
❺ 张次溪.记齐白石谈曹雪芹和《红楼梦》[J].文艺世纪，1963（6）.

目之所及的张园[1]，想到雪芹一度寄居崇文门外卧佛寺中的萧瑟与悲凉，此句与其五中的"荒园颓壁市南街，废址难寻玉篆牌"相互呼应，齐白石感其诗中之情，取"红楼梦断寺门寒"之意，画得一幅《红楼梦断图》相赠，并于图上题诗云："风枝露叶向疏栏，梦断红楼月半残。举火称奇居冷巷，寺门萧瑟短檠寒。"诗前系以小引云："辛未秋，与次溪仁弟同访曹雪芹故居于京师广渠门内卧佛寺，次溪有句云：都护坟园草半漫，红楼梦断寺门寒。余取其意，为绘《红楼梦断图》，并题一绝。齐璜白石。"后此画不慎遗失，汪慎生、陈封可、俞剑华及齐白石五公子良巳，又为其补画。补画之作上，除补录白石老人的原题外，齐良巳又增添一段小跋："辛未秋日，次溪六兄同先子谒曹雪芹故居，先子为绘《红楼梦断图》，次兄失于南中，兹命补作，勉应呈教。白石五子良巳谨。"[2] 张书才据此资料结合清代档案认为曹家回京后，既住蒜市口，就近访游诸寺，日久与寺僧交契，或在孀母故去、贫穷难耐之时，寄居卧佛寺中之传说当为可信，此传说亦可作为佐证曹雪芹蒜市口故居具体位置之材料。[3]

在此研究的基础上，张书才又陆续发表了《雪芹故居今安在 崇文门外蒜市口》[4]《曹雪芹家世档案史料补遗》[5]《曹雪芹蒜市口故居》[6]《曹雪芹生父新考》[7]《内府包衣世家 旗籍包衣汉人——曹雪芹家世生平探析之一》[8]

---

[1] 张园为晚清民国著名学者张柏桢故居，园内建有袁崇焕纪念堂。张次溪为张伯桢次子。

[2] 张次溪. 记齐白石谈曹雪芹和《红楼梦》[J]. 文艺世纪, 1963 (6).

[3] 此研究路径有顾颉刚将"古史当作传说变迁来看待"之意味。

[4] 张书才. 雪芹故居今安在崇文门外蒜市口 [J]. 文史选刊, 1997 (12).

[5] 张书才. 曹雪芹家世档案史料补遗 [J]. 红楼梦学刊, 2001 (2).

[6] 张书才. 曹雪芹蒜市口故居 [J]. 文史知识, 2003 (12).

[7] 张书才. 曹雪芹生父新考 [J]. 红楼梦学刊, 2008 (5).

[8] 张书才. 内府包衣世家 旗籍包衣汉人——曹雪芹家世生平探析之一 [J]. 曹雪芹研究, 2016 (1).

等文章,并出版《曹雪芹家世生平探源》一书,对曹家旗籍家世等都有系统论述。此外,宫中《蒜市口当有曹雪芹故居》❶、张元《曹雪芹北京城内故居考证》❷、马允升《曹雪芹故居(原蒜市口16号)变迁之回忆》❸、赵书的《满族习俗与蒜市口曹雪芹故居》❹等论述都对曹雪芹故居研究的发展起到了极为重要的推动作用。

这一时期,曹雪片故居研究通过特有的研究路径,结合档案史料、景观图像、口述资料等,"以共同的理解与情感"为基础,逐步建构了完整、连贯的论述框架,同时它又与"当时人""当时事"紧密勾连,进而奠定了新世纪曹雪芹故居研究的坚实基础。

三、曹雪芹故居研究之发展

20世纪90年代末,随着北京旧城改造的推进,"十七间半"曹雪芹故居遗址保留还是拆除的问题一时成为讨论的热点。❺ 1999年8月,北京市崇文区政协、北京市政协、中国红楼梦学会在龙潭公园龙吟阁联合召开"曹雪芹故居遗址研讨会",确认蒜市口曹雪芹故居遗址❻并建议北京市及崇文区政府和文物部门,结合市、区的规划建设,在蒜市口修建曹雪

---

❶ 宫中.蒜市口当有曹雪芹故居[J].北京档案,1993(4).
❷ 张元.曹雪芹北京城内故居考证[J].北京教育学院学报,1995(4).
❸ 马允升.曹雪芹故居(原蒜市口16号)变迁之回忆[J].文史选刊,1997(12).
❹ 赵书.满族习俗与蒜市口曹雪芹故居[J].满族研究,1999(4).
❺ "十七间半"曹雪芹故居遗址再成热点[N].光明日报,1999-06-24(2).
❻ 大部分专家认为,根据乾隆《京城全图》所绘蒜市口街两侧各院落的房屋间数,及祖居蒜市口16号院已一百七八十年的住户马允升老人提供的此院房屋格局、变迁情况与匾额、屏门、水井等物,结合《楝亭诗钞》《红楼梦》的有关描写考察,16号院应为曹雪芹故居遗址。部分古建专家认为,具体确认曹氏故居十七间半房遗址,尚需进一步踏勘查证。

故居纪念馆。❶ 蔡义江在《曹雪芹故居遗址记》一文中谈到在召开此次会议之前，杜春耕与其相约，去实地走访一次当年的曹家故宅——原北京崇文门外蒜市口"十七间半"的16号院，中国第一历史档案馆研究馆员张书才、北京师范大学中文系教授张俊、北京语言大学教授周思源、北京出版社副编审曹革成等也与之同行。❷ 走访归来后，蔡义江写了"曹家馀此宅，春梦了无痕"的诗句，取东坡诗中"人似鸿雁来有信，事如春梦了无痕"之意，其叹惋之情可见一斑。2000年10月，广安大街扩建改造工程已经推进至蒜市口16号院的周围，11月初，施工队开始全面拆除地面建筑。2001年1月1日，曹家旧宅最终化为"白茫茫一片大地真干净"。经过拆除过程中的考古挖掘发现，"现存前院正房3间、东西厢房各3间的基础确是清代前期所建，虽经过翻建，但格局不曾改变"——自此，蒜市口16号院基本可认定为乾隆《京城全图》蒜市口街北侧东起第三个院落之所在。❸ 蒜市口16号院房屋基础的发掘，进一步推动了21世纪以来曹雪芹故居研究的发展。研究者从不同维度及视域出发，对曹家蒜市口十七间半旧宅的坐落和布局情况提出了众多新见，使曹雪芹故居研究渐趋丰盈，逐步形成符合自身的研究范式与理论体系。

学界对曹雪芹故居研究的焦点集中在"蒜市口街"的地理范围及故居确切位置的考证上，相关讨论一直延续至今。张秉旺、兰良永、黄一农、杨泠、樊志斌等研究者均提出了不同的看法。如张秉旺在《红苑杂谈》中收录的《雪芹故居何处寻——〈曹雪芹蒜市口故居初探〉辨析》《"蒜市口十七间半"补说》《鲜鱼口与曹家》等文章中对推断"蒜市口16号院"为曹雪芹故居的考证材料逐一辨析，提出蒜市口街南侧的一个小院的房间数

---

❶ 北京蒜市口曹雪芹故居遗址研讨会在北京召开[J].历史档案，1999年（3）.
❷ 蔡义江.追踪石头2——蔡义江论红楼梦[M].杭州：浙江文艺出版社，2014.
❸ 红建设.蒜市口16号院房屋基础发掘纪实[J].红楼梦学刊，2001（3）.

量正合"十七间半"之数。❶兰良永在《曹雪芹蒜市口故居再议》❷中提出"曹家的'十七间半'是基于产权学概念而言",乾隆《京城全图》"基于建筑学概念而绘",不可混同而论,据此,他推论"蒜市口街可从崇文门外大街南口向西延展,曹雪芹故居并不局限于崇文门外大街南口东侧"。黄一农《曹雪芹"蒜市口地方房十七间半"旧宅新探》一文对"蒜市口"也做了重新界定,认为:"北界为手帕胡同与东茶食胡同,西界为香串儿胡同与娘娘庙胡同,南界为西利市胡同,东界为汪太医胡同与石板胡同"❸,杨泠《曹家蒜市口旧宅新考》❹中对"蒜市口的变迁及其广义性"结合清代至民国地图❺对"蒜市口"所处位置做了系统梳理,并推论"蒜市口地方"范围极有可能具有行政区域意义,且涵盖区域至少在"三里河"与"广渠门"之间。樊志斌《蒜市口 蒜市口大街 蒜市口地方:谈曹雪芹崇外故居研究中的几个概念——兼及曹雪芹的北京城市交游、成长与纪念》❻承袭上述学人的研究成果,提出学界对"蒜市""蒜市口""蒜市口街""蒜市口地方"的理解为曹雪芹故居研究的关键所在。他认为"蒜市口地方"涵盖以"蒜市""蒜市口"为中心的周边一片区域,"南至西利市营,北至香串胡同、石虎胡同一带,甚至更远",据此,他将"鲜鱼口空房一所"

---

❶ 张秉旺.红苑杂谈[M].北京:军事谊文出版社,2007.

❷ 兰良永.曹雪芹蒜市口故居再议[J].曹雪芹研究,2014(3).

❸ 黄一农.曹雪芹"蒜市口地方房十七间半"旧宅新探[J].红楼梦研究辑刊,2015(10).

❹ 杨泠.曹家蒜市口旧宅新考[J].红楼梦研究(壹),2017:53-57.

❺ 如嘉庆五年(1800年)《京城内外首善全图》、道光五年(1825年)《京城全图》、同治四年(1865年)周培春所绘《北京地里全图》、同治九年(1870年)《京师城内首善全图》、光绪三年(1877年)《最新北京精细全图》、1914年《北京地图》、1921年苏甲荣编制的《北平市全图》、1928年京师警察厅总务处编制的《京师内外程详细地图》等。

❻ 樊志斌.蒜市口 蒜市口大街 蒜市口地方:谈曹雪芹崇外故居研究中的几个概念——兼及曹雪芹的北京城市交游、成长与纪念[J].北京文博文丛,2018(3).

与"蒜市口故居"相联系,且认为曹家旧宅距离鲜鱼口、蒜市口距离相近,即草场胡同附近。2021年7月30日,在"纪念新红学100周年、中国红楼梦学会成立40周年暨2021年学术年会"上,胡铁岩提交的《新发现的曹家蒜市口"十七间半"地点考略——以在中国第一历史档案馆新发现的档案文献为主要依据》一文中提出以"市政管理区域定位法"来确定"十七间半"的具体位置。❶ 此外,《红楼家世——曹雪芹氏族文化史观》(2003)❷《红楼长短论》❸(2004)、《曹雪芹在北京的日子》❹(2008)、《追踪石头——蔡义江论红楼梦》❺(2006)、《追踪石头2——蔡义江论红楼梦》(2014)❻等相关著作均涉及曹雪芹故居研究。随着理论自觉性的提高,可以看到学者尝试推进曹雪芹故居研究的努力。

21世纪以来,曹雪芹故居研究的"学理性""思想性"得以凸显,同时也开始注重对故居研究以往成果的回顾和总结。但是,总体而言当前关于曹雪芹故居研究的成果还是略显单薄,与当代文化建设紧密相关的应用性研究更是缺乏。为了促进曹雪芹故居研究乃至红学研究的学术自觉与范式转换,从学术史角度对其进行全面而清醒的思考,就显得尤为重要。

---

❶ 胡铁岩认为蒜市口的具体位置与南城指挥署同在南城三里河的清化寺街,隶属于南城正东坊,而"十七间半"位置则与香串胡同相同,在崇文门外大家路西,隶属于南城正东坊第三铺。

❷ 周汝昌,周伦玲.红楼家世——曹雪芹氏族文化史观[M].哈尔滨:黑龙江教育出版社,2003.

❸ 胡文彬.红楼长短论[M].北京:北京图书馆出版社,2004.

❹ 吴恩裕,端木蕻良,等.曹雪芹在北京的日子[M].西安:陕西人民出版社,2008.

❺ 蔡义江.追踪石头——蔡义江论红楼梦[M].北京:文化艺术出版社,2006.

❻ 蔡义江.追踪石头2——蔡义江论红楼梦[M].杭州:浙江文艺出版社,2014.

北京曹雪芹故居及相关史事新考

包世轩·北京市古代建筑研究所原副所长

北京民间文艺家协会理事

一、崇外蒜市口曹雪芹故居

2003年，经多年的寻访，69岁的张书才先生提出的崇文门外蒜市口老宅是曹雪芹故居的考证，终于得到史学界、红学界的一致认同。

早在1982年，张书才查阅清内务府档案时发现一件雍正七年（1729年）的《刑部移会》，其中载明曹家获罪抄家后，江宁织造隋赫德曾将抄没的"京城崇文门外蒜市口地方房十七间半、家仆三对，给与曹寅之妻孀妇度命"。

这个档案文献真切地披露了曹雪芹一家回京城生活的地点，根据这个史料，经详细考察，张书才终于将目光锁定在广渠门大街207号院。"那个院子有18间房子，按照民间的说法，阴阳房和门洞算半间，207号院刚好吻合十七间半的格局。"

据张书才回忆，院里留存有"端方正直"四扇屏门，这四个字曾在《红楼梦》里出现过。张书才认为，这里就是曹雪芹的故居遗址。

原任江宁织造员外郎的曹頫，因骚扰驿站获罪，家产人口俱奉旨赏给了隋赫德，后隋赫德见曹寅之妻度日艰难，便将曹氏家产的一部分——崇文门外蒜市口的十七间半和三对仆人，退给了曹寅之妻。据此张书才认为，曹雪芹一家由南京回到北京后，他的青少年时期即在蒜市口十七间半院落度过，文学巨著《红楼梦》也是在此构思的。

这里是曹雪芹回京第一处居址，修建故居纪念馆的意义比西山曹雪芹故居更胜一筹。

2004年，因北京修建两广路，此处与曹雪芹有关的古民居因扩路被拆除，原计划易址复建此宅院，最终也没有了下文。

二、敦敏、敦诚与曹雪芹"当时虎门数晨夕"之地

清"右翼宗学"，位于西城西单东侧的石虎胡同31号、33号院，是保存较好的明清古宅院。清雍正年间，为八旗贵族子弟开办教育机构，在此设立"右翼宗学"（清"左翼宗学"在东城的灯市口），曹雪芹曾任教于此。敦诚诗有"当时虎门数晨夕"，"虎门"即"右翼宗学"。

曹雪芹何时在右翼宗学呢？虽无定论，有红学家认为在乾隆九年（1744年）左右。在宗学里曹雪芹干什么呢？红学家的说法不一，助教、教师、瑟夫，总之是在宗学任教。

大约是乾隆九年曹雪芹在右翼宗学任教，因他具备顺天府拔贡资格。此时敦敏、敦诚兄弟是右翼宗学学生。

当时敦敏16岁，敦诚11岁。敦敏、敦诚兄弟聪明才奇，喜文善诗，和曹雪芹虽是师生关系，年龄相差也较大，但因志同道合，志趣相投，曹雪芹和两位学生的关系很好，经常一起在古枣树下谈古论今，逐渐由师生关系变成好友。敦诚有著名的《寄怀曹雪芹》诗，诗云："当时虎门数晨夕，西窗剪烛风雨昏。接篱倒著容君傲，高谈雄辩虱手扪。"他们"数晨

夕""高谈雄辩",不但经常在一起饮酒论诗,还有记载可查,曹公曾几次到敦敏的住处"槐园"去。

据考,清右翼宗学乾隆十九年(1754年)迁宣武门内绒线胡同。此时曹公已不在宗学任教。

推算曹雪芹乾隆十六、十七年(1751年、1752年)离开右翼宗学,其后来到香山正白旗居住。

三、香山正白旗村曹雪芹纪念馆

现在的曹雪芹纪念馆,即过去的正白旗村39号,为香山健锐营正白旗旗下老屋。

乾隆十四年(1749年)前后,曹雪芹从京城寓所移居香山脚下健锐营正白旗,在此继续写作《石头记》。朋友敦诚、敦敏、张宜泉等时常来此把盏唱和,留下一些记述当时情形的诗句,成为红学研究的重要依据。

1963年,红学家吴恩裕、周汝昌、吴世昌先生到北京香山考察,张永海老人讲到一个传说,说曹雪芹的朋友"鄂比"曾送他一副对联:"远富近贫以礼相交天下少,疏亲慢友因财绝义世间多。"

1974年,香山健锐营正白旗村35号旗下老屋住户,北京27中退休语文教师舒成勋先生修缮房屋,西墙墙皮裸露出旧墙面的"题壁诗"墨字,共有9块诗文,字体大小各不相同,有两幅呈扇面形,其中居中一块呈菱形,诗为:"远富近贫以礼相交天下少,疏亲慢友因财而散世间多。真不错。"

除了末尾加上的"真不错"三字,这两幅菱形书写的题字,与张永海老人说法仅差两个字。在其中一首扇形诗题有"丙寅"年落款。

这些引发了红学家、历史学家的思考探讨,加之老屋属于正白旗的营

房，与曹家祖上加入正白旗"包衣"恰相吻合。种种情况表明，"旗下老屋"，可能即曹雪芹当年居住过的地方。

1982年，旗下老屋被修缮翻建，辟为曹雪芹纪念馆。共有12间房屋，分五个展览室，于1984年4月正式开馆。

与曹雪芹往来的敦敏、敦诚兄弟，是努尔哈赤第十二子英亲王阿济格五世孙，分别著有《懋斋诗抄》《四松堂集》，其中涉及曹雪芹的《寄怀曹雪芹》《赠芹圃》等诗，还有张宜泉《怀曹芹溪》诗，直接记录与曹雪芹的交往情况。

红学家根据"不如著书黄叶村""庐结西郊""月望西山""衡门僻巷"等诗句，判断曹雪芹故居即在卧佛寺西南这处正白旗旗营里。

四、与红楼梦创作有密切关联的天太山慈善寺

（一）《红楼梦》之疯道人形象源于天太山慈善寺魔王和尚

天太山亦称天泰山、天台山。它东南约8里，中间隔着一座山峰便是八大处的宝珠洞。

天太山慈善寺旧供奉魔王菩萨真身像，是康熙年间一位高僧。魔王和尚正是曹雪芹《红楼梦》起始开篇那位疯癫道人的来源。

天太山魔王和尚是北京西山具有影响的一个佛教历史人物，其事迹传说颇多，主要在旗民中间流传。纵览清人文集，可知敦诚、敦敏、张宜泉都有诗文提到天太山慈善寺，并在寺内留宿。魔王菩萨的传说故事他们必然是知道的，交往之中能不影响曹雪芹创作的艺术构思吗！当然慈善寺僧人们为维持香火繁盛，有意地给寺院增加一些离奇神秘色彩，以广教化，吸引香火布施，故任凭民间把顺治帝出家故事附加在这座寺院上。民间多

认为魔王菩萨就是出家的顺治皇帝，并且有坐化的真身一直供奉在寺内的佛楼里。

关于《红楼梦》起首的疯僧，肯定与康熙年间天泰山慈善寺疯僧的传说有关。慈善寺内一定留有曹雪芹及敦诚、敦敏等人的足迹，张宜泉《春柳堂诗稿》即有"登天泰山夜宿魔王寺"诗，都是最好的证明。

或许因魔王和尚一系列民间传说，使寺院周围的景物也得到神化与升华，乾隆时期宗室贵族诗人在此流连忘返，游赏并作诗记之。

（二）关于天太山慈善寺魔王菩萨

清康熙以来京城内外，"天太山慈善寺魔王老爷"无人不知！无人不晓！那么天太山慈善寺的魔王菩萨到底是个什么样的出身经历呢？

据1943年八大处柳溪山房出版的《西山名胜记》记载："天太山在八大处西北十余里。由八大处山中前往，步步向上，经过一岭名"一片石"。（岭上平坦，一片青石，净无尘埃，故名一片石。在此处东望旧京，西望浑河、三家店及以西山峰，均历历在目）再行二三里即达天太山。此处寺名慈善寺，清康熙间有疯僧在此苦修，有道行。敕赐号为魔王和尚。后坐化，供其肉体为佛。因其貌酷似清世祖，故世传顺治十八年归山修行，坐化成佛云。龛旁有诗一首，题曰"世祖章皇帝圣语遗迹"，云是坐化前一夕所题。诗曰：天下丛林饭似山，钵盂到处任君餐。黄金白玉非为贵，惟有袈裟披最难……语意虽极旷达，然太显露，令人怀疑……据云魔王和尚圆寂前，向其弟子曰：我圆寂后三日，如不放香，即葬入塔中；如闻异香，即成正果。可将肉体供于龛中。三日后缸中果有异香放出，遂供其肉体于龛，即今之肉体佛也。"

据慈善寺内现存碑石记载，康熙年间"始有疯僧隐居荒山，坐卧苦

修,警动四方,有求必应"。被称为"天太古佛,道高德重,神人皆钦"。这位疯僧在寺内梵修,得道成佛,被人们奉为"魔王菩萨"。魔王菩萨也是一位苦行僧,"群奉燃灯古佛,志坚行苦,转石丸于悬崖绝壑之间;德盛道尊,成金身于化日光天之世"。自康熙以来施奉者颇多,为"魔王菩萨"修建寺院,至民国初年,慈善寺殿堂、禅房已达一百余间。另据寺内碑石所记,"魔王菩萨"生前礼"燃灯古佛",弟子们在其塔额间称他为"燃灯古佛莲花教主",俨然以开创佛教新宗派的教主面目行世。"魔王菩萨"圆寂于康熙十七年(1678年)三月十五日,逝后真身不腐,弟子们将他供奉在寺中莲花宝阁大殿龛内,并在慈善寺南部山坡间,为他建造一座喇嘛式宝塔纪念他。经考证他的真实身份是一位临济宗三十四世高僧。

康熙年间以来特别是八旗贵族官员、民众对"魔王菩萨"最为崇拜。

(三)敦诚《四松堂集》诗咏天太山

敦诚,字敬亭、号松堂、别号慵闲子,敦敏之弟,与曹雪芹有密切交往。据敦诚《四松堂集》记载:

腊月二十五日夜宿一片石
风捲黄沙急,山围古塞偏。醉中悲壮志,客里送残年。
祀腊怀乡土,登楼怅海天。只余孺子泪,向夜一潸然。

为什么敦诚居然在天寒地冻的腊月末还要在西山夜宿?一片石在古刹慈善寺东南10里,既是一处山石道路的自然胜景,又是村落名称,今称陈家沟村,他不可能夜宿在一片石的农家。其实他与朋友们夜宿的是天太山慈善寺,因不便在诗内挑明,而以"一片石"代之,因为在一片石(陈家沟村）也没有什么楼阁可登。"登楼怅海天"即指慈善寺内的二层佛楼，底层就是魔王菩萨的供奉之处。敦诚诗文不明讲腊月末夜宿在慈善寺，一定有历史的隐情与秘密。因朋友之约聚集在此以送残年，饮酒至醉且悲壮，都说明有不尽的隐情在其中。

岁暮宿村寺不寐挑灯感赋二首

烟林竹古寺，幞被拂行尘。征仆供宵馔，荒厨燃湿薪。

客途多感旧，岁晚易怀人。百事难回首，翻成一怆神。

猎犬遥村吠，微飔响叶干。龛深古佛暗，屋老病僧寒。

月色迟冬杪，人言静夜阑。萧然不成寐，相伴一灯残。

敦诚此首诗文又一次证实他在岁末腊月曾栖身山寺，上次称夜宿一片石，这次明说夜宿在山寺。这寺是何处？必是天太山慈善寺，无有其他。

（四）敦敏《懋斋诗钞》提到天太山

敦敏这首长诗主要是赞颂八大处各寺院的，顺便提到天太山，即慈善寺。

送敬亭游西山

……

宝珠古洞森烟萝，中旋一隙通岩阿。问君幽宿何方寺，跻攀天太可能过？

平生自负双屐健，春来游兴为君羡。去去四望想诗怀，一时古寺题留遍。

敦诚，字敬亭、号松堂，是敦敏的弟弟，此诗是敦敏送其弟壮游西山的诗作。

诗文表明，敦诚与敦敏曾共同结伴畅游西山春色，留宿于翠微山即八大处的寺院，饮龙泉茶、游秘魔崖、登宝珠洞，当然也游历了天太山慈善寺。

（五）张宜泉《春柳堂诗稿》记载夜宿天太山

张宜泉，乾隆朝汉军籍旗人，大约是北京通州张家湾人。据证，张宜泉生于雍正三年（1725年），死于乾隆四十一年（1776年），享年51岁。所著《春柳堂诗稿》有光绪年间刊本，据他的诗文记载与曹雪芹有较近的交往。

张宜泉《春柳堂诗稿》收录《同李二甥婿沈家四世兄登天台山宿魔王寺》四首。

诗文所言天台山魔王寺，即天太山慈善寺。张宜泉诗文直接证实这个文人圈子与天太山慈善寺（魔王寺）有不解之缘。他们与天太山慈善寺之间有着某种渊深未知的独特因缘。

（六）乾隆后期睿亲王淳颖五里坨阳宅与《红楼梦》诗

睿亲王淳颖《观石头记偶成》诗：

纸喎喎语不休，英雄血泪几难收。
痴情尽处灰同冷，幻境传来石也愁。
怕见春归人易老，岂知花落水仍流。

红颜黄土梦凄切，麦饭啼鹃认故邱。

睿亲王皆多尔衮后人。第七代睿亲王淳颖嘉庆五年（1800年）十一月薨逝，葬在生前他单选的墓地——西郊五里坨村北净德寺。

第九代睿勤亲王仁寿，"祺祥政变"中他带兵抓捕郑亲王肃顺，当时52岁。三年后的同治三年（1864年）去世，终年55岁。参与慈禧太后第一次"垂帘听政"政治举措的宗室贵族，死后也葬在石景山区五里坨北净德寺墓地。

乾隆年间，睿亲王淳颖把墓地选在五里坨村北净德寺，与西北4里的饶毓敏亲王家族墓地遥遥相望。睿亲王淳颖墓地阳宅、享堂在五里坨村东街，是两座东西并列的大宅院（现存旧屋基址精良的台明石等）。

从净德寺墓地往北3里路就是天太山慈善寺。结合天太山的历史与传说，以及他有关《红楼梦》的题诗，睿亲王府中只有他把墓地单独地选在了西郊五里坨，距离慈善寺为最近之地，此举颇令人深思。

五、曹雪芹逝世地的最新考证

张宜泉的《伤芹溪居士》原注称：

其人素性放达，好饮，又善诗画，年未五旬而卒。
谢草池边晓露香，怀人不见泪成行。
北风图冷魂难返，白雪歌残梦正长。
琴裹坏囊声漠漠，剑横破匣影铓铓。
多情再问藏修地，翠叠空山晚照凉。

据此红学家周汝昌先生认为诗中的谢草池是曹雪芹最后的山村居处。因有张宜泉"谢草池边晓露香,怀人不见泪成行"这首挽诗可作证。

元人宋褧有咏谢草池诗,据此认为曹雪芹故居在平坡山,即翠微山,位于香山西南,离万安山较近。谢草池是曹雪芹著述《红楼梦》的最后居住地,辩论已有多年,多认为此诗是张宜泉悼念曹雪芹新丧而作,曹的辞世地就是谢草池。

曹雪芹的卒年,有壬午除夕、癸未除夕、甲申之春三说。而三说中,甲申之春(乾隆二十九年,1764年)说最可信,理由即张宜泉这首诗是悼念曹雪芹新丧的口吻。诗的首联为:"谢草池边晓露香,怀人不见泪成行。"张宜泉在曹雪芹生前曾到访过他居住的山村,这次来到此地已无法再见到曹雪芹。造访是吊唁死者,并向逝者亲属表达慰问之情,因此与曹的辞世相距不久。

多年来考证者多认为谢草池在今西山八大处翠微山一带,大致不错。据考,曹雪芹最后逝世地在翠微山以西的一片石村,乃是更为幽僻之处,外部人是不易寻见的。

谢草池位于翠微山西一片石村(今陈家沟村),是个隐匿不显的小地名,或许是因地处沟谷阴坡长满蝎子草而得名。

敦诚在腊月二十五夜宿一片石肯定不是无由之举,可能与曹雪芹最后居住地相关。

从目前研究现状看,学界对北京西山的寺观、园林胜迹与乾隆时期历史人物关联的研究尚不充分。依据清人文集留下的历史线索,扩大搜寻范围,从西山及八大处的方位角度出发继续追寻下去,对乾隆中后期京城士人身世交往情况加以深入研究,最终或许可以对"红学"研究有新的发现与突破呢!

曹雪芹《红楼梦》与北京城的研究

宋慰祖·"曹雪芹在京遗迹标识工程"课题组组长

中国民主同盟中央文化委员会副主任

民盟北京市委历史文化委员会主任、一级巡视员

北京市人民政府参事室特聘研究员

北京文化产业研究院历史文化研究中心主任

北京设计学会创始人、工业设计高级工程师

    曹雪芹是中国历史上最著名的小说文学家之一，是比莎士比亚、巴尔扎克、托尔斯泰还要早的世界著名文豪，是西方学者评选的"世界100位文学家排行榜"中唯一中国小说家。其著作《红楼梦》被翻译成100多种文字，传遍全球。一部《红楼梦》让全世界叹为观止。

    文物和文化遗产承载着中华民族的基因和血脉，是不可再生、不可替代的中华优秀文明资源。为此笔者用了15年的时间，研究曹雪芹《红楼梦》与北京城。推动历史档案记载的北京崇文门外蒜市口十七间半曹雪芹故居复建。在北京市文物局的支持、指导下，北京设计学会、北京印刷学院会同中国红楼梦学会、北京曹雪芹学会，承担了北京市文物局下达的"曹雪芹在京遗迹标识工程"课题。遵循习近平总书记提出的"要系统梳理传统文化资源，让收藏在深宫里的文物、陈列在广阔大地上的遗产、书写在古籍里的文字都活起来"和习近平总书记在中央政治局第三十九次集

曹雪芹在京遗迹研究文集

体学习时强调的"要让更多的文物和文化遗产活起来,营造传承中华文明的浓厚社会氛围"的指示精神,针对"主题散点串联式文物"呈现的特征,深入实地调研,组织专家研讨,从理论上提出了"围绕主题散点串联式不可移动文物,通过设计建立统一标识,形成主题文物游径,建设'城市上的博物馆'"的理念。坚定文化自信,以文化人,开展"曹雪芹在京遗迹标识工程"实务设计。以统一规范标识和信息化导览路径,形成主题文物游径,让"主题散点式文物"活起来。通过总结归纳,形成本文。

一、关于曹雪芹年谱探究

曹雪芹,名霑,字梦阮,号雪芹,又号芹溪、芹圃。生卒:康熙五十四年四月二十六日(1715年5月28日)至乾隆二十八年十二月三十日(1763年2月12日)。中国古典名著《红楼梦》的作者,祖籍存在争议(辽宁辽阳、河北丰润或辽宁铁岭);出生于江宁(今南京)。曹雪芹出身清代内务府正白旗包衣世家,他是江宁织造曹寅之孙,曹顒之子(曹頫之侄子)。

康熙二年(1663年),曹雪芹曾祖曹玺首任江宁织造之职,离京赴任。至康熙二十三年(1684年)在江宁织造任上病故。康熙旋即命其子曹寅任苏州织造,后又继任江宁织造、两淮巡盐御史等职务。康熙五十一年(1712年)曹寅在扬州任上病故。曹寅病故后,康熙命其子曹顒继任江宁织造。但不幸的是康熙五十三年(1714年)曹顒在江宁任上病故。康熙又特命曹寅的胞弟曹荃(宣)之子曹頫过继给曹寅的妻子李氏并继任江宁织造之职,直至雍正五年(1727年)曹頫因亏空大量公款,被撤职抄家并递解京城。❶ 曹家在江南祖孙三代先后共历 60 余年。曹雪芹就出生在南京江宁织造府，抄家时约 12 岁。

雍正七年（1729 年）《刑部为知照曹頫获罪抄没缘由业经转行事致内务府移会》《以下简称《刑部移会》》所述时任江宁织造隋赫德的上书将抄没曹家的"京城崇文门外蒜市口地方房十七间半、家仆三对，给予曹寅之妻孀妇度命"。查这一上书的前因是根据《雍正朝汉文朱批奏折汇编》第十一册载《江宁织造隋赫德奏曹頫房地产暨家人情形折》（雍正六年三月初二日）所载："至曹頫家属，蒙恩谕少留房产以资养赡。今其家属不久回京，奴才应将在京房屋人口酌量拨给，以彰圣主覆载之恩。"

据中国第一历史档案馆研究馆员张书才先生 1982 年发现的雍正七年（1729 年）五月初七日《刑部移会》所述："曹頫之京城家产人口及江省家产人口，俱奉旨赏给隋赫德。后因隋赫德见曹寅之妻孀妇无力，不能度日，将赏伊之家产人口内，于京城崇文门外蒜市口地方房十七间半、家仆三对，给与曹寅之妻孀妇度命。"至此，雍正七年（1729 年）曹雪芹随祖母、母亲回到北京，居于崇文门外蒜市口"十七间半"（原广渠门大街 207 号院），时年约 13 岁。

据张书才先生的考证，专家仔细查对了清代《乾隆京城全图》，在蒜市口地区发现仅有一处院落是十七间半房，专家们再赴实地考察，基本确认《刑部移会》中所说的"崇文门外蒜市口地方房十七间半"房，即广渠门大街 207 号院或邻近的两个院落。专家经过实地考证，认为这处院落格局保存完整，而且它与档案记载、乾隆京城全图所绘完全吻合，基本可以确认这里就是曹氏故居。笔者作为当地的老居民清晰地记得：在 207 号院

---

❶ 曹頫（约 1695 年—？），字昂友，号竹磵，曹宣第四子，曹寅嗣子，曹家最后一任江宁织造主事。曹頫小小年纪就对儒家经典和程朱理学颇有钻研，得到伯父曹寅的赞赏。雍正皇帝欣赏他的奏折文采，夸赞其为"大通家"。

门道西侧竖立了四扇绿底、红斗方、黑字的木屏风,每扇屏高近2米,宽0.6米左右,上书四字每扇一字"端方正直"。1999年,广安大街(俗称:两广路)进行拓宽,因广渠门内大街207号院在红线内,经市政府组织红学专家研究、协商,达成共识,确定移址复建。拆除过程中的考古发掘,挖出的老地基,最底层部分正是明末清初建造的,据分析地基的布局基本与"十七间半"相符。曹家在北京的家产,从曹𫖯曾经给康熙的奏折里:"惟京中住房二所,外城鲜鱼口空房一所,通州典地六百亩,张家湾当铺一所,本银七千两"等也有所佐证。

回京后的曹雪芹常随祖母、母亲前往宣武门内石驸马大街的平郡王府,看望姑母平郡王妃曹佳氏,并被姑母安排到王府的私塾听课。

克勤郡王府(暨平郡王府)位于西城区新文化街西口路北(新文化街53号),现在是北京市第二实验小学。据清廷《列祖子孙》直格档玉牒备查,第二本载:平郡王讷尔苏名下"嫡福晋曹佳氏,通政使曹寅之女"。曹佳氏[生于康熙三十一年正月初二(1692年2月18日);卒于雍正十二年(1734年)]是曹雪芹的大姑母,由康熙皇帝指婚许配给镶红旗平郡王子纳尔苏。曹佳氏婚后育有四子,其中有一子二孙袭爵平郡王。长子福彭即曹雪芹的表兄,二人交好。雍正四年(1726年)平郡王纳尔苏因做事贪婪被革爵,圈禁。由曹佳氏的长子爱新觉罗·福彭袭爵多罗平郡王,为第五代平郡王。克勤郡王(平郡王)世爵共传13世17王,其中3人夺爵。

曹雪芹随祖母、母亲到石驸马大街西口(现西城区新文化街41号)的姑姑家——克勤郡王府(也称平郡王府)走动之余,还时常随表哥福彭去石驸马大街东口(现西城区新文化街45号)的诺尼府(辅国公府也称斗公府)坐坐。斗公府于清末改为女子师范学堂,现在是鲁迅中学校址。这两府的老主人是亲戚关系。第一代克勤郡王爱新觉罗·岳托(1599—1639年)次子、承袭克勤郡王的爱新觉罗·洛洛欢之第三子,也是爱新觉罗·福彭的曾叔祖爱新觉罗·诺尼于康熙年间获贝勒爵位。诺尼贝勒奉旨建府在克勤郡王府东邻，即石驸马大街东口（现新文化街东口）。因此，克勤郡王的后代，习惯把西口的克勤郡王府（也称平郡王府）称为"西府"，把东边的诺尼贝勒府（辅国公府也称斗公府）称为"东府"。这两处王府留下了已知曹雪芹在京城不多的足迹。

曹雪芹目睹两府的奢华与排场，印象必是极深刻，在后来曹雪芹创作《红楼梦》书中所写富家生活，既有破落前曹家生活的实录，也有采自这些王公家庭。故能对18世纪满人贵族的富家生活，写得惟妙惟肖、入木三分。透露了克勤郡王府和斗公府应是荣宁二府的原型。而《红楼梦》中北静王应有平郡王福彭的影子。

空闲时曹雪芹还会到昌龄府读书，昌龄乃曹雪芹的表叔是雍正元年的进士，任职翰林院侍讲学士，他的书斋里有不少书是从曹雪芹的祖父曹寅那里得来的。

雍正十年正月（1732年2月），曹雪芹表哥多罗平郡王爱新觉罗·福彭被雍正皇帝升任为镶蓝旗满洲都统。五月，授宗人府右宗正之职。负责管理皇族事务，位高权重，事务繁忙。曹雪芹这年已是16岁。对那个时代的男孩来说已经成年，可以谋职和结婚了。当时曹雪芹在平郡王府帮着做些文字工作。

根据资料所述，乾隆元年（1736年）大赦天下，在平郡王福彭的运作下，谕旨宽免曹家亏空，宽免曹𫖯骚扰驿站案内欠银三百二两二钱。曹𫖯被赦免释放。

这一年曹雪芹出任内务府笔帖式差事。后凭借正白旗皇家包衣和皇族内亲的身份，经平郡王福彭举荐成为一名内廷侍卫，这段经历对曹雪芹来说十分重要。这不仅意味着他可以获取更多的俸禄用于养家，还可以亲身体验皇家制度与礼仪，近距离观察皇室生活与习俗，为《红楼梦》的创作

积累了丰富的生活素材。曹雪芹在《红楼梦》中对大观园景物的描写，得益于其身份有机会走进京城西郊海淀一带京城皇家园林：畅春园、圆明园、清漪园、静明园和香山静宜园等皇家园林，以及周边分布着的众多士人别墅。这使得曹雪芹对园林艺术有着充分的认知和理解，对皇家的生活有亲身的体验。《红楼梦》"元春省亲"一回中有这样的描写："一时，有十来个太监都喘吁吁跑来拍手儿。"曹雪芹的好友在下面批语道："画出内家风范。""内家"就是太监。紧接着，曹雪芹写道："这些太监会意，都知道是'来了'，'来了'。"脂批批道："难得他写得出，是经过之人也。"

乾隆四年（1739年）"宗室阿附庄亲王案"的发生，让曹雪芹对人生有了新的感触与思考。幼时江南织造府内的锦衣玉食、无忧的生活，直至少年的自家变故。回京后在十七间半周边看到的平民百姓的艰难生活，七十二行民间能工巧匠手工艺人的精美制作。在平郡王府、斗公府、皇宫内院、皇家园林中体验到的皇家、官府一色人等的政治斗争、权力竞争、日常生活、人际关系，也看到了宏伟的建筑、精美的园林、艺术的作品。良好的教育，又使曹雪芹奠定了坚实的文学基础。丰富的人生经历和阅历，作为一名时代的参与者和旁观者、思考者，他产生了创作的冲动。在崇文门外蒜市口十七间半故居，约乾隆八年（1743年），曹雪芹开始构思、撰写"世人都晓神仙好，唯有功名忘不了。古今将相在何方，荒冢一堆草没了"的《红楼梦》。据中国红学会会长张庆善先生在《这里是曹雪芹写〈红楼梦〉的地方》中所述："曹雪芹写《红楼梦》用了十年的时间，而到甲戌年（1754年）脂砚斋抄阅再评，《红楼梦》已历经'披阅十载，增删五次，纂成目录，分出章回'，可见已经基本写完了。""乾隆十九年甲戌即1754年，由此向前十年推算十年或十一、十二年，那就是乾隆七年、八年或九年，即1742年、1743年或1744年，曹雪芹创作《红楼梦》应该是从1742年、1743年或1744年动笔的"，也佐证了这一点。

大约到乾隆九年（1744年），曹雪芹对御前侍卫这个职位感到厌倦了，他需要更多的时间思考和写作《红楼梦》。在表哥爱新觉罗·福彭的帮助下，曹雪芹于乾隆十年至十九年（1744—1754年）来到位于西单牌楼北的石虎胡同（旧称"虎门"）专为皇室子弟开设的官学——右翼宗学担任"司业"，继续居于蒜市口十七间半。这段时间也是曹雪芹撰写《红楼梦》成书的主要时间。其间，乾隆十三年（1748年）曹雪芹的表哥爱新觉罗·福彭、姑母曹佳氏［亦有记载为雍正十二年（1734年）］、祖母李氏相继过世。乾隆十五年（1750年）曹雪芹又遭孀母故去，曹家屡逢亲人离世之变故。

曹雪芹在右翼宗学任职期间，开始撰写"披阅十年，增删五次"的《红楼梦》。右翼宗学成为红学史迹的发源地之一。并在此结识了好友英亲王阿济格的五世孙敦诚（1734—1791）、敦敏（1729—1796）弟兄。几人思想情感相近，很是投缘。交往十数年，他们在一起，对酒当歌，秉烛夜谈，不觉夜半，归宿无门，寄身寺观……他们在一起，卧佛寺里谈禅说理，岳父家中论诗作画，王府马厩酣然大睡，庆丰闸边水南庄的酒楼之上谈笑风生。敦诚《寄怀曹雪芹》诗云"当时虎门数晨夕，西窗剪烛风雨昏"记录并深切回味这段难忘的日子。

大约在乾隆十二年（1747年），曹雪芹成婚，作为正白旗皇家包衣，早在雍正末年就已经在这里挂名食禄，领取"铁杆庄稼"的寿安山下（即西山余脉聚宝山，位于"十方普觉寺"即卧佛寺北，毗邻香山）正白旗安家。曹雪芹独自在右翼宗学任职，并居于"蒜市口十七间半"撰写《红楼梦》。乾隆十九年（1754年）右翼宗学因建筑糟朽破损，迁出石虎胡同，迁往绒线胡同。曹雪芹大约在这一年离职。

通州运河边的张家湾故城内外有曹家祖坟、银号、典地（600多亩）、店铺、染坊等；水南庄位于通惠河庆丰闸（俗称"二闸"）东南与平津闸

的西南（现广渠路北）交汇点上的半壁店村，敦诚、敦敏之母葬此庄。水南庄出土的曹世荣墓碑证实，这里也曾有曹雪芹先人的墓地。清明节等时令节日曹雪芹与敦诚、敦敏常沿通惠河到张家湾、水南庄祭奠先人。踏青春游，饮酒赋诗，好不快活，留下了诸多的留恋。敦敏《懋斋诗钞》有一首《二闸迟敬亭不至》："临风一棹趁扁舟，芦岸村帘分外幽。满耳涛声流不尽，夕阳独立小桥头。"敦诚《潞河游记》行文赞美通惠河（潞河）两岸风景如诗如画。他在庆丰闸东南水南庄"望东楼"上与友集饮时写的《潞河舟中遇》中"夕照台前烟树合"一句，有小注"北有金台夕照"，从而发现"金台夕照"原物石碑，那是"燕京八景"之一。此诗给后人留下永久的回忆、怀念、长思。

乾隆十九年（1754年）曹雪芹离开右翼宗学。继续居于崇文门外蒜市口十七间半。过着作文卖字，过午不食的落魄生涯。就近在东花市一带遍访卧佛寺❶、夕照寺、安化寺、拈花寺及白桥大街的隆安寺❷等诸寺，日久与寺僧交契，参禅交流，寄居卧佛寺中。（《红楼梦》第一回便写一寄居葫芦庙中的穷儒贾雨村，说他"自前岁来此，又淹蹇住了，暂寄庙中安身，每日卖文作字为生"。此处大概影射的是曹雪芹寄居卧佛寺的生活）红学家周汝昌著《曹雪芹小传》一书中说，传说曹曾住此寺。❸另一位红学家吴恩裕在《曹雪芹佚著浅探》一书中也说"曹雪芹居此（卧佛寺）未久即

---

❶ 东花市卧佛寺本名叫云盖寺，因西廊的铁钟（明朝正德年间制）钟声幽美，亦被称为妙音寺。明英宗天顺年间改名为卧佛寺，清乾隆年间已破败。于乾隆三十一年（1766年）丙戌重修。重修后的卧佛寺，一度香火鼎盛。

❷ 隆安寺位于广渠门内。明景泰五年（1454）始建。清康熙四十七年（1708年）重修，曾是老北京南城最大的古刹。清中后期成为供达官贵人、富商大贾存放灵柩之地（东路），寺的周围也变成了"丛葬之所"。

❸ 周汝昌.曹雪芹小传[M].天津：百花文艺出版社，1980.

迁往香山"。❶

在东花市早有曹雪芹在卧佛寺写《红楼梦》的传言。1931年秋,国画大师齐白石与张次溪,曾往卧佛寺访寻曹雪芹遗迹。齐白石研究认为曹雪芹在此地完成了红楼梦的创作。也从一个侧面佐证曹雪芹长期生活于崇文门外,并在此完成了《红楼梦》的创作。这次寻访,张次溪有感而发,赋诗一首,其中有一句"红楼梦断寺门寒",齐白石借这句诗的意境画了一幅《红楼梦断图》以此抒发他游览卧佛寺的感受。齐白石还在画上作了题记,"辛未秋与次溪仁弟同访曹雪芹故居于京师广渠门内卧佛寺,次溪有句云:'都护坟园草半漫,红楼梦断寺门寒……'余取其意为绘《红楼梦断图》,并题一绝:"风枝露叶向疏栏,梦断红楼月半残。举火称奇居冷巷,寺门萧瑟短檠寒。'"

张次溪在《回忆白石老人》一文中也曾经写道:"卧佛寺则相传《红楼梦》作者曹雪芹在家道中落之后,约在迁居京西香山的前几年,曾一度在这里住过。老人他感慨曹雪芹的身世,曾经根据我做的诗,画过一幅《红楼梦断图》,并在图上题诗……诗前有小引云'辛未仲夏,与次溪仁弟同访曹雪芹故居于京师广渠门内卧佛寺……'"❷

约乾隆十九年(1754年)曹雪芹"披阅十载,增删五次"的一百二十回本《红楼梦》已经基本写就。脂砚斋重评石头记甲戌本,也称"甲戌本",题作《脂砚斋重评石头记》开篇所说:"曹雪芹于悼红轩中披阅十载,增删五次,纂成目录,分出章回。"甲戌年即乾隆十九年(1754年),这一年曹雪芹约40岁。甲戌本是现存《石头记》年代最早的抄本,也最接近曹雪芹原稿的本来面貌。被认为是现存各抄本中最珍贵的一种,脂砚

---

❶ 吴恩裕.曹雪芹佚著浅探[M].合肥:安徽教育出版社,2019.
❷ 齐白石自述,张次溪笔录.白石老人自传[M].北京:人民美术出版社,1962.

斋者对小说进行重评，改《红楼梦》回归《石头记》，书中第一回叙述书名的文字中，有"至脂砚斋甲戌抄阅再评，仍用《石头记》"一句。题名《脂砚斋重评石头记》。

乾隆十九年（1754年），曹雪芹的原配妻子去世，给他留下了幼小的儿子。大约在这一年曹雪芹离开蒜市口回到西郊正白旗家中照料幼子。同时，在这一年曹雪芹开始着手编撰《废艺斋集稿》，书写《南鹞北鸢考工志》，当年敦诚有诗一首为证。

寄怀曹雪芹

少陵昔赠曹将军，曾曰魏武之子孙。
君又无乃将军后，于今环堵蓬蒿屯。
扬州旧梦久以绝，且著临邛犊鼻裈。
爱君诗笔有才气，直追昌谷破篱樊。
当时虎门数晨夕，西窗剪烛风雨昏。
接䍦倒着容君傲，高谈雄辩虱手扪。
感时思君不相见，蓟门落日松亭樽。
劝君莫弹食客铗，劝君莫扣富儿门。
残羹冷炙有德色，不如著书黄叶村。

此诗写于乾隆二十二年（1757年）。当时爱新觉罗·敦诚正受父命在松亭关（喜峰口）分管税务。爱新觉罗·敦诚与曹雪芹曾经朝夕相处，交谊颇深，现在两地睽隔，思念甚切。这年秋天，他写下了这首寄怀曹雪芹的诗。

此时的曹雪芹生活拮据。靠卖字画和敦诚、敦敏、张宜泉等亲朋的救济为生。生活的变故，让他对"杯中之物"产生了更深的贪恋。敦诚《赠曹芹圃》诗云："满径蓬蒿老不华，举家食粥酒常赊。"曹雪芹纵酒，如敦诚诗序："雪芹酒渴如狂。"诗云："相逢况是淳于辈，一石差可温枯肠。"敦敏诗："燕市悲歌酒易醺"，"醉馀奋扫如椽笔"，"卖画钱来付酒家"，"登楼空忆酒徒非"，足证耽饮为雪芹贫后晚年一大特色。

乾隆二十四年（1759年），据传曹雪芹曾南游江宁。南游原因不明，传说曹雪芹做过时任两江总督尹继善的幕僚。南游期间，阅历山川，凭吊旧迹，听话往事。张宜泉《怀曹芹溪》"似历三秋阔，同君一别时。怀人空有梦，见面尚无期"一诗约作于这一时期。在乾隆二十四（1759年）至二十五年（1760年），脂砚斋又对小说进行了四评，题名《脂砚斋重评石头记》。并为怡亲王府亲抄己卯本。

乾隆二十五年（1760年），初秋，敦敏作诗《闭门闷坐感怀》云："故交一别经年阔，往事重提如梦惊。"亦是指曹雪芹南游而言。重阳节后敦敏在友人明琳家养石轩偶遇南游归来的曹雪芹，做《感成长句》以记之。

乾隆二十七年（1762年），曹雪芹47岁，天不悯才，就在这年的中秋日，万家团圆之时，曹雪芹却痛失爱子。幼子的夭亡，使其陷于过度的忧伤和悲痛之中，致卧床不起。乾隆二十八年（1763年）除夕日（2月12日）一代文豪曹雪芹于贫病中无医而逝。

乾隆三十九年（1774年），有人在"脂砚斋重评石头记"甲戌本的第一首标题诗"满纸荒唐言，一把辛酸泪！都云作者痴，谁解其中味？"上作眉批"能解者方有辛酸之泪，哭成此书。壬午除夕。书未成，芹为泪尽而逝。余尝哭芹，泪亦待尽。每意觅青埂峰，再问石兄，奈不遇癞头和尚何？怅怅！"这条批语首次指明了曹雪芹卒于壬午年除夕日。

敦敏写下《河干集饮题壁兼吊雪芹》："花明两岸柳霏微，到眼风光春欲归。逝水不留诗客杳，登楼空忆酒徒非。河干万木飘残雪，村落千家带

远辉。凭吊无端频怅望，寒杯萧寺暮鸦飞。"敦诚作《挽曹雪芹》，张宜泉作《伤芹溪居士》。

后人评价如下。

张庆善先生：曹雪芹是中国最伟大的作家，他值得中国人民缅怀、纪念。因为他是《红楼梦》的作者，是中华民族文化的象征。因为有了曹雪芹和《红楼梦》，中国人面对着莎士比亚、巴尔扎克、普希金、托尔斯泰等世界文学巨匠，而不会不好意思。因为曹雪芹的《红楼梦》以其深邃的思想、精湛的艺术和永恒的魅力，可以与世界上任何一部文学经典相媲美而毫不逊色，它永远矗立在世界文学的珠穆朗玛峰上，是中华民族的骄傲。

胡德平先生：英国人讲，宁愿失去英伦三岛，不愿失去莎士比亚。曹雪芹和莎士比亚、塞万提斯一样，用文学的火把给人以真情，给人以温暖，给人以诀别旧制度的勇气。

蔡义江先生：曹雪芹是中国最伟大的文学家之一。他在世界文学史上的地位与成就，比之于莎士比亚、歌德、巴尔扎克、普希金、托尔斯泰都毫不逊色。

二、曹雪芹在北京的遗迹寻踪

曹雪芹作为正白旗皇家包衣，是一名籍贯北京的旗人。在北京城的生活轨迹主要有：崇文门外蒜市口十七间半和东花市周边的寺庙；石驸马大街（今新文化街）的克勤郡王府、斗公府；西单石虎胡同的右翼宗学；通州张家湾古镇；通惠河庆丰闸旁水南庄和西山"黄叶村"。

曹雪芹《红楼梦》与北京城的研究

（一）崇文门外蒜市口十七间半和广渠门内的卧佛寺、龙安寺、夕照寺

1982年，中国第一历史档案馆研究馆员张书才在清史档案中发现了雍正七年（1729年）的《刑部移会》，解开了中国著名文学家、《红楼梦》的作者曹雪芹故居所在的谜底。其中载明：江宁织造隋赫德曾将抄没曹家的"京城崇文门外蒜市口地方房十七间半、家仆三对，给予曹寅之妻孀妇度命"。经过专家多方考证，以乾隆京城全图为佐证，蒜市口路上的广渠门大街207号院就是"崇文门外蒜市口地方房十七间半"。

1999年两广大街修建，207号院位于广安大街规划红线内。7月，原崇文区政协、北京市政协文史委、中国红学会召开第二次研讨会，形成《关于建立曹雪芹旧居遗址博物馆的建议》，建议两广大街施工中拆迁保护曹雪芹故居，"移址复建"在蒜市口地区建立纪念馆。并对故居进行了考古研究，确认了其地基基础为"十七间半"，与乾隆京城全图的标注相符。

2001年8月，广安大街（两广路）全线通车，曹雪芹故居十七间半的复建也随之提上议事日程。市、区政协委员和各民主党派成员多次建言尽快复建"十七间半曹雪芹故居"。2006年，崇文区政府将复建工作纳入当年政府重点工作之中。2007年后笔者自担任北京市崇文区十四届政协委员起，受时任民盟崇文区工委主委王金钟的嘱托，代表民盟持续推进"蒜市口十七间半曹雪芹故居复建"工作。那是一座作者从小常去玩耍的邻居的院子。进大门就能见到左首竖立的"端方正直"四扇绿底红斗方黑字的木屏风。内院是一座标准四合院，院中有棵老槐树。竟是曹雪芹的故居。

从2007年起，笔者在崇文区政协十四届一次会议上首次提交"尽快复建曹雪芹十七间半故居的提案"。此后17年，从崇文区十四届政协委员、东城区一届（临时）政协委员，北京市十三届人大代表和北京市十四

95

届人大常委会委员，到担任北京市十三届政协常委、副秘书长。笔者持续深入调研，了解复建中出现的方方面面的问题。在每年全国"两会"上都要提出至少一件关于"复建曹雪芹故居十七间半"的人大代表建议或委员提案，至今19年写了近40件提案、信息、调研报告，向各级政府建言献策。2010年、2011年和2022年东城区政府三次将复建曹雪芹故居、建设曹雪芹故居纪念馆工作写入政府工作报告。

在提交了第16份关于复建曹雪芹故居的政协提案后，值曹雪芹回京290年，即2019年1月23日，"曹雪芹故居十七间半"复建工程开工仪式举行。笔者作为提案人为故居复建铲下了第一锹土。

在雍正七年《刑部移会》发现40周年之际，历时3年半的"崇文门外蒜市口地方房十七间半"复建工程正式竣工。2022年7月28日，由冯其庸先生题名的"曹雪芹故居纪念馆"正式开馆。该纪念馆旨在打造成中国文化名人故居、曹雪芹与红学研究学术基地，成为传统文化在当代的国际化典范、文物活化利用的新坐标。

现在提起北京卧佛寺，人们都知道是位于北京海淀区香山的卧佛寺，也就是十方普觉寺。其实，北京城还有一座卧佛寺，位于东城区（原崇文区）崇文门外广渠门内的东花市斜街东口，东花市南里东区甲8号。距离蒜市口十七间半大约3里地。前者众所周知，而后者却鲜为人知。

从崇文门外花市大街往东，过铁辘轳把至广渠门有一条斜街，以卧佛寺而得名，过去一直称卧佛寺街。东花市的卧佛寺就在这条街上。东花市卧佛寺现为北京市东城区普查登记文物。数十年的辗转，遗址尚存。现在为"玄一精舍"。

东花市卧佛寺本名云盖寺，因西廊的铁钟（明朝正德年间制）钟声幽美，亦被称为妙音寺，又因后殿这尊巨大的木雕卧佛而得名，被俗称为卧佛寺。始建于明朝。明英宗天顺年间改名为卧佛寺，清乾隆年间已破败，于丙辰年（1766年）重修。重修后的卧佛寺，一度香火鼎盛。据《道咸以来朝野杂记》云："崇文门外卧佛寺，自（旧历五月）初一至十五为开庙期。"每年庙会，东南城一带居民多到此进香、游览。门前自成集市，以售山货和节令鲜品为主。

卧佛寺（又称妙音寺）　　　　　　　　　　　　摄影：宋喆楠

清朱彝尊的《日下旧闻考》载："卧佛寺，入山门有圆殿，佛立其中。后殿有卧佛，长丈余，有十余佛环立肩背后。寺无碑记，只西廊一铁钟，系正德戊辰年（1508年）所铸。"卧佛寺有三层大殿，第一层为守门的四大金刚；第二层为正殿，供奉三大佛祖；第三层为木制卧佛，此卧佛长7.4米（比现在我们熟知的香山卧佛寺里的铜卧佛还要长两米，是全北京最大的卧佛，而且是一座木质卧佛），头上有佛祖专有的螺旋式发髻，呈浅绿色，面为浅紫色，极为丰满。眉心镶有光珠，呈紫黑色，是道行高深的标志。双目微张，口合，神态慈祥，头枕狻猊，右手托腮侧卧，身披袈裟，双足侧叠外露。此卧佛为涅像，极为精细，乃出自高人之手。身后站立十三位佛门弟子。庭院生长着几棵高大的槐树、柏树，浓荫蔽日。

据传乾隆十五年（1750年）前后，曹雪芹在孀母故去、贫穷难耐凄凉之时，从右翼宗学回到蒜市口十七间半，从"就近访游诸寺，日久与寺僧交契"中可知曹雪芹曾寄居蒜市口东北二里许的崇文门外花市卧佛寺中，继续撰写其名著《红楼梦》。《红楼梦》中关于贾雨村寄居葫芦庙卖文作字，生活落魄应是曹雪芹寄居卧佛寺等寺庙时的情景的提炼。

在广渠门内地区，卧佛寺周边当年还有许多寺院、道观，有名的寺院如：广渠门内白桥大街的隆安寺，位于广渠门内夕照寺中街的夕照寺、拈花寺、安化寺。还有位于北京城东南东便门外护城河西岸广渠门内东花市附近的道教名观蟠桃宫等。

据传曹雪芹居于蒜市口，就近访游诸寺，日久与寺僧交契，夜宿卧佛寺。这在红楼梦中都有描述。曹雪芹流连于这些寺庙、庵堂、道观、育婴堂，体验了生活，丰富了《红楼梦》的故事，使《红楼梦》成为一部社会历史的教科书。如毛泽东所言"我是将红楼梦当作历史来读的"。

广渠门大街往南就是夕照寺街，这条街得名于坐落在此的夕照寺。夕照寺坐北朝南，由山门、大雄宝殿、大悲殿、方丈院、后院砖塔等组成，其山门殿上有石额，上题"古迹夕照寺"。在明正统年间，兵部尚书于谦曾经到过此寺，寺僧普朗请于谦为其师古拙俊禅师所作《中塔图》题诗，题诗墨迹后来收在乾隆年间所刻的《三希堂石渠宝帖》38卷中。夕照寺的历史悠久，可上溯至明代以前。

清代时，文觉禅师在此寺住持，重新装修殿宇，使寺庙得以完善保护。大悲殿西壁有《古松图》，是画家陈寿山于乾隆四十年（1775年）所画；东壁为王安昆手书行草梁朝沈约的《高松赋》并跋。书画双壁，是夕照寺的文物珍宝。《古松图》和《高松赋》存于北京文物研究所。夕照寺已修复，为北京市文物保护单位。

夕照寺、隆安寺与卧佛寺在当时均作为停灵之所，是异乡游子客死京城以待家人接回故土的"旅榇"之地。这就是"东南寺院多停旅榇"的含义。中华人民共和国成立后夕照寺的故址曾改为北京齿轮厂一所分厂的车间。2006年在今金台书院旁重修了夕照寺。

夕照寺　　　　　　　　　　　　　　摄影：宋喆楠

当年夕照寺附近的拈花寺，是清康熙年间京城著名的万柳堂。也是文人们雅集的地方。据《京师坊巷志稿》记载：这里是大学士冯溥[1]的别业，乾隆年间戴璐所著《藤阴杂记》，书中写道："国初，益都相国冯文毅（冯溥）仿廉孟子（指廉希宪）万柳堂遗制，既建育婴会于夕照寺傍。买隙地种柳万株，亦名万柳堂。"那些等待皇上召见的文人们聚在这里，饮茶赋诗，享受着清幽。冯溥写过这样一首诗来赞美万柳堂的春色，"小筑城隅柳满堤，翠云低护草初齐。乱飘柳絮铺新径，细数桃花过野塘"。后来，万柳堂萧条了，只留下了一座拈花寺，该寺已被拆除，今为板厂小学。

---

[1] 冯溥（1609—1691），清初大臣。字孔博，号易斋。益都（今属山东青州）人。清顺治三年（1646）进士，初授编修，后擢吏部侍郎。康熙年间为刑部尚书，拜文华殿大学士，加太子太傅，卒谥文毅。在清初文坛上具有举足轻重的地位。

板厂小学（原万柳堂旧址）　　　　　　摄影：宋喆楠

卧佛寺的近邻是北京市东城区白桥大街南里 1 号的隆安寺。隆安寺于明景泰五年（1454 年）始建。万历三十七年（1609 年），四川高僧翠林重修佛殿后堂 3 楹。现今保存下来的形制是清康熙四十七年（1708 年）重修的，但仍然可以看到明朝寺庙的建筑风格。现存文物有石碑四方，年代最早的为明景泰五年碑，记述创建隆安寺经过，其余几方均为历次重修碑记。天王殿后院还有两棵 500 余年的古柏和两株北京罕见的楸树。清朝年间为供达官贵人、富商大贾存放灵柩之地。寺的周围则是"丛葬之所"。

1952 年，该寺辟为崇文区隆安寺小学，后又易名白桥南里小学和东花市少年之家。1983 年政府对隆安寺进行修缮，1984 年辟为崇文区青少年科技馆。为北京市重点文物保护单位。

《红楼梦》中曹雪芹描述了许多寺院的生活，都有广渠门一带的寺院原型。如停灵的"西风古寺"夕照寺，以及将晴雯安置在这所绘有"古松图""高松赋"的洁净寺庙中。王熙凤弄权铁槛寺，也有隆安寺的影子。

曹雪芹《红楼梦》与北京城的研究

隆安寺　　　　　　　　　　　　　　　　　摄影：宋喆楠

　　在夕照寺西边，曾有个育婴堂，这是康熙元年（1662年）由大学士金之俊等创建的，专门收养被遗弃的孤儿，后来又有大学士冯溥等继承了这一事业。这一善事曾受到雍正的大加赞赏，除"颁币千金"外，还御制了"育婴堂碑记"，并号召全国都要"照京师例行之"。曹雪芹创作《红楼梦》，构思金陵十二钗之一的秦可卿身世时，养生堂（对应现实中的育婴堂）也被写入书中。她是其养父———营缮郎秦业（秦邦业）由养生堂抱养的女儿，小名可儿，是秦钟的姐姐，后秦可卿嫁给了贾蓉为妻。

　　过去在育婴堂附近只有十户人家，俗称"十间房"，往东西两侧是大片的荒坟地，如南岗子、北岗子等。现在这所育婴堂尚存石碑一座，上有雍正十年（1732年）间刻写的《育婴堂记》碑文。1951年北京教育局接管后，建育婴堂小学，后又称育锋小学。是原崇文区教委的所在地，现今是广渠门中学的校园。

《育婴堂碑记》在广渠门中学院中　　　　摄影：宋喆楠

建于元代的蟠桃宫正名为护国太平蟠桃宫，是北京著名的道观之一。蟠桃宫位于北京东南东便门外护城河西岸。庙内"万历丙午年重修"的石碑，是蟠桃宫现存唯一的历史遗迹。是31处中国共产党早期北京革命活动旧址之一"北大平民教育讲演团演讲地遗址"，现为全国文物保护单位。

清康熙元年（1662年）重建后殿。前殿祀王母娘娘，后殿供奉斗母娘娘。庙虽不大，但香火旺盛，尤其每年阴历三月初一至初三，在这里举办庙会。沿东便门护城河畔长达两里多地摊贩云集，玩物杂食，琳琅

蟠桃宫"万历丙午年重修"的石碑
摄影：宋喆楠

满目，构成京城一大景观。此庙会自明清一直延续至中华人民共和国成立

初期，庙期应民众要求，从三日延至五日。据传曹雪芹住在蒜市口十七间半时，自幼便由家人带领来此地热闹的庙会玩耍。周汝昌先生记述道："'再一处最令小雪芹神往的庙宇便是在他家东面的太平宫了（即蟠桃宫）。''这块地方对小雪芹影响很大，一直联系着他日后写作小说的构想'。"❶

蟠桃宫因东便门立交桥建设而被拆除，庙会停办。

为传承优秀传统文化，丰富社区居民的文化生活，崇文区（现东城区）东花市街道自2007年始，恢复了农历三月初三举办蟠桃宫庙会的传统。时任北京市人大代表、崇文区政协委员的笔者，参加了2007年恢复庙会的组织策划工作。至2023年蟠桃宫庙会已连续举办了14届。

（二）张家湾运河古镇

北京通州区张家湾镇位于通州城区东南5公里处，是通往华北、东北和天津等地的交通要道，总面积105.8平方公里，下辖57个行政村，人口5.7万人。是一座具有千年历史的文化古镇。

张家湾古镇是京杭大运河的北终点，是连接大运河与通惠河的节点。充满历史沧桑感的古城墙和凹凸不平青砂岩石面则是北京张家湾古镇独特的历史人文景观之一。古镇北门外有一座现存数百年的古桥——通运桥，它在漕运史上有非常重要的历史地位。这座拱桥跨千年古运河萧太后河，紧邻张家湾城南垣。桥南北向，三券拱桥，青砂岩石面凹凸不平，磨蚀残面累累于目，凝刻的岁月沧桑触目惊心，记录着张家湾曾经的繁华。桥下

---

❶ 曹雪芹与北京的寺庙——太虚幻境源于东岳庙［EB/OL］.（2019-06-29）. https://www.visitbeijing.com.cn/article/47QkXX3Eeeb.

的镇水兽与万宁桥、庆丰闸、平津闸等一脉相承。

1995年,"通运桥及张家湾镇城墙遗迹"被列为第五批北京市文物保护单位。2013年,"张家湾城墙及通运桥"作为大运河北京段的一部分,被列入全国重点文物保护单位,是大运河世界文化遗产点。

曹雪芹于雍正七年(1729年)随祖母、母亲遵旨回京入住"崇文门外蒜市口地方房十七间半",即是溯运河北上,北望燃灯塔,在张家湾码头下大船换小船,转道通惠河,直达庆丰闸(二闸),从广渠门进北京城的。

在张家湾古镇曾有曹家的当铺、染坊等。康熙五十四年(1715年)七月十六日《江宁织造曹頫覆奏家务家产折》中亦提到曹家有"通州典地六百亩,张家湾当铺一所"。《红楼梦》中提到的花枝巷、小花枝巷等地名,沿用至今,尚存遗址。

1968年在张家湾重整萧太后河北岸坟茔时,在距地面1米深处发现了一块平放的条石,该石长1米,宽0.4米,高0.11米,上面刻着"曹公讳霑墓"5个字,右下角刻着"壬午"两个小字。1992年,通州文物保护单位将"墓石"公之于世。❶ 如今墓碑保存于张家湾博物馆。

2022年8月2日,"北京张家湾古镇红学文化论坛暨冯其庸学术研讨会"在张家湾设计小镇召开。汇聚红学、曹学设计专家、学者近200人出席,并由曹雪芹在京遗迹标识工程课题组发布了"曹雪芹在京遗迹标识"。

(三)通惠河庆丰闸、平津闸和水南庄

水南庄是北京市朝阳区高碑店乡半壁店村下辖的自然村,位于通惠河庆丰闸(俗称"二闸")东南。2013年庆丰闸遗址成为中国大运河全国

---

❶ 周良. 通州文物[M]. 北京:文化艺术出版社,2004.

曹雪芹《红楼梦》与北京城的研究

重点文物保护单位之一，是世界文化遗产点。上连北京城东便门旁的大通闸，下接高碑店的平津闸。这三座闸口均为元代郭守敬贯通运河与通惠河的著名水利工程杰作——京城南低北高，运河船进城为逆流而上，耗费大量劳动力，为此，郭守敬从源头昌平神山白浮泉经大都城到通州李二寺入白河的通惠河河道上11处设计了24道船闸，每处船闸前面"重置斗门，互为堤阏，以过舟止水"。船闸与斗门配合，实际上是双闸。在施工中有的地方还建立了三闸，因此整条河道共设闸十一处、二十四门。梯级蓄水，节省了人工，提高了效率。今日之长江三峡工程也正是运用了这一原理。

明清通惠河终点止于东便门外大通闸，庆丰闸（二闸）旁就成为商社酒肆聚集之地和清代京城百姓、商贾文人的游赏胜地。在水南庄村中的通惠河畔有一棵300余年的菩提树，见证了当年的繁华景象。另外还有挖掘出的数块曹氏墓碑，尤以曹世荣墓碑很值得研究。

曹雪芹在右翼宗学与好友敦敏、敦诚相识后，经常到庆丰闸东南的水南庄踏青泛舟，在庄中的"望东楼"饮酒赋诗。因此，这里的古树、古碑等历史文化遗迹遗址也经常出现在曹雪芹与友人的文学作品中。敦敏的《懋斋诗钞》中就有多首。如《二闸迟敬亭不至》，诗云："临风一棹趁扁舟，芦岸村帘分外幽。满耳涛声流不尽，夕阳独立小桥头。"《庆丰闸酒楼和壁间韵》，诗云："古渡明斜照，渔人争集先。村潭更清雅，芦外酒帘悬。"《咏庆丰闸流水》，诗云："石坝束急流，奔涛素练长。寒飞千尺雪，白挂一帘霜。喷雨珠不迸，悬秋月倍凉。滔滔惊逝水，欲笛满沧浪。"

曹雪芹的好友敦敏在曹雪芹过世后，于庆丰闸的"望东楼"酒楼与朋友集饮时，写下了著名的《河干集饮题壁兼吊雪芹》，诗云："花明两岸柳霏微，到眼风光春欲归。逝水不留诗客杳，登楼空忆酒徒非。河干万木飘残雪，村落千家带远辉。凭吊无端频怅望，寒林萧寺暮鸦飞。"

105

（四）西单石虎胡同右翼宗学

西城区西单小石虎胡同 38 号（原石虎胡同 7 号），在雍正、乾隆年间清政府在此设立培养宗室弟子的右翼宗学。该院落为明代始建，曾为常州会馆，是京城最早的会馆之一。清顺治十年（1653 年）太宗皇太极十四女和硕恪纯公主下嫁吴应熊，故称驸马府。雍正二年（1724 年），清政府分设了左右两翼宗学 [左翼四旗（镶黄、正白、镶白、正蓝），右翼四旗（正黄、正红、镶红、镶蓝）]，培养宗室弟子。在此设立右翼宗学。大约在乾隆十年至十九年（1745—1754 年）曹雪芹来到右翼宗学担任"司业"。其间，表哥福彭、姑母曹佳氏、祖母李氏相继过世，曹頫遇特赦还家。曹家屡逢巨变之后，曹雪芹游走于蒜市口和右翼宗学之间，并结识了敦敏、敦诚兄弟。在这里开始构思，并动笔撰写"披阅十载，增删五次"的《红楼梦》，这里也成为红学史迹的发源地。乾隆十九年（1754 年）右翼宗学因建筑糟朽破坏迁出石虎胡同，迁往绒线胡同。曹雪芹也离开右翼宗学回到十七间半故居继续他的十年《红楼梦》创作。

2021 年 3 月，经西城区委宣传部联系，笔者带领"曹雪芹《红楼梦》在京遗迹标识工程"课题组，走访了正在修复施工的"右翼宗学"旧址（民国后成为"蒙藏学校"的西单石虎胡同 33 号和 38 号院），这里正在原貌复建遗存的吴应熊的驸马府等古建筑。该地现在是全国文物保护单位。中国共产党第一个少数民族党支部就在这里成立。李大钊、邓中夏等曾在此工作、讲学。

整座院子分为东西两座院落，东院即为小石虎胡同 38 号（原石虎胡同 7 号），右翼宗学所在院落，当年的老枣树尚存。乾隆年间右翼宗学迁出后，该院落又作为军机大臣裘曰修府邸。民国初年为立宪派政要汤化龙府，之后为财政部使用。1924—1929 年成为松坡图书馆第二馆，收藏外文书籍,梁启超、徐志摩等在此筹备、服务,胡适、陈西滢、林徽因、林语堂等众多文化名人曾先后驻足于此。

西院为小石虎胡同 33 号(原石虎胡同 8 号),始建年代不详,主体结构为较典型的明清官式建筑。清朝初年曾为吴应熊的驸马府。乾隆四十二年(1777 年)赐给清高宗第一子定亲王永璜之长子镇国公绵德作为府邸,绵德府的名称也因此得来。其后一直由绵德子嗣在此居住。绵德府历经了清王朝由鼎盛而至衰亡的历史进程,承载了极其丰富的历史文化信息。至辛亥革命前,为绵德后人毓祥府邸,称毓公府。

民国后收为官产。民国二年(1913 年)蒙藏事务局开办国立蒙藏专门学校,由前清五所旧学,即隶属于内务府的咸安宫学和隶属于理藩部的咸安宫蒙古官学、唐古特学、托忒学及理藩部蒙古学先后合并改设而成。

民国五年(1916 年)北京七所高等学校之一的国立蒙藏学校从西安门内转马台孙家花园搬到石虎胡同 8 号毓公府办学。1919 年,该校学生参与"五四运动"。

民国十二年(1923 年)李大钊、赵世炎、邓中夏等曾来校开展革命工作,1924—1925 年,乌兰夫、多松年、李裕智、奎璧、吉雅泰等一批青年学生成为中国共产党历史上第一批蒙古族党员,并在此组建了蒙古族的第一个党支部。

1929 年学校更名为蒙藏委员会国立北平蒙藏学校(以下简称"蒙藏学校")。1931 年,蒙藏学校与松坡图书馆立契并址,拆除 7 号院和 8 号院中间的院墙,始成东西两路格局,延续至今。

中华人民共和国成立后,蒙藏学校更名为中央民族学院附中,校舍继续为中央民族学院附中使用。1987 年后,中央民族学院附中迁出,校舍由民族和宗教委员会接管。2001 年"国立蒙藏学校旧址"被公布为北京市文物保护单位,2006 年被公布为第六批全国文物保护单位,是 31 处中国共

产党早期北京革命活动旧址之一。

（五）西城区新文化街克勤郡王府（平郡王府）

克勤郡王府（平郡王府）位于北京市西城区新文化街（原石驸马大街）西口路北53号，现在是实验二小的校区。

该街从明代即形成街巷，原名石驸马大街，因驸马石璟住在这条街里而得名。克勤郡王府是清廷封给第一代克勤郡王岳托后人的三处府邸中规模最大的一处。由岳托的长子承袭王位的第二代克勤郡王（后封衍禧郡王）罗洛浑所建。1984年被公布为第三批北京市文物保护单位，2013年由国务院公布为第七批全国重点文物保护单位。

克勤郡王府东与第三代克勤郡王罗科铎的第三子——福彭的叔祖诺尼所建的贝勒府（后因诺尼的孙子斗宝承袭辅国公，史称斗公府。现为西城区鲁迅中学）相邻。克勤郡王的后代习惯把西边的克勤郡王府（平郡王府）称为"西府"，把东边的辅国公府称为"东府"。克勤郡王府的面积比其他铁帽子王府要小，但布局紧凑合理，建筑精致。中轴线上建有大影壁、府门、银安殿、东西翼楼、后罩楼等建筑。西路前后还有三进院落。东路则由五个大小院落组成，有茶房、大小书房、祠堂、花房等，还有护卫、太监、奶妈居住的房屋等，总建筑面积为3717平方米。此府是顺治年间由岳托儿子所建，初称衍禧郡王府，继称平郡王府，乾隆四十三年（1778年）以后称克勤郡王府。曹家被抄回京后，曹雪芹与福彭交往达二十多年时间，在克勤郡王府（平郡王府）留下了生活的足迹。

据说曹雪芹与福彭关系非常好。曹雪芹随祖母、母亲回京后，作为至亲得到姑母曹佳氏的照应和表哥爱新觉罗·福彭的关心是人之常情。王府生活的耳濡目染，也必定对曹雪芹产生深刻的影响，这些体验远胜于在江

曹雪芹《红楼梦》与北京城的研究

南年幼的记忆和对其世界观形成的影响。

福彭曾为乾隆帝弘历的伴读。雍正四年（1726年）福彭的父亲讷尔苏因贪婪之罪，遭削去爵位，被圈禁。由福彭袭封平郡王爵位，即多罗平郡王。雍正十年（1732年）正月，任镶蓝旗满洲都统。五月，授宗人府右宗正之职。雍正十一年（1733年）二月，充玉牒馆总裁。四月，命军机处行走。七月，授定边大将军，率师讨伐噶尔丹策零。乾隆元年（1736年）三月，任正白旗满洲都统。乾隆二年（1737年）十月，任正黄旗满洲都统。乾隆三年（1738年）七月，升任议政大臣。乾隆十三年（1748年）福彭薨，年41岁，赐予谥号为"敏"。其长子庆明承袭平郡王爵位。福彭去世，乾隆帝很伤心，并辍朝两日，还曾写诗纪念他。如下：

夜卧听雨忆平郡王

朱明届候天方永，如烘暑气焦尘境，
座间挥扇手欲疲，林下乘风吹不冷。
今朝一雨洗烦嚣，入夜蒙蒙万缘静，
杨柳阴中罢暮蝉，梧桐枝上收清影。
时有匡床高卧人，一杯芳润浇苦茗。
夜凉霜簟好安眠，芭蕉响滴残梦醒。
醒后悠悠动远思，思在龙堆连雪岭。
如心居士在军营，年来王事劳驰骋。
即此清凉夜雨秋，行帐残灯悬耿耿，
天心仁爱当偃师，坐看绝塞狼烟靖。
百万健儿归故里，净洗兵戈只俄顷，
犹忆去年烟雨中，绿蓑共泛沧波艇。

清宵蝶梦亦偶然，人生何必叹浮梗，
借有好风吹送诗，知君应在三秋领。

冬夜忆平郡王

暖阁熏炉刻漏移，闲情万里忆相知，
高斋趣永三余乐，绝塞风寒列戍悲。
约计凯旋应指日，欲缄书寄更无期，
难堪剪烛清吟夜，念到寒更毳幙时。

有至自军中者诗以慰之兼忆如心居士

几年别去经风雪，今日归来话别离。
想像伊人归未得，龙堆握手送君时。

（如心居士是福彭的法号）

（六）西城区新文化街辅国公府（斗公府）

辅国公府（俗称斗公府，亦称诺尼贝勒府）与新文化街西口的克勤郡王府百米相邻。曾是清克勤郡王岳托之孙爱新觉罗·诺尼奉旨所建的贝勒府。诺尼之孙斗宝承袭辅国公，人称斗公，与福彭的父亲同辈。因两府的至亲关系，后代习惯把西边的克勤郡王府（平郡王府）称为"西府"。把东边辅国公府（斗公府）称为"东府"。曹雪芹定居北京后，常在东西二府（即西口的克勤郡王府与东口的斗公府）走动，这两处王府给我们留下了已知曹雪芹在京城不多的足迹。

斗公府于 1909 年改建为京师女子师范学堂。1917 年呈请改组高等师范，并于当年增设教育国文专修科一班，设立附属中学，预备改组事宜。1919 年 4 月，经民国教育部批准正式更名为"北京女子高等师范学校"。校舍由四座楼组成，建筑面积 6702 平方米。1920—1926 年，李大钊受聘于该校，在讲授课程的同时，传播马克思主义。在他的引领和影响下，一批关心民族命运的青年学子走上革命道路，如中国共产党第一位女党员缪伯英、北方妇女运动领导人夏之栩、"三一八"惨案烈士刘和珍和杨德群等。党的一大后，中共西城支部成立，缪伯英任书记。在中共北京地委领导下，该校进步学生参与一系列反帝反军阀爱国活动。缪伯英、刘和珍、杨德群、石评梅、许广平……都是从这里走出来的杰出女性。鲁迅自 1923 年起在女高师国文系任教，积极支持进步学生投身反帝反封建斗争。1924 年更名为北京女子师范大学。1926 年 3 月 18 日，北京群众 5000 余人，由李大钊主持，在天安门集会抗议，要求拒绝八国通牒。段祺瑞执政府竟下令开枪，当场打死 47 人，死者当中就有京师女子师范学堂的学生刘和珍、杨德群。当年鲁迅先生参加两位烈士追悼会时，决定要为刘和珍写一点东西，为此中学课本中的名篇《记念刘和珍君》诞生了。斗公府是 31 处中国共产党早期北京革命活动旧址之一。1984 年斗公府原址被定为北京市文物保护单位，2006 年 5 月被国务院定为第六批全国重点文物保护单位。现为北京市鲁迅中学。

（七）西山正白旗黄叶村（曹雪芹纪念馆）

早在 1963 年文化部纪念"曹雪芹逝世 200 周年"时，一些红学家就有在香山地区建立曹雪芹纪念馆的动议。

而在北京植物园内建成今"曹雪芹纪念馆"，基于两方面原因：一方

面缘于敦城的诗集《四松堂》里关于曹雪芹的描述的诗作《寄怀曹雪芹》。

寄怀曹雪芹

少陵昔赠曹将军，曾曰魏武之子孙。
君又无乃将军后，于今环堵蓬蒿屯。
扬州旧梦久以绝，且著临邛犊鼻裈。
爱君诗笔有才气，直追昌谷破篱樊。
当时虎门数晨夕，西窗剪烛风雨昏。
接罗倒着容君傲，高谈雄辩虱手扪。
感时思君不相见，蓟门落日松亭樽。
劝君莫弹食客铗，劝君莫扣富儿门。
残羹冷炙有德色，不如著书黄叶村。

诗中提到了"黄叶村"。另一方面是正白旗村39号院题壁诗的出现。1971年4月，海淀区四季青乡正白旗村39号院原住户舒成勋在粉刷墙壁（墙壁所建年代尚未见专业考证）时，发现内壁上有8首题壁诗。其中一首落款的"拙笔"又与据说是曹雪芹遗物的黄木书箱上的"拙笔"暗合。

1983年4月22日，北京植物园（原正白旗所在地）辟地8公顷，建成曹雪芹纪念馆，借名"黄叶村"。溥杰题写匾额"曹雪芹纪念馆"，纪念馆门口有著名学者、书法家启功先生的题匾。曹雪芹纪念馆由中共北京市委宣传部和北京市市政管理委员会正式批准对外开放。

纪念馆是以北京香山正白旗39号老屋为中心建立起来的一座小型乡村博物馆。馆舍是一排坐北朝南的清式平房，占地面积约3000平方米，建筑面积300平方米。展室中除介绍曹雪芹的生平经历，还陈列有与曹雪芹身世及曹雪芹一家与正白旗村有关的物品，以及名著《红楼梦》所描述的实物仿制品等。原来的题壁诗重新进行了临摹复制并按原状展出。1982年，海淀区政府把正白旗村39号院定为区级文物保护单位。

三、《红楼梦》中提到的北京城地名

（一）兴隆街

兴隆街是《红楼梦》中的一个地名。《红楼梦》第三十二回这样写道："正说着，有人来回说：'兴隆街的大爷来了，老爷叫二爷出去会。'宝玉听了，便知是贾雨村来了，心中好不自在，袭人忙去拿衣服，宝玉一面蹬着靴子，一面抱怨道：'有老爷和他坐着就罢了，回回定要见我。'史湘云一边摇着扇子，笑道：'自然你能会宾接客，老爷才叫你出去呢。'宝玉道：'那里是老爷，都是他自己要请我去见的。'湘云笑道：'主雅客来勤，自然你有些警他的好处，他才只要会你。'宝玉道：'罢，罢，我也不敢称雅，俗中又俗的一个俗人，并不愿同这些人往来。'湘云笑道：'还是这个情性不改。如今大了，你就不愿读书去考举人进士的，也该常常的会会这些为官做宰的人们，谈谈讲讲些仕途经济的学问，也好将来应酬世务，日后也有个朋友。没见你成年家只在我们队里搅些什么！'宝玉听了道：'姑娘请别的姊妹屋里坐坐，我这里仔细污了你知经济学问的。'"

上述文字提到了贾雨村住在兴隆街。

在崇文门外大街西侧有一条胡同名曰：兴隆街，以今祈年大街为界分为东西兴隆街。兴隆街是从崇文门外大街到前门大街的主要通道之一，东西走向，横贯新世界百货一期、二期之间，跨过草厂诸胡同以北，所以在《明北京城复原图》上曾标"羊坊草场"，是明政府养羊和堆放草料的

地方。明嘉靖时《京师五城坊巷胡同集》中写道:"羊坊草场一至十条胡同。"这块地方面积不小,说明当年京城养羊很多。明朱国祯所著《涌幢小品》一书记载:"司牲所养果子胡同三百六十余只,每只食黑豆八合、草一斤,共用牧草军一百二十余名、官吏二名,五年内支出草二万四千余束,每束价二分,值银五百余两。"清代羊坊草场废弃,由于这里有座兴隆寺,故改名为兴隆街。1965年崇真观(《析津日记》载:大小崇真观原是"明朝司礼太监张政舍宅建"。观早废,现为民宅院)和东兴隆街西段并入,统称西兴隆街。

西兴隆街,正如"兴隆"的美好寓意,自清代起就是一条为居民服务的商业老街,道路两旁商铺林立,充满人间烟火与希望。街的南侧从西向东排列着南北走向的草厂头条至十条,胡同肌理清晰,房屋整齐,会馆林立。如果把西兴隆街比喻为一把梳子,这十条胡同就像是一个个齿针,每一条都充裕着南城浓郁的市井风情,街坊百姓居住在此,梳编出自己的生活故事。

经历数年城市更新改造之后,西兴隆街继承了悠久的历史风貌,与前门大街隔街相守,一静一动,身处闹市却清静自在,更增添了众多充满文艺时尚的商业休闲新业态,商业与生活在这里保持着微妙的平衡,老北京的日常与年轻人喜爱的生活方式在这里都能寻见,时光仿佛放慢了脚步,左手繁华,右手生活,充满人情味与烟火气。

2022年3月,西兴隆街入选"首都功能核心区传统地名保护名录(街巷胡同类 第一批)"。

(二)花枝巷、小花枝巷

花枝巷是《红楼梦》中的一个地名。《红楼梦》第六十四回"幽淑女

悲题五美吟　浪荡子情遗九龙珮"中写道:"次日命人请了贾琏到寺中来,贾珍当面告诉了他尤老娘应允之事。贾琏自是喜出望外,感谢贾珍贾蓉父子不尽。于是二人商量着,使人看房子打首饰,给二姐置买妆奁及新房中应用床帐等物。不过几日,早将诸事办妥。已于宁荣街后二里远近小花枝巷内买定一所房子,共二十余间。"

小花枝巷位于何处?一说,据清朱一新《京师坊巷志稿》记载,光绪年间,北京城内有两个花枝胡同,一在内城西城,一在牛街附近。周汝昌的《恭王府考》认为小说中的小花枝巷即指今北京西城区内的花枝胡同,"在护国寺以北不太远,就有一条花枝胡同,北通三不老胡同,右侧即是宝玉出北门的'大道'——德胜门大街了"。这个花枝胡同位于克勤郡王府正北约七华里的积水潭旁的新街口大街。

在通州区张家湾镇原张湾村曾有个花枝巷。据当地老人回忆:在张家湾镇南门内以西,东西走向,约有四百米,据传曹家当铺就在巷内路南,多年前遗址尚存。此条巷内南北两侧古时住居的都是豪门富户,就在"花枝巷"中部,向北有一条小胡同,直通西门内大街,被称作"小花枝巷"。学者和当地人多认为:红楼梦中的花枝巷,其实是张湾村的花枝巷胡同。由于房产开发,如今已没有了原来的张湾村,张湾村里的花枝巷也已成了一片黄土,只有一块石板上刻下了"花枝巷"的字样。

(三)鼓楼西大街

《红楼梦》第五十七回书中写道:"宝钗道:'我到潇湘馆去。你且回去,把那当票叫丫头送来我那里,悄悄的取出来,晚上再悄悄的送给你去,早晚好穿,不然,风闪着还了得!——但不知当在哪里了?'岫烟道:'叫做什么恒舒,是鼓楼西大街的。'宝钗笑道:'这闹在一家去了。

伙计们倘或知道了，好说人没过来，衣裳先来了。'岫烟听说，便知是他家的本钱，也不答言，红了脸，一笑走开。"

鼓楼西大街位于北京城中轴线上的鼓楼之西，西起德胜门内大街东至鼓楼前，与安定门内大街至鼓楼前的鼓楼东大街相连。自西北向东南倾斜，是一条斜街。元明时既有鼓楼西大街之称，亦称斜街。清时沿用鼓楼西大街名称，清末时又称"鼓楼西斜街"。清朱一新《京师坊巷志稿》"鼓楼大街"条引《析津志》云："乾隆九年十月，以京师钱价昂贵，令各当铺官借本银收钱发市流转，以正阳门外布巷市房一所，地安门外鼓楼东官房一所为钱局，其收钱发银，造册文票，俱咏顺天府治中印。"1965 年统称"鼓楼西大街"。它是北京城内比较古老的街道之一，地处曾经的漕运码头"积水潭"附近，这里是北京城规制的前朝后市的后市所在地，因此从元代开始沿街的商业就比较发达，靠着大运河漕运码头运输卸货的天然优势，鼓楼西大街形成了当时北京城最繁华的集市——斜街市。汇聚有多家著名的当铺也是自然。

（四）苇子坑

《红楼梦》第四十七回"呆霸王调情遭苦打 冷郎君惧祸走他乡"中写道："有人说：'恍惚出北门去了。'薛蟠的小厮们素日是惧他的，他吩咐不许跟去，谁还敢找去？后来还是贾珍不放心，命贾蓉带着小厮们寻踪问迹的直找出北门，下桥二里多路，忽见苇坑边薛蟠的马拴在那里。众人都道：'可好了！有马必有人。'一齐来至马前，只听苇中有人呻吟。大家忙走来一看，只见薛蟠衣衫零碎，面目肿破，没头没脸，遍身内外，滚的似个泥猪一般。贾蓉心内已猜着九分了，忙下马令人搀了出来，笑道：'薛大叔天天调情，今儿调到苇子坑里来了。必定是龙王爷也爱上你风流，要

你招驸马去,你就碰到龙犄角上了。'薛蟠羞的恨没地缝儿钻不进去,哪里爬的上马去?贾蓉只得命人赶到关厢里雇了一乘小轿子,薛蟠坐了,一齐进城。"明清年代在北京城周边,城墙根下是护城河,河边多为水坑苇塘,因而得名"苇子坑"。北京四九城外曾有多处叫"苇子坑"的地方,而以德胜门外的"苇子坑"最知名。德胜门外有一公交车站,站名就叫"苇子坑",老北京人一般称其为"德外苇子坑"。与书中描述对照,书中所说的"北门"应是德胜门,"德外关厢"北面不远就是"苇子坑"。

(五)天齐庙

《红楼梦》第八十回"美香菱屈受贪夫棒 王道士胡诌妒妇方"中写道:"正说着,贾母打发人来找宝玉,说:'明儿一早往天齐庙还愿。'宝玉如今巴不得各处去逛逛,听见如此,喜的一夜不曾合眼,盼明不明的。次日一早,梳洗穿戴已毕,随了两三个老嬷嬷坐车出西城门外天齐庙来烧香还愿。"天齐庙在北京有两处,一处在朝阳门外,就是今天的东岳庙;另一处是在西郊海淀的红山口。从书中所描述的"出西城门外天齐庙"应是西直门外红山口的天齐庙。

(六)大观园

北京大观园位于西城区(原宣武区)右安门内南菜园西街,紧邻南二环路。这一地方的原址明代时是嘉疏署,清代为皇家菜园。1984年开始兴建,1986年9月30日正式对外开放。这里是1987版电视剧《红楼梦》的主要外景地之一。园内有亭台楼榭、佛庵庭院、繁花名木、鹤鸣鹿啼等40余处景观。主要景观建筑有曲径通幽、怡红院、潇湘馆、稻香村、

顾恩思义殿 - 省亲别墅等。"曲径通幽"是《红楼梦》中贾宝玉根据唐代诗人常建的诗句"曲径通幽处，禅房花木深"而题；由南边正对大门的一座用太湖石叠砌而成的假山构成，表达的是中国式园林"开门见山"的形制。其寓意是沿妙道曲径蜿蜒穿洞而过，方能领悟到园中幽雅的景致，且艺术地运用了"藏景"的园林设计手法。建筑设计为典型的明清皇家园林样式。木结构居多，按照小说中所描摹的场景力图还原大观园的面貌。

曹雪芹在《红楼梦》中描写大观园时，给出的定位是"芳园筑向帝城西"。所以有了大观园是参照皇城西北的恭王府的建筑特点。其实原型应是参照了圆明园和西山园林而写就的。原因有二：一是和珅生活于乾隆十五年至嘉庆四年（1750年7月1日—1799年2月22日），和珅四岁时，曹雪芹已经过世。二是恭王府的原址是和珅的府邸——公元1776年建成的和邸，晚于甲戌本发表二十年。而恭王府更是在曹雪芹离世80年后，于咸丰元年（1851年）改赐恭亲王奕䜣，从此这里被称作恭王府。因而，恭王府的建筑之所以颇似大观园，它不是大观园的原型，而是参照曹雪芹所著《红楼梦》对大观园设计的描述建造的王府。

（七）宁荣二府（正定）

荣国府，位于河北省石家庄市正定县，是1986年由正定县人民政府投资350多万元根据《红楼梦》中所描绘的"荣国府"设计建造的仿古建筑群。荣国府主要由荣国府景区、宁荣街景区、曹雪芹纪念馆等景观组成。占地面积22 000平方米，建筑面积4 700平方米。根据《红楼梦》中所描绘的"荣国府"兴建而成。

在《习近平自述：我的文学情缘》中讲述了荣国府和荣宁街建造的过程。该书讲述了建设的经过："冯老给了我一个在正定建荣国府的理

由。""冯老（冯其庸）是红学家，我跟冯老结识于正定，当时我在正定当县委书记。那个时候，《红楼梦》剧组正好要搞荣国府。当时要找依据，就是为什么在正定搞？他们没有实际的荣国府、宁国府的图，但是我找到了。在哪儿找到的呢？在故宫博物院。故宫博物院有个专家叫王璞子，是正定人，我托人从他那里找到了图。再就是请冯老给了我一个为什么在正定建荣国府的理由。见《红楼梦》剧组的时候，我说我们这儿完全有资格搞，因为曹雪芹是正定人。他们都笑了，说莫名其妙，曹雪芹怎么是正定人？我说，曹雪芹的老家是正定的，这是冯老提供的。冯老研究红学，查明了曹雪芹的身世。曹雪芹的祖先是北宋的开国大将曹彬，曹彬是真定灵寿人，真定就是现在的正定，正定府当时的范围包括河北的灵寿县，就在正定的隔壁。我就拿这个理由跟他们讲，当然也是开玩笑。我记得，我们请冯老是1983年、1984年的事情，冯老那时候还英姿勃发。"❶

2022年5月27日下午，中共中央政治局就深化中华文明探源工程进行第三十九次集体学习。中共中央总书记习近平在主持学习时强调，中华文明源远流长、博大精深，是中华民族独特的精神标识，是当代中国文化的根基，是维系全世界华人的精神纽带，也是中国文化创新的宝藏。

曹雪芹《红楼梦》在京遗迹是典型的"主题散点串联式文物"。通过对遗迹统一标识体系的建立，将曹雪芹在京30余年的生活轨迹清晰呈现，让世人系统认识文豪跌宕起伏的一生，了解"曹雪芹于悼红轩中批阅十载，增删五次，纂成目录，分出章回"创作的《红楼梦》，为世人留下一座建设在北京城市上的世界文豪"曹雪芹在京遗迹博物馆"。

---

❶ 习近平自述：我的文学情缘［N］.人民日报，2016-10-14.

四、时空邻居

据前文,经专家依据"乾隆京城全图"多方考证,并经过考古探测,确认广渠门大街207号院就是"崇文门外蒜市口地方房十七间半"。1960年笔者出生在观马胡同18号。在这里生活了三十余年。可以说与世界著名文学家《红楼梦》的作者曹雪芹是跨越200年的时空邻居。这座曹雪芹写《红楼梦》的院子,距离笔者从小居住的观马胡同仅公交车半站地。

据资料记载:"观马胡同位于东城区东南部,广渠门内大街南侧。原名观(官)马圈,形成于清代。乾隆年间此地为正蓝旗八旗兵饲养马匹的地方。""自乾隆十三年(1748年)开始这里被称为"官马圈",其附近的街巷被称为"官马圈胡同",并延续200余年,至1965年改称'观马胡同'。"(笔者注:1967年曾改称"赤峰胡同",1977年恢复"观马胡同")

也就是说,曹雪芹撰写《红楼梦》时(约1744—1754年),官马圈胡同已经诞生了(1748年)。曹公每每前往广渠门内遍访卧佛寺、火神庙、夕照寺、隆安寺、蟠桃宫等诸寺庙、道观、庵堂时,与敦诚、敦敏从广渠门出城沿通惠河自大通闸去往庆丰闸东南水南庄饮酒作诗时,应常常路过"官马圈"。也正是通过在这里对马和骑马的全景式扫描与观察体验,才会有《红楼梦》中惟妙惟肖地对骑马出行的描述。如第四十三回"闲取乐偶攒金庆寿,不了情暂撮土为香"中写到:"天亮了,只见宝玉遍体纯素,从角门出来,一语不发,跨上马,一弯腰,顺着街就下去了。焙茗也只得跨上马,加鞭赶上,在后面忙问:'往那里去?'宝玉道:'这条路是往那里去的?'焙茗道:'这是出北门的大道。出去了,冷清清,没有什么玩的。'宝玉听说,点头道:'正要冷清清的地方。'说

着，越发加了两鞭，那马早已转了两个弯子，出了城门。焙茗越发不得主意，只得紧紧的跟着。"这段描写中上马是一跨而上，驾马是一弯腰就走出去，其实是瞬间要完成提缰子、腰腿往下使劲等细节动作，

摄影：宋慰祖

一气呵成。说明宝玉骑术精湛。应能说明这与曹雪芹长期在官马圈对马和骑马的观察与体验有深厚的联系。

大运河与曹雪芹、《红楼梦》

张庆善·中国艺术研究院研究员

中国红楼梦学会名誉会长

非常高兴应邀参加"中国大运河文化带[京杭]对话：水利遗产与城市可持续发展学术论坛"，也非常荣幸借此机会就大运河与曹雪芹、《红楼梦》的关系作一个发言。我记得2020年曾开过一次"曹雪芹在京遗迹保护与传承"研讨会，陈名杰局长在研讨会上提出"大运河文化带与曹雪芹、《红楼梦》"这个理念，认为曹雪芹在京遗迹是大运河文化带重要内容，这个理念的提出非常重要，它把大运河文化与曹雪芹、《红楼梦》联系在一起，把中华民族两大文化符号联系在一起，这对提升北京的文物保护理念，提升北京的文化品牌建设，乃至提升曹雪芹、《红楼梦》在北京、在中国，甚至在全世界的影响，无疑具有重要的意义。

大运河与曹雪芹、《红楼梦》确实有着千丝万缕的联系，有着不解之缘，因为流淌千年的大运河是曹雪芹家族兴衰荣辱的见证，也给曹雪芹留下了刻骨铭心的记忆。这些都对曹雪芹的思想、情感和《红楼梦》的创作产生重要影响，在《红楼梦》中我们可以看到大运河烙下的深深印记。

我们知道曹家真正的辉煌是在曹雪芹的爷爷曹寅时期。曹寅与康熙皇帝的关系非常密切，深得康熙皇帝的信任和赏识。当年康熙六次南巡，曹寅就接驾了四次。《红楼梦》第十六回写到元妃省亲，在这里有一条脂批

大运河与曹雪芹、《红楼梦》

触目惊心："借省亲事写南巡，出脱心中多少忆昔感今。"赵嬷嬷说得更直截了当："如今现在江南的甄家，嗳哟哟，好势派！独他家接驾四次，若不是我们亲眼看见，告诉谁谁也不信。"当年康熙南巡，曹雪芹的爷爷曹寅确实接驾了四次。赵嬷嬷说的江南甄家，指的就是江南曹家。

但任何事情总是有两面性，好便是了，了便是好，盛筵必散，否极泰来。曹家四次接驾，虽然争得了无限的风光，也埋下了败落的根源。什么根源，就是亏空。《红楼梦》第十六回赵嬷嬷就说到"圣祖南巡"花钱的事，她说："只预备接驾一次，把银子都花的淌海水似的！""别讲银子成了土泥，凭是世上所有的，没有不是堆山塞海的，'罪过可惜'四个字竟顾不得了。"清人张符骧有《竹西词》也写到当年康熙南巡扬州的情景："三岔河干筑帝家，金钱滥用比泥沙。"这和赵嬷嬷所说的情景一模一样。当然，曹家接驾造成的巨额亏空，康熙皇帝是清清楚楚的，他一方面要保护曹家，另一方面也为他们担心，多次催促曹寅赶紧堵上窟窿，要曹寅小心。但曹寅到死也没有还上亏空欠下的钱，这就为曹家的败落埋下了祸根。果然康熙去世，雍正当皇帝，情况就发生了巨大的变化。雍正五年（1727 年）年底，因曹頫骚扰驿站等事，引发了雍正的震怒，曹家被抄家，近六十年的江南曹家从此一败涂地。多少年后，敦诚、敦敏在与曹雪芹交往时还常常提到"扬州旧梦久已觉""秦淮风月忆繁华"，江南曹家的繁华兴盛与衰落，都在曹雪芹的心中留下刻骨铭心的记忆。

雍正六年（1728 年）春夏之交，曹雪芹跟着奶奶乘着船走大运河回到北京，流淌千年的大运河既给曹雪芹创作《红楼梦》提供了大量的素材来源，也是他"秦淮旧梦忆繁华"的创作动力。

我们读《红楼梦》，都会发现《红楼梦》中的主要人物、主要故事都深深地打上了大运河的印记，《红楼梦》第三回写到黛玉的母亲去世后，他的姥姥贾母"遣了男女船只来接。"又写到"且说黛玉自那日弃舟登岸

123

时,便有荣国府打发了轿子并拉行李的车辆久候了。"林黛玉自然是从大运河回到了京都。宋慰祖委员说,林妹妹就是从张家湾换的小船,到了二闸上的岸。《红楼梦》第十九回写到宝玉与黛玉聊天,"宝玉问她几岁上京,路上见何景致古迹,扬州有何遗迹故事,土俗民风,黛玉只不答。"黛玉为什么一言不答,那是因为她"抛父进京都"的一路,满是悲伤,一言难尽。《红楼梦》第四十八回,香菱对黛玉说:"我们那年上京来,那日下晚便湾住船,岸上又没有人,只有几棵树,远远的几家人家作晚饭,那个烟竟是碧青,连云直上。谁知我昨日晚上读了这两句,倒像我又到了那个地方去了。"这样的荒凉情景,是不是跟曹雪芹随祖母走运河回北京情景影射。这个香菱是《红楼梦》中第一个悲惨的女性,她的命运与林黛玉极为相似。《红楼梦》中为什么写元春省亲,为什么写林黛玉自扬州乘船走运河"抛父进京都",为什么写香菱学诗时与林黛玉说乘船走大运河回北京的情景,这都不是泛泛而语,而是深有寓意。因为大运河既给曹家带来了繁华兴盛,也给曹家带来了败落,这都对曹雪芹创作《红楼梦》产生很大的影响。

曹雪芹随祖母回到北京后住在什么地方?——蒜市口十七间半。这是有可靠的文献记载证明的,也是目前唯一有可考文献记载的曹雪芹故居。根据《刑部移会》的记载,雍正皇帝为了照顾曹家的生活,"于京城崇文门外蒜市口地方房十七间半,家仆三对,给与曹寅之妻孀妇度命"。

蒜市口十七间半不仅是曹雪芹的故居,这里还是曹雪芹写《红楼梦》的地方。因为崇文门蒜市口十七间半,是根据雍正皇帝的谕旨"恩赐"给曹家的,不是一般的居住地。而曹雪芹家当时在北京除了这里已经没有其他房产了,因此曹雪芹在这里居住的时间不会短,甚至是大半生都是住在这里。在曹雪芹开始写《红楼梦》的时候,曹家根本不可能再置房产,也不敢置房产,曹雪芹只能住在这里,直到最后十年左右迁居西山一带。

大运河与曹雪芹、《红楼梦》

多少年来，红学界围绕着曹雪芹祖籍问题展开了讨论，曹雪芹祖籍是河北的丰润，还是东北的辽阳？红学家们的观点很不一样。虽然对曹雪芹祖籍问题争论激烈，但对曹雪芹的籍贯在哪里则没有争论，或者说曹雪芹是哪里人，没有争论。曹雪芹就是北京人，虽然他出生在南京，虽然他们家在南京生活了58年之久，但他们家的祖坟在北京，他们家的籍贯在北京。曹雪芹的一生大部分时间都是在北京度过的，又是在北京写出了"传神文笔足千秋"的《红楼梦》，《红楼梦》就是用北京话写出的，最后他在北京去世。

曹雪芹不仅为中华民族留下了一部光耀千古的旷世奇书《红楼梦》，成为中华民族永远的自豪与骄傲；他在北京的足迹、遗迹同样是一份极为珍贵的遗产，张家湾、二闸、蒜市口十七间半、右翼中学、槐园、纳尔苏王府、西山等，都是北京的文化名片。曹雪芹是北京人，北京人要牢牢记住这一点。北京的文物保护和文化建设，一定要擦亮曹雪芹、《红楼梦》这张文化名片，要通过大运河文化带与曹雪芹、《红楼梦》在京文物资源的整体性保护利用，使曹雪芹、《红楼梦》这张文化名片更加灿烂，要让曹雪芹、《红楼梦》与莎士比亚、托尔斯泰一样，举世闻名，为弘扬中华优秀传统文化，坚定民族文化自信，作出更大的贡献。

让古老的历史遗迹活起来
——在"曹雪芹在京遗迹标识工程研讨会(水南庄)"上的发言

张庆善·中国艺术研究院研究员
中国红楼梦学会名誉会长

大家上午好!

非常高兴应邀参加"曹雪芹在京遗迹标识工程研讨会"。首先我谨代表中国红楼梦学会对研讨会的举办表示衷心祝贺!

"曹雪芹在京遗迹标识工程研讨会"在通惠河畔、在高碑店乡水南庄村举办是非常有意义的,因为当年这里是曹雪芹和他的朋友们经常游览的地方。曹雪芹的好朋友敦诚、敦敏兄弟在他们诗集中就有不少关于通惠河、庆丰闸和水南庄的诗,这都是研究曹雪芹在京遗迹,特别是研究曹雪芹在东郊活动极为重要的文献史料。传说敦诚、敦敏兄弟与曹雪芹曾沿着通惠河泛舟游览,并在水南庄的菩提树下吟诗作赋。虽然这是传说,但也极为珍贵。从现有的曹雪芹与敦诚、敦敏兄弟关系及其交游情况看,曹雪芹一定来过水南庄,这是毋庸置疑的。

我说曹雪芹一定来过水南庄,这不是我的主观猜测,而是有依据的。我们都知道曹雪芹的好朋友敦敏有一首诗《河干集饮题壁兼吊雪芹》,这首诗大约写于乾隆二十九年甲申(1764年)的春天,或是乾隆三十年乙酉(1765年)的春天。这时曹雪芹去世约一两年。据专家学者考证,这是敦

让古老的历史遗迹活起来

敏与朋友在庆丰闸（即二闸）的望东楼集饮时写下的，也有一种说法，说敦敏这首诗是在位于水南庄的得月楼写的，这个问题很有意思，很值得进一步研究。当年通惠河、庆丰闸是北京的"游览胜地"，曹雪芹和敦氏兄弟等朋友经常游览通惠河，庆丰闸离水南庄也很近。不管是在庆丰闸的望东楼上写的，还是在水南庄的得月楼上写的，这首诗都是研究曹雪芹东郊活动的重要文献史料，都是曹雪芹来过水南庄的重要依据。

曹雪芹和敦敏、敦诚为什么常来通惠河、庆丰闸、水南庄游览呢？除了这里，最重要的原因是曹雪芹与敦氏兄弟一年四季都要来东郊祭祀祖先。曹雪芹家的祖茔在张家湾，敦诚、敦敏家的祖茔在水南庄，敦敏、敦诚的母亲就埋葬在这里。乾隆二十二年（1757年）丁丑秋，敦氏兄弟的母亲病故于山海关，次年返京安葬于水南庄，周汝昌先生在《红楼梦新证》中说："按其葬母事，当未越春日，京都发殡，通州会葬之大礼，雪芹以友好当无不至之理。"❶ 这说得很有道理，周老之所以在这里强调这个道理，就是要说明一个问题，曹雪芹一定来过水南庄。更何况，当年的水南庄也是一个很值得游览的地方。在敦敏诗中就有很多生动的描写，我们从敦敏的诗中看到了水南庄有废祠、古墓、小桥、绿杨垂柳、收网的渔民和钓鱼的船，还有卖酒的地方等等，可见当年的水南庄还是很有一些景色也是很热闹的。在我看来，曹雪芹来过水南庄不仅是很可能的，而是一定的。

看到这里，我想到著名学者余英时先生的一篇文章：《敦敏、敦诚与曹雪芹的文字因缘》，余英时先生在这篇文章中提出的一些观点对研究曹雪芹与敦氏兄弟的关系、对探考《红楼梦》的创作都是很有价值的。余英时先生说："我最近细看《四松堂集》和《懋斋诗钞》，发现其中与《红楼梦》及所谓脂批颇有相互照应之处。我的初步结论是：不但曹雪芹在撰写

---

❶ 周汝昌.红楼梦新证［M］.南京：译林出版社，1953.

《红楼梦》时曾受到他和二敦的文学交游的影响,而且所谓脂批中可能杂有二敦的手笔。"❶

余英时在这篇文章中,列举了"破庙残僧""太虚幻境""二丫头""绿蜡"等十个例子,探索了曹雪芹与敦敏、敦诚的文字因缘,他认为《红楼梦》中有一些描写与敦诚敦敏的文字很有"因缘",有的是曹雪芹受到了二敦兄弟文字的影响,有的则是二敦兄弟受到了《红楼梦》文字的影响。不管是谁受谁的影响,这些"文字因缘"透露出《红楼梦》创作与敦诚敦敏是很有关系的,如"破庙残僧"的例子,《红楼梦》第二回写到贾雨村:

> 这日偶至郭外,意欲赏鉴那村野风光:忽信步至一山环水旋、茂林深竹之处,隐隐的有座庙宇,门巷倾颓,墙垣朽败……走入看时,只有一个聋钟老僧,在那里煮粥,雨村见了便不在意,及至问他两句话,那老僧既聋且昏,齿落舌钝,所答非所问……

这是《红楼梦》中的描写,敦诚《鹪鹩庵杂志》第十六则有这样的描写:

> 独居南村,晚步新月,过一废寺,微微闻梵声,见枯僧坐败蒲上,因与之小语……

又,敦诚《四松堂集》上《寄大兄》亦有一段描写:

---

❶ 余英时.红楼梦的两个世界[M].上海:上海社会科学院出版社,2002.

让古老的历史遗迹活起来

低南村,便觅一庵下榻,榻近颓龛,夜间即借琉璃灯照睡,僧既老且聋,与客都无酬答,相对默然。

敦诚笔下的"既老且聋"的僧人与《红楼梦》中"既聋且昏""聋钟老僧"是不是很像?敦诚所说的"南村"是不是就是指"水南庄"?《红楼梦》中"门巷倾颓,墙垣朽败"的庙宇,与敦敏诗中所说的水南庄的"废祠""荒祠"有没有关联?这些都是很值得研究的。

余英时说:"曹雪芹生前在文学上关系最深的人便是二敦。现在我们从二敦的诗文中找出了这许多和《红楼梦》及其批语有关合的线索,这决不可等闲视之,尤不可以'偶然巧合'解之……总之,以二敦与雪芹交谊之深,再加上他们所流传下来的诗文数量之少,而其间居然有这许多足以和《红楼梦》及其批语相互参证之处,这是考证红学者所必须特别注目之所在。"❶ 我认为余英时先生的这些见解是很重要的。

刚才半壁店村的马乃军书记,介绍了通惠河、水南庄的历史与现状的情况及未来发展规划,我们更加深切地感觉到这里有着丰厚的历史文化底蕴。马书记汇报的题目是《水南庄与曹雪芹历史渊源》,这个题目太好了,这也是我们高碑店乡、半壁店村、水南庄未来发展最重要的文化名片。我们要充分利用"水南庄与曹雪芹"这块金字招牌,做好文章,搞好宣传,尤其是突出特色,抓住重点。我们这里的特色与重点是什么呢?马书记在汇报中说,要突出敦敏与敦诚研究,突出敦氏兄弟与曹雪芹关系研究,突出敦氏兄弟与曹雪芹在京东交游研究,要突出敦诚、敦敏、水南庄与《红楼梦》创作成书研究。这说得非常到位,抓住了水南庄未来文化发展的重点。这是水南庄与其他地方不一样的地方,也是水南庄的特色与资源。

---

❶ 余英时.红楼梦的两个世界[M].上海:上海社会科学院出版社,2002.

129

到目前为止，我们对曹雪芹的了解，主要来自敦氏兄弟的诗和记载。因此，我们应该十分重视对曹雪芹与敦诚、敦敏交游的研究，要重视曹雪芹、敦诚、敦敏与水南庄传说的挖掘和研究，要认真地搜集整理敦氏兄弟与水南庄有关的文献史料和传说故事。讲好"水南庄与曹雪芹"，可以大大地丰富"曹雪芹与北京"的故事。

曹雪芹为中华民族留下了一部光耀千古的旷世奇书《红楼梦》，成为中华民族永远的自豪与骄傲。而他在北京的遗迹同样是极为珍贵的文化遗产，张家湾、通惠河、水南庄、平津闸、庆丰闸、蒜市口十七间半、右翼宗学、槐园、纳尔苏王府、西山等，都是北京的文化名片。曹雪芹是北京人，北京人要牢牢记住这一点。宋慰祖先生主持"曹雪芹在京遗迹标识工程"，就是为了擦亮"曹雪芹与北京""《红楼梦》与北京"这张文化名片，是为了更好地宣传曹雪芹与北京，讲好曹雪芹与北京的故事，我们要通过曹雪芹、《红楼梦》与大运河文化带在京文物资源的整体性保护利用，进一步擦亮曹雪芹与北京、《红楼梦》与北京这张文化名片，这对丰富和推动北京市的文化建设，具有积极的意义。

怎样进一步擦亮曹雪芹与北京、《红楼梦》与北京这张文化名片呢？我有几点建议：

（1）要把曹雪芹与北京、《红楼梦》与北京，作为北京市文化建设的一个重要课题，作为北京市文化建设的一个重要方面，进行整体性规划研究。

（2）要精心设计好打造好一条曹雪芹与北京、《红楼梦》与北京文化旅游线，把张家湾、水南庄、庆丰闸、蒜市口十七间半、右翼宗学、槐园、纳尔苏王府、西山等等，连成一条线，形成一个"曹雪芹与北京"文化形态整体。做好这个工作，需要文旅部门牵头组织，各级地方政府要重视支持，专家学者要大力帮助指导。

让古老的历史遗迹活起来

（3）深入挖掘文献史料，进一步加强对"曹雪芹在京遗迹"的研究，比如曹雪芹与敦诚、敦敏兄弟、与张宜泉关系的研究等，要系统地整理好相关资料。要讲好曹雪芹与北京的故事，首先要编好书。还要充分地利用多媒体手段，做好"曹雪芹与北京"全方位的宣传。

（4）为了丰富曹雪芹与北京文化旅游线，要有相应的配套举措，形成浓郁的曹雪芹与《红楼梦》文化氛围，如《红楼梦》题材的戏曲、音乐、舞蹈等艺术改编的演出，曹雪芹与北京、《红楼梦》与北京系列讲座；要有《红楼梦》文化艺术展览，要建设《红楼梦》文化创意产业基地，推动《红楼梦》文化创意产品的设计和开发。如能举办"曹雪芹与北京"征文比赛、《红楼梦》文化创意产品设计大赛、《红楼梦》服饰表演、《红楼梦》艺术节、《红楼梦》美食节、《红楼梦》中的非物质文化遗产展示等就更好了。

总之要让曹雪芹在京遗迹活起来，要让曹雪芹与北京的故事传开来，要让《红楼梦》文化融入现代生活之中，为弘扬中华优秀传统文化，坚定民族文化自信，推动北京市的文化建设作出更大的贡献。

张家湾·曹雪芹·《红楼梦》*
——为"曹雪芹与张家湾红学学术研讨会"而作

张庆善·中国艺术研究院研究员
中国红楼梦学会名誉会长

由北京市通州区委文化委员会、北京市通州区张家湾镇人民政府与中国红楼梦学会、北京曹雪芹学会联合举办的"曹雪芹与张家湾红学学术研讨会",是一次很有意义的学术文化活动。2022年是作家曹雪芹诞辰三百周年,据我所知,一些地方都计划举办各种纪念活动,而在我看来,通州和张家湾镇是有充分的理由举办此活动的,因为通州、张家湾原本就与曹雪芹家世、曹雪芹的人生经历乃至《红楼梦》创作有着重要的关系。

一提到曹雪芹与通州、张家湾的关系,人们就会想到二十多年前那场关于"曹雪芹墓石"的论争,这当然是一件引世人注目的大事。这块"曹雪芹墓石"是真是假、曹雪芹是不是葬在张家湾、曹雪芹到底卒于哪一年、曹雪芹晚年的情景到底如何……这些都是人们感兴趣的重要话题。如果能够得到进一步的论证,那对曹雪芹与《红楼梦》研究无疑是有着重要

---

* 由北京市通州区文化委员会、北京市通州区张家湾镇人民政府与中国红楼梦学会、北京曹雪芹学会联合举办的"曹雪芹与张家湾红学学术研讨会",于2015年10月8日至10日在张家湾镇举行。本文原载:张家湾·曹雪芹·《红楼梦》[J].红楼梦学刊,2015(5).

意义的。

我们都知道,当年关于"曹雪芹墓石"的真假之争是很激烈的,冯其庸先生还主编过一本《曹雪芹墓石论争集》,就是那场论争的记录。其实,曹雪芹家世、曹雪芹的人生经历,以及《红楼梦》创作与通州、张家湾的关系绝不仅仅是因为"曹雪芹墓石"论争而引起人们的关注,早在"曹雪芹墓石"发现之前,就有一些文献,如曹雪芹友人的诗文及《红楼梦》中的描写,证明了通州、张家湾与曹雪芹、《红楼梦》的创作有着许多关系。

通州、张家湾与曹雪芹及《红楼梦》创作都有哪些关系呢?

一、曹雪芹家的产业在通州、在张家湾

关于曹雪芹家在通县、张家湾有产业,这是人们都熟知的事情。如康熙五十四年(1715年)七月十六日《江宁织造曹頫复奏家务家产折》:

> 奴才到任以来,亦曾细为查检,所有遗存产业,惟京中住房二所,外城鲜鱼口空房一所,通州典地六百亩,张家湾当铺一所,本银七千两,江南含山县田二百余亩,芜湖县田一百余亩,扬州旧房一所。此外并无买卖积蓄。

看了曹頫的这份报告,或许有人会提出疑问:曹頫跟康熙皇帝说实话了吗?曹寅在《东皋草堂记》中说:"予家受田,亦在宝坻之西……"可曹頫却只字未提宝坻之西的"受田"。我认为曹頫不敢不说实话,他没有那个胆量,于是在这份奏折上曹頫说:"今蒙天恩垂及,谨据实启奏。奴才若少有欺隐,难逃万岁圣鉴。倘一经察出,奴才虽粉身碎骨,不足以蔽辜矣。"那么,曹頫为什么没有说到宝坻之西的"受田"呢?我认为有两

种可能,一是"受田"被收回;二是宝坻之西的"受田"不是由曹寅一支承继的,但第二种可能性更大。所以曹頫的奏折没提宝坻之西的"受田"。没有宝坻之西的"受田",仅是奏折上所说的财产,可以看到通州的"典地"、张家湾的当铺在曹家的财产中占有很大的分量。然而,通州的六百亩地与江南含山县的二百余亩田、芜湖县的一百余亩田不一样。通州的是"典地",严格意义上讲,还不能算作曹家的财产。典地,亦称"典田""典租",是承典他人的田地。承典人交付典价后,在典当期间,即获得该地的使用权和收益权,并可转典。不过,典地虽然不是曹家的正式财产,是"租"来的,但实际上,这种形式的"典地"又往往是买地的过渡。因为把地"典"给有钱人家的农民,大多是穷人,是为生活所迫无奈典地的。到了期限如果无力回赎,典出去的地就成了人家的了。老舍的《四世同堂》中就描写过这样的故事:"这块地将将的够三亩,祁老人由典租而后又找补了点钱,慢慢的把它买过来。"

问题是曹寅任江宁织造后,他的子孙都生活在江南,即使是过继的儿子曹頫也长期跟着曹寅在江南生活,曹雪芹家财产主要在江南。在京城留有住房这是好理解的,为什么还要在通州典地六百亩,在张家湾开当铺呢?清康熙雍正乾隆时代,张家湾是水陆交汇之所,是一个繁华的地方,而曹家的人回北京,都要在张家湾上岸,我想在张家湾开当铺,一是为了盈利,二是为往返南北方便一些,这也好理解。那么为什么还要"典"那么多的地,我想只有一个理由,曹家的祖茔在这里。

二、曹雪芹家里的祖茔在通州,极有可能就在张家湾

说曹雪芹家里的祖茔在通州,极有可能就在张家湾,有什么根据呢?我们梳理几十年来有关曹家祖茔在哪里的研究时发现,早在曹雪芹墓石发

现之前，20世纪50年代初，就有人提出曹家祖茔在北京东郊的看法。最早提出这一观点的是著名学者朱南铣先生，而第一个见诸文字的则是周汝昌先生的《红楼梦新证》。1953年棠棣出版社出版的《红楼梦新证·史事稽年》中所述"乾隆二十九年（1764年）甲申"云："《河干集饮题壁兼吊雪芹》……按此诗推当本年春作。据敦敏集序，'河干'当指潞河，其先墓在焉；李煦家墓地亦在通州西王瓜园。依此合看，则曹家通州本有典地，其墓地似有在东郊可能。此说朱君南铣主之，觉有理。"1976年人民文学出版社再版的《红楼梦新证》，仅将"按此诗推当本年春作"改为"按此诗确为本年春作"。以后周汝昌先生这个观点没有改变过。

当年朱南铣先生推论曹家祖茔在北京东郊的依据是：①敦敏《河干集饮题壁兼吊雪芹》诗题上的"河干"，即指潞河，敦氏兄弟家的祖茔就在潞河附近的水南庄；②李煦家的祖茔也在通州西王瓜园；③通州有曹家的典地，张家湾有曹家的当铺，而正白旗的坟地按例也应该在东郊。这样把几个方面的因素联系起来分析，推定曹家的祖茔在北京东郊，就很合理了。1980年3月出版的《红楼梦研究集刊》第二集中，发表了徐恭时先生一篇文章《登楼空忆酒徒非——曹雪芹在燕市东郊活动史料钩沉》，在这篇文章中，徐先生说："雪芹的祖茔，究在何处？据康熙五十四年正月十八日李煦奏安排曹颙后事折中仅说：'择日将曹颙灵柩出城，暂厝祖茔之侧。'未叙明确切地点。但据传说，雪芹祖茔在北京东郊大兴县与通州毗邻地的东坝地方。此地南距通惠河花园闸十余里。"徐先生没有告诉我们他的这个"传说"是从哪里听到的。又，朱淡文先生在当年参加"曹雪芹墓石"的论争中，根据曹寅《北行杂诗》之二十"野风吹侧帽，断岸始登高。阔绝无鸿雁，提携有桔槔。秋风荞麦气，哀响白杨号。掩泪看孤弟，西山思郁陶"认为："曹家祖茔应即在张家湾潞河（即今通惠河）畔

的一处荞麦高地之旁。"❶

尽管后来关于曹雪芹葬在哪里有很大的争论，推论曹雪芹家的祖茔在北京东郊，应该说是很有道理的，过去多数专家学者都是赞成这个"推论"的。质疑的似乎只有著名红学家吴恩裕先生。但吴老质疑的根据很薄弱，只是说："周汝昌和朱南铣两先生根据敦敏在乾隆二十九年（1764年）所写《河干集饮题壁兼吊雪芹》一诗，认为曹雪芹之墓在东郊。这个说法是不太可靠的。"又说："即使曹家墓地在通州一带，但以雪芹贫困而殁，他似乎应该是无力归葬祖茔的。"❷ 原来吴老也不是坚决反对曹雪芹家祖茔在北京东郊，而是坚决反对曹雪芹葬在东郊。

应该承认，尽管大家都说曹雪芹家祖茔在北京东郊，都认为这没有什么问题，但至今并没有发现任何直接的可靠的文献记载，还仅是"推论"。这方面无疑需要做进一步的探索研究，尤其是文献的挖掘。

在这里我想再作一点"推论"，即曹家之所以要在通州典地六百亩，之所以要在张家湾开当铺，重要的原因就是为了祖茔。《红楼梦》第十三回写到秦可卿给王熙凤托梦：

秦氏道："如今我们家赫赫扬扬，已将百载，一日倘或乐极生悲，若应了那句'树倒猢狲散'的俗语，岂不虚称了一世的诗书旧族了！凤姐听了此话，心胸大快，十分敬畏，忙问道："这话虑的极是，但有何法可以永保无虞？"秦氏冷笑道："嫂子好痴也。否极泰来，荣辱自古周而复始，岂人力能可保常的。但如今能于荣时筹画下将来衰时的世业，亦可谓常保永全了。即如今日诸事都妥，只有两件未妥，

---

❶ 朱淡文.鹿车荷锸葬刘伶——关于曹雪芹墓石[J].红楼梦学刊，1993（2）.
❷ 吴恩裕.曹雪芹丛考[M].合肥：安徽教育出版社，2019.

若把此事如此一行,则后日可保永全了。"凤姐便问何事。秦氏道:"目今祖茔虽四时祭祀,只是无一定的钱粮;第二,家塾虽立,无一定的供给。依我想来,如今盛时固不缺祭祀供给,但将来败落之时,此二项有何出处?莫若以我定见,趁今日富贵,将祖茔附近多置田庄房舍地亩,以备祭祀供给之费皆出自此处,将家塾亦设于此。合同族中长幼,大家定了则例,日后按房掌管这一年的地亩、钱粮、祭祀、供给之事。如此周流,又无争竞,亦不有典卖诸弊。便是有了罪,凡物可入官,这祭祀产业连官也不入的。便落败下来,子孙回家读书务农,也有个退步,祭祀又可永继。若目今以为荣华不绝,不思后日,终非长策。"

秦可卿的托梦,为贾家"常保永全"出了一个主意,这就是"将祖茔附近多置田庄房舍地亩",这当然是一个好主意,家族没事的时候,四时祭祀祖先非常方便。如果家族出事了,这"祭祀产业"是不入官的,即可以保留下来一些产业,子孙回家可以务农,还可以读书,祭祀祖先也有所保证。很可惜,贾府的不肖子孙们一代不如一代,没有一个听进了秦可卿的忠告,即便对秦可卿深表敬佩的"脂粉队里"的英雄王熙凤,也没有听进一句半句,因此《红楼梦》中贾府的彻底败落就不可避免了,最后"落了片白茫茫大地真干净"!秦可卿的担忧,也就是作者曹雪芹的担忧,作者不过是借秦可卿托梦抒发了对家族败落的切肤之痛。

秦可卿托梦的描写,虽说是小说家言,但也是生活的真实反映。曹雪芹写这一段是有感而发的。联系到这一段描写,以及清代的制度,我们由此想到生活在江南的曹雪芹家,为什么在通州典地六百亩,在张家湾开了当铺,就好理解了,主要原因就是为了四时祭祀的方便。这个"推论"似乎可以进一步证明,曹家的祖茔在北京东郊,在通州,在张家湾。

三、曹雪芹最后极可能就是归葬祖茔，即葬在张家湾

如果说曹雪芹家的祖茔在通州，在张家湾，人们反对质疑的还不多的话，那么你要说曹雪芹就葬在张家湾曹家祖茔，那反对的声音就很强烈了，包括并不反对曹雪芹家祖茔在北京东郊的周汝昌先生。

反对曹雪芹葬在北京东郊的观点，归纳起来主要有五点：①曹雪芹晚年住在西山，怎么可能会葬在东郊呢？②敦诚《挽曹雪芹》诗初稿其二有句："他时瘦马西州路，宿草寒烟对落曛。"诗中明明说"西"，怎么能葬在"东"呢？又，敦诚《挽曹雪芹》诗改定稿有句："故人惟有青山泪，絮酒生刍上旧坰。"这里明明写的是"青山"，张家湾哪有山呢？曹雪芹只能是葬在西山。③敦敏有《西郊同人游眺兼有所吊》诗，云："秋色招人上古墩，西风色色敞平原。遥山千叠白云径，清磬一声黄叶村。野水渔航闲弄笛，竹篱茅肆坐开樽。小园忍泪重回首，斜日荒烟冷墓门。"其认为在西郊所吊的就是曹雪芹。既然在西郊"吊"曹雪芹，证明曹雪芹不可能葬在北京东郊。④张宜泉《伤芹溪居士》诗云："谢草池边晓露香，怀人不见泪成行。北风图冷魂难返，白雪歌残梦正长。羂裹坏囊声漠漠，剑横破匣影铓铓。多情再问藏修地，叠翠空山晚照凉。"其认为曹雪芹是葬在一个山村居处附近的一块土地，只能是西山，因为张家湾哪有"山"呢？⑤曹雪芹晚年生活贫困，无力归葬东郊的祖茔。

这些反对曹雪芹葬在东郊的理由能够成立吗？其实早在二十多年前，即在那场关于"曹雪芹墓石"真假的论争中，冯其庸、王利器、陈毓罴、邓绍基、刘世德、朱淡文、石昌渝等先生的文章，已经论证得非常清楚了，以上五条反对质疑曹雪芹葬在东郊的论点都是不能成立的。

第一点，说曹雪芹最后十年生活在西山，不能葬在北京东郊的张家湾，这其实不能成为一个理由。曹雪芹晚年生活在西山一带，不等于说他

最后一定是死在西山。退一步讲,曹雪芹就是死在西山,也不等于说一定是葬在西山。明明他家的祖茔在东郊,为什么就不能葬在东郊呢!生活在西郊和归葬东郊的祖茔,并不矛盾。

第二点,敦诚《挽曹雪芹》诗初稿其二有句:"他时瘦马西州路,宿草寒烟对落曛。"诗中明明说"西",怎么能葬在"东"呢?许多专家早就指出,这是对敦诚诗的"误"解。"西州路"的典故,出自《晋书》卷七十九《谢安传》,说的是谢安的外甥羊昙,对谢安感情很深,谢安生病后由广陵回建业,进"西州门"。谢安死后,羊昙出自对谢安的怀念,"行不由西州路",后人用这个典故,大多着眼于怀念伤感,与东西南北方向的"西",没有关系。刘世德先生曾从敦诚的《四松堂集》中找出七条诗中用典"西州路",特别是卷二《同人往奠贻谋墓上,便泛舟于东皋》诗,有句:"才向西州回瘦马,便从东郭下澄州。"这里面也用了"西州路"的典故,同样与"西"无关,敦诚的堂弟贻谋的墓恰恰就在北京东郊潞河的南岸。❶陈毓罴先生甚至认为,曹雪芹当年就是从张家湾上岸入京的,其墓又葬在张家湾,敦诚写"他时瘦马西州路,宿草寒烟对落曛",正符合典故的含义,是最恰当不过的了。❷

又,敦诚《挽曹雪芹》诗改定稿有句:"故人惟有青山泪,絮酒生刍上旧坰。"这里明明写的是"青山",张家湾哪有山呢?曹雪芹只能是葬在西山。陈毓罴先生的文章中说:"敦诚挽诗的定稿,不见于《四松堂集》刻本,而见于《四松堂集》付刻底本和《四松堂诗钞》乾隆抄本。前者今藏于北京大学图书馆,后者今藏于中国社会科学院文学研究所图书馆。两

---

❶ 刘世德.曹雪芹墓石之我见[M]//冯其庸.曹雪芹墓石论争集.北京:文化艺术出版社,1994.

❷ 陈毓罴.何处招魂赋楚蘅[M]//冯其庸.曹雪芹墓石论争集.北京:文化艺术出版社,1994.

处皆作'故人唯有青衫泪,絮酒生刍上旧坰',是'青衫'而非'青山'。"原来将"青衫"误作"青山",始于胡适之先生的考证文章,后来吴恩裕先生的《有关曹雪芹八种》也是错了,1963年出版《有关曹雪芹十种》的时候加以改正。吴老特别在卷前说明中指出:"承陈毓罴同志代将其中的《四松堂诗钞》根据原抄本校正一过。"陈毓罴先生在他的论文中曾风趣地说:"一字之差,虽是小事,可是有人用来证明曹雪芹葬于西山或香山一带,并以此对张家湾有曹雪芹墓地的看法加以非难,这就不能不郑重其事来重提了。诚然,通州张家湾是看不到'山'的影子的,然而敦诚的挽诗中又何尝有'山'的影子呢?"❶

第三点,敦敏有《西郊同人游眺兼有所吊》诗,诗云:"秋色招人上古墩,西风色色敞平原。遥山千叠白云径,清磬一声黄叶村。野水渔舡闲弄笛,竹篱茅肆坐开樽。小园忍泪重回首,斜日荒烟冷墓门。"认为这在西郊所吊的就是曹雪芹。既然在西郊"吊"曹雪芹,证明曹雪芹不可能葬在北京东郊。关于这个问题,人们早就指出,没有任何证据能证明这首诗中的"兼有所吊",是"吊"曹雪芹,这是一种主观臆测,想当然。另外,这首诗的写作时间也不能确定,有专家指出,写这首诗的时候,曹雪芹可能还活着,当然不会是"吊"曹雪芹了。那么这首诗既不能成为否定曹雪芹葬在东郊的证据,也不能成为曹雪芹葬在西郊的证据。

第四点,张宜泉《伤芹溪居士》诗:"谢草池边晓露香,怀人不见泪成行。北风图冷魂难返,白雪歌残梦正长。亲裹坏囊声漠漠,剑横破匣影锃锃。多情再问藏修地,叠翠空山晚照凉。"其认为曹雪芹是葬在一个山村居处附近的一块土地,只能是西山,因为张家湾哪有"山"呢?而且

---

❶ 陈毓罴. 何处招魂赋楚蘅 [M] // 冯其庸. 曹雪芹墓石论争集. 北京:文化艺术出版社,1994.

张宜泉在这首诗里是"伤芹溪居士",根本没有涉及曹雪芹葬在什么地方。"藏修地"不是指曹雪芹的墓地,而是指曹雪芹读书写作的地方。张宜泉在这首诗中回忆了当年曹雪芹的生活情景,与葬地无关,因而不能成为曹雪芹葬在哪里的证据。

第五点,曹雪芹晚年生活贫困,无力归葬东郊的祖茔。这是人们说得最多的观点了。孤立地看来,这种说法不无道理,但问题是我们对曹雪芹晚年是否贫困看得太严重了。退一步讲,即使再贫困,也不等于说就肯定不能归葬祖茔。须知,在过去特别是在曹雪芹他们生活的时代,归葬祖茔意味着什么。归葬祖茔,无论是对死去的人,还是对活着的亲人友人,都是一件大事。归葬祖茔,有落叶归根的意愿,有入土为安的意愿,也有对祖先的敬畏敬重,更有着期盼祖先的神灵对后人的护佑。归葬祖茔,是旧时家族的规矩习俗,曹雪芹的曾祖父曹玺、祖父曹寅死在江南,不远千里也要归葬祖茔,曹雪芹和他的儿子死在北京,怎么能不归葬祖茔呢?过去常听人说,如果谁做了伤天害理的事情,"生不准进祖祠,死不准进祖山"。祖山,就是祖茔。这是很严厉的惩罚,由此可见归葬祖茔是大事,是不能儿戏的。我相信曹雪芹的晚年再贫困,还是要归葬祖茔的。

更何况,曹雪芹归葬东郊祖茔,并非没有根据!

其一,敦敏《懋斋诗钞·东皋集》中有《河干集饮题壁兼吊雪芹》诗:

> 花明两岸柳霏微,到眼风光春欲归。
> 逝水不留诗客杳,登楼空忆酒徒非。
> 河干万木飘残雪,村落千家带远晖。
> 凭吊无端频怅望,寒林萧寺暮鸦飞。

这首诗是大家都熟知的,这首诗能成为曹雪芹葬在东郊祖茔的一个证据吗?我认为是可以的。据专家们考证,敦敏就是在庆丰闸附近的望东楼和朋友一起喝酒,问题是敦敏为什么单单"兼吊雪芹"呢?有传说,曹雪芹当年和敦敏等好友在此处喝酒聚会,曾在望东楼留下题壁诗,故敦敏再到望东楼"集饮"不禁想起曹雪芹,这是一个合理的说法。但最可注意的是倒数第二句"凭吊无端频怅望",这是不是点出了曹雪芹就是葬在东郊,故敦敏有"凭吊无端频怅望"。如果曹雪芹葬在西山一带,敦敏在东面的望东楼上如何"怅望",怅望什么呢?

其二,敦诚《挽曹雪芹》诗初稿其一有句"肠回故垄孤儿泣,前数月伊子殇因感伤成疾。泪迸荒天寡妇声",《挽曹雪芹》定稿中则有"絮酒生刍上旧坰","故垄""旧坰"不正指祖茔吗!

其三,敦诚的《寄大兄文》和《哭复斋文》有两段话值得注意。《寄大兄文》中说:

> 每思及故人,如笠翁、复斋、雪芹、寅圃、贻谋、汝猷、益庵、紫树,不数年间,皆荡为寒烟冷雾,曩日欢笑,那可复得,时移事变,生死异途,所谓此中日夕只以眼泪洗面也。

《哭复斋文》中说:

> 未知先生与寅圃、雪芹诸子相逢于地下,作如何言笑,可话及仆辈念悼亡友之情否?

从这两段话中,我们可以深深地感受到敦诚对各位朋友的深厚感情,这是这两段话共同的东西。但当我们把这两段话对比一下,发现他在《哭

复斋文》中,单单提到"寅圃、雪芹诸子相逢于地下",冯其庸先生在《曹雪芹墓石目见记》一文就注意到这个问题。他说:"为什么说'与寅圃、雪芹诸子相逢于地下'?是否因为他们同葬于此呢?现在这块曹霑墓石的出现,就让你不能不认真思索这个问题了。"❶冯先生这个"提醒"非常重要,敦诚的这段话确实耐人寻味。

坦率地说,以上各条资料,孤立地看作曹雪芹葬在东郊祖茔的证据似乎并不是很有力,但如果把这些材料与曹雪芹祖茔就在东郊的事实及"曹雪芹墓石"联系起来看,我认为这些可以成为曹雪芹葬在张家湾祖茔的有力证据。

四、通州、张家湾与《红楼梦》创作

我不认为《红楼梦》是曹雪芹的自传,但一个作家的阅历、熟悉的生活却能够给他的创作提供丰富的素材和人生体验。比如《红楼梦》中有多处提到当票、借当和当铺,这与曹雪芹家在张家湾开有当铺以及他的晚年生活是否有某种关系呢?我们发现《红楼梦》中有关当票、借当的描写,多是为了表现贾府经济的窘境,无论是凤姐与鸳鸯商议要偷出老太太的东西去当银子,还是贾琏求鸳鸯把老太太的金银家伙偷一箱子出来当点银子应急,无不表现出此时的贾府入不敷出,衰落了。正如贾蓉对贾珍说:"果真那府里穷了。"从康熙五十四年(1715年)曹頫向康熙皇帝报告,曹家在通州还有六百亩典地,在张家湾有当铺,到雍正五年(1727年)抄家后,也仅仅十一二年的时间,曹家就破产了,当铺没有了,倒是有"当票百余张"。(见《江宁织造隋赫德奏细查曹頫房地产及家人情形折》)如

---

❶ 冯其庸.曹雪芹墓石目见记[J].红楼梦学刊,1992(4).

143

此的反差和变化，毫无疑问对曹雪芹创作《红楼梦》产生影响。曹雪芹在《红楼梦》中写道贾府的主子们要靠当东西来维持生活，这是怎样的刻骨铭心的伤痛啊！

又如，我们前面提到的秦可卿给王熙凤托梦，出主意："趁今日富贵，将祖茔附近多置田庄房舍地亩，以备祭祀供给之费皆出自此处"，这也很可能来自曹家祖茔对他的启示

当然，最明显的恐怕是"铁槛寺"与"水月庵"的情节。康熙五十四年（1715年）正月十八日《苏州织造李煦奏安排曹颙后事折》中向康熙报告说：

奴才谨拟曹頫于本月内择日将曹颙灵柩出城，暂厝祖茔之侧。

我们前面已经论证过，曹家的祖茔就在通州张家湾。一般来说，灵柩在下葬前，都是放在祖茔附近的家庙里。《红楼梦》中就有这样的描写。书中写道贾家在京郊有铁槛寺、水月庵等香火庙，秦可卿、贾敬死后都曾停灵在铁槛寺。我们从《红楼梦》第十五回中关于秦可卿出丧的描写，似乎感到曹雪芹对通州、对张家湾的熟悉。书中写道：

且说宁府送葬，一路热闹非常。刚到城门前，又有……然后出城，竟奔铁槛寺大路行来。……原来这铁槛寺原是宁荣二公当日修造，现今还是香火地亩布施，以备京中老了人口，在此便宜寄放。……即今秦氏之丧，族中诸人皆权在铁槛寺下榻，独有凤姐嫌不方便，因而早遣人来和馒头庵的姑子静虚说了，腾出两间房子来作下处。原来这馒头庵就是水月庵，因他庙里做的馒头好，就起了这个诨号，离铁槛寺不远。

张家湾·曹雪芹·《红楼梦》

当年陈毓罴先生在《何处招魂赋楚蘅》[1]一文中,引用了三条资料,很有意思。一是光绪《通州志》卷二《建置》,上载有"铁牛寺",志云:"旧在通州张家湾北门外,久废。"第二条还是光绪《通州志》卷二《建置》,又载有"水月庵"三处。志云:"一在州城东北隅……一在州治南,一在新城南门内。"第三条是1941年编的《通州志要》载:"水月庵,在潞河公园之前。"陈毓罴先生指出:"看来,曹雪芹对通州及张家湾相当熟悉,把这些寺观庵堂,或稍加变化,或直接借用,写入其《红楼梦》。"确如陈先生所说,《红楼梦》中关于铁槛寺、水月庵及其秦可卿、贾敬停灵的描写,是来自他对通州、对张家湾生活的熟悉。

曹雪芹为什么对通州、对张家湾熟悉,当然是因为他家的祖茔在这里的缘故。我们通过敦氏兄弟的诗文,可以了解敦氏兄弟与曹雪芹及其他朋友是常到东郊一带交游的,这除了庆丰闸一带的风景外,重要的原因就是他们四时祭祀,都要到东郊的祖茔来,"集饮"、游玩不过是顺便的事。

关于"曹雪芹墓石",二十多年前的论争中,人们已经说得很充分了,它的真实性是毋庸置疑的,不用赘述。这里我只想再讲一点,就是为什么"曹雪芹墓石"是那样的不像样子,这可能是曹雪芹去世时的凄惨情景造成的。邓绍基先生在《我看"曹霑墓石"》[2]一文中,讲到这样的一件事,他说:"用石、刻字的草率,恰能符合曹雪芹生前坎坷、身后凄凉的状况。在60年代初开展的曹雪芹卒年问题大讨论中,有些专家很重视敦诚挽诗中的'鹿车荷锸葬刘伶'句,或释为暴死,或释为一死便埋。我当时倾向于认为此句是讲曹雪芹性格狂放。我曾就此问题向俞平伯先生请教,俞先生说:'释诗虽忌泥解,但敦诚此句是写雪芹身后凄凉,了无疑义。'俞先

---

[1] 陈毓罴.何处招魂赋楚蘅[J].红楼梦学刊,1993(1).
[2] 邓绍基.我看"曹霑墓石"[C]//中国社会科学院老年学者文库——邓绍基论文集.北京:社会科学文献出版社,2014.

145

生还说：'其凄凉情况，可能会超出吾人之想象。'"邓绍基先生认为，墓石的发现"至少在治丧这点上验证了平老之言。"俞平伯先生的见解是值得重视的。

实事求是地讲，论证曹雪芹家的祖茔在通州，在张家湾，我们还需要进一步地去发掘文献，寻找直接的证据，这方面需要做的事情还是很多的。比如"曹家坟"的说法，就有待进一步调查研究。"曹家坟"就是曹雪芹家的祖茔，曹雪芹的曾祖曹玺、曾祖母孙氏夫人、曹寅、曹颙等都葬在这里，那么就不是一个小地方。"曹家坟"这个叫法到底有没有记载，或是口头传下来的，也要调查记录。如果曹家祖坟在这里，为什么只有"曹雪芹墓石"，而没有其他任何"痕迹"，这需要更有力的证明。

本次"曹雪芹与张家湾红学学术研讨会"的召开，无论是对通州、张家湾的文化建设，还是对红学事业的发展，都是有着重要意义的。从全面和长远的考虑，我认为我们还要有更加开阔的视野，有更加宽广的胸怀。要开阔视野，我的意思是我们研究和探讨，不要只盯着与通州、张家湾有关系的那些事，不要只盯着曹家祖茔在哪里，不要只关心"曹雪芹墓石"的真假之争，仅有这方面的研究还不够，还是要开拓视野，开拓研究探索的领域。如敦氏兄弟及其朋友在东郊的交游活动，这些活动有的直接关系到曹雪芹，有的则是间接地关系到曹雪芹，不管是直接的还是间接地的，我们从这些交流中或许能找到曹雪芹活动的线索与痕迹。又如，满洲正白旗圈地就在城东，具体文献资料的挖掘，对研究曹家与通州、张家湾的关系也是有用的。再如，像曹雪芹家族这样属于"正白旗包衣汉军旗籍"的人，他们在当时的生活习俗，特别是丧葬习俗的研究等，也值得关注。另外李煦家的祖茔、敦氏兄弟家的祖茔等情况的调查研究，或许都会对研究曹家的历史有着一定的作用。张家湾当年的水路交通的情景，对张家湾除曹家当铺以外的几家当铺的研究，以及经济社会的种种情景如何，这对我们了解曹家历史同样是有用的。

我们还要重视注意口头传说的调查研究与整理，这也是《红楼梦》文化的一个重要部分。据徐恭时先生在《登楼空忆酒徒非——曹雪芹在燕市东郊活动史料钩沉》❶一文中披露，他曾于1962年访问过上海文史馆陈祖壬老先生，陈老先生早年在北京从满族老人中听到一些有关红学掌故，说曹雪芹有两位朋友，一在热河，一在关外，每当此二位友人回京或是离京时，就邀约曹雪芹在朝阳门外二闸地方的酒楼聚饮。曹雪芹曾题诗于酒肆之壁。这一段传说，如果联系敦诚《河干集饮题壁兼吊雪芹》诗，可做佐证。因为敦诚在喜峰口税榷分署上，这里是热河旧境。而敦敏在山海关外锦州，一般即称"关外"。徐恭时先生认为，这个传说是可信的。类似这样的传说，对于丰富我们的研究是很有用的。在通州、在张家湾还有没有这样的传说呢？

至于说需要有更加开阔的胸怀，就是要鼓励和尊重不同意见的论争，开展学术争鸣。我们今天有那么多的关于通州、张家湾与曹雪芹家世、《红楼梦》创作有关系的学术成果，都是争论的结果，没有二十多年前那场"曹雪芹墓石"的大讨论，是不会产生那么多学术成果的。

---

❶ 徐恭时.登楼空忆酒徒非——曹雪芹在燕市东郊活动史料钩沉［J］.红楼梦研究辑刊，2011（7）.

高碑店地区新发现"曹世荣碑"初考

向 谦·中国艺术研究院艺术与文献馆信息技术部主任,副研究馆员

几百年前,曾经荣耀一时的江宁织造府曹家获罪抄家,曹雪芹全家沿运河北上,最后由京东张家湾上岸,换小船沿通惠河直达高碑店旁庆丰闸(二闸),居于崇文门外蒜市口地方房十七间半,自此开启了"燕市悲歌酒易醵"的生活。

目前,高碑店地区半壁店村通惠河水系庆丰闸旁水南庄重新发现多块曹姓墓碑。特别是曹世荣墓碑,这是一块清代时期的古碑,该碑两面刻字,内容如下:

碑阳刻:皇清诰封文林郎曹公讳世荣孺人焦徐氏墓

辛丑年十二月十六日辰时受生

癸卯年二月二十五日亥时分卒

碑阴刻:康熙七年岁次戊申孟夏

孝男曹之……

由以上信息可知,曹世荣生于辛丑年(万历二十九年,公元1601年),卒于癸卯年(康熙二年,公元1663年),在世62年,而碑则立于戊申年(康熙七年,公元1668年)。由此可知,他经历了明万历、泰昌、天

启、崇祯四朝,再到清代入关后的顺治、康熙二朝,可谓"六朝人物"。现有资料显示,曹世荣出生在东北沈阳地区,经历了明末清初的历史动荡时期,其家族也生活在这一地区。在他十五岁时(公元1616年),努尔哈赤在东北地区建立后金政权,开始与大明分庭抗礼。

  曹志德,正蓝旗包衣旗鼓人,世居沈阳地方,来归年份无考。其子曹士荣原任司库。❶

  上文中的曹士荣正是曹世荣,并可知其父为曹志德,全家原来一直生活在东北沈阳地区,后因战乱归属后金,成为满族贵族的包衣,并归属正蓝旗部。而在《通谱》里记载的曹姓旗人中,大部分都来自东北沈阳、辽阳地区。由此推断,这批曹姓人员应该都是生活在同一个地区的大家族,此中就有着织造府曹家的先人——曹锡远。

  现在所见的这块墓碑,仅剩碑额与碑身,碑座不知何样,但观其制式,可知其生前身份并不十分高贵。在《通谱》里记载,曹世荣官职为"司库",这个官职亦是含糊所指,因司库这一官名,多指清代储藏官府财物的官库主官,官阶通常为七品。如太常寺寺库有司库一人;光禄寺银库有司库二人;内务府广储司所属银、皮、瓷、缎、衣、茶六库的司库,地位在管库员外郎之下;司库之下设库使以佐之。故司库官品级不高,仅为七品,是在京旗人常被安排担任的小官吏。

  而碑上所刻"文琳琅"又为何职?据查,文林郎不是职官,而是散官,是清朝时为正七品文官所授的散官名。散官用来定级别,就好比说"行政级别"一样。因为明清时知县均为正七品,所以大概可以算得上正

---

❶ 《八旗满洲氏族通谱》卷八十。

处级干部。

通过官衔品级可知,"司库"与"文林郎"相同,碑文与《通谱》记载信息也基本吻合。而碑文多"皇清诰封",当知是曹世荣去世后,皇帝进行追封其名号为"文林郎",可知此正是一个"荣誉称号"而非正式官职。

曹世荣与织造府曹家又有着什么样的关系呢?据辽阳曹文诚、曹津宁编著的《曹氏宗谱》记载,在北京城东及通州地区曾经居住着一支曹姓家族,其族始祖为曹大邦,第三世为志字辈,分别为志盛、志祥、志高、志德、志功五人,而曹世荣则是曹志德之子。其中值得一提的是,曹志德三兄曹志高有三子——世禄、世爵、世登。

至今收藏在辽阳博物馆的《弥陀寺碑》建于清崇德六年(公元1641年,为清太宗皇太极的第二个年号),其碑阴刻有辽东曹氏家族三人的姓名,分别是副将曹得先、曹得选,参游曹世爵。《五庆堂重修辽东曹氏宗谱》中记载,此三人为辽东曹氏第三房之人,为曹大邦之后的第二代与第四代,而曹世荣与曹世爵应为堂兄弟,同为五庆堂辽东曹氏的第四世人物。织造府曹家的先人曹锡远又名曹世选,为《五庆堂谱》里记载的第四房第九代人,并记有:

"从龙入关,归内务府正白旗。子贵,诰封中宪大夫;孙贵,晋赠光禄大夫。生子振彦"。

曹世荣、曹世爵二人的家族排辈,通过用字可知与曹世选为一辈人,而世选的儿子曹振彦在后金时,比世字辈的诸位族叔更早崭露头角。后金天聪四年(公元1630年,天聪为皇太极第一个年号)所立《大金喇嘛法师宝记碑》碑阴就已经题刻有曹振彦的名字,并且记载其职为"教官"。《大金碑》与《弥陀寺碑》都建立在今辽阳地区,

高碑店地区新发现"曹世荣碑"初考

现藏辽阳博物馆。可以想见,在明末清初,辽阳地区的曹氏家族的几房亲属都是居住在一个地区,并且应该是来往密切的,从如今的碑石铭刻上可见端倪。

关于织造府曹家这一支,相关资料比较多。《八旗满洲氏族通谱》第七十四卷中记载:

> 曹锡远,正白旗包衣人,世居沈阳地方,来归年份无考。其子曹振彦,原任浙江盐法道。孙曹玺,原任工部尚书;曹尔正,原任佐领。曾孙曹寅,原任通政使司通政使;曹宜,原任护军参领,兼佐领;曹荃,原任司库。元孙曹颙,原任郎中;曹頫,原任员外郎;曹颀,原任二等侍卫兼佐领;曹天佑,现任州同。

《五庆堂重修辽东曹氏宗谱》中记载:

> 十世:振彦,锡远子,浙江盐法道,诰授中议大夫。子贵,晋赠光禄大夫。生二子,长玺,次尔正(一谱作鼎);
>
> 十一世:曹玺,振彦长子,康熙二年任江南织造,晋工部尚书。诰授光禄大夫,崇祀江南名宦祠。生二子,长寅,次荃;尔正(另谱名鼎),振彦二子,原任佐领,诰授武义都尉。生子宜;
>
> 十二世:寅,玺长子,字子清,一字楝亭。康熙三十一年督理江宁织造,四十三年巡视两淮盐政,累官通政使司通政使。诰授通奉大夫,著有《楝亭藏书十二种》……崇祀江南名宦祠。生二子,长颙,次頫。

《五庆堂谱》与《通谱》所记录信息基本一致,可以看到,在清代初年，辽东曹氏第四房所出人物要比第三房更有名，并且旗籍更高，第四房曹世选家族为"上三旗"之一的正白旗，而第三房的曹世爵、曹世荣家族则为正蓝旗。根据二谱推算，曹世荣与曹世选（曹锡远）同辈，当为曹玺的祖父辈，应被称作叔爷。曹玺就任江南织造那一年，曹世荣去世。由古人通常的结婚生子的普遍年纪来推算，曹世荣应当比曹世选小不少，因世选之子振彦于顺治十三年（公元1656年）尚在大同知府任上，二人年纪相差不大。振彦之子曹玺约出生于公元1629年（明崇祯二年/后金天聪三年），而江宁织造曹寅出生于顺治十五年（公元1658年），按辈分曹寅应称呼曹世选为叔曾祖父。虽然，辈分相差很大，但同为在京曹姓族人，同时又同为八旗子弟，辽东五庆堂的第三房与第四房曹氏族人应当有着密切来往。

根据以上信息推测，曹寅之孙曹雪芹有着充分的理由来到高碑店地区，因在此生活着他的一支叔伯亲戚。并且，这支曹姓族人后居住在北京城东及通州地区，而曹雪芹家族在通州又有着大量产业（600亩典地，张家湾又有多所房产），高碑店不远处又有着曹雪芹常常流连的庆丰闸旁水南庄，此地往西便可到达蒜市口曹家宅所，这些种种都为两房亲属之间的频繁往来增添了更多的可能性。

另外，值得一提的是，清末民初盛昱曾经遍访京郊古碑，编成一本《雪屐寻碑录》，其中卷十六记载了三块碑：

皇清诰封中宪大夫曹公讳世爵太恭人张刘氏墓甲午年八月十三日午时生壬午年七月二十三日子时卒

……

皇清诰封文林郎曹公讳世荣孺人焦徐氏墓辛丑年十二月十六日辰

高碑店地区新发现"曹世荣碑"初考

时受生癸卯年二月二十五日亥时分卒

　　皇清诰封信武将军曹公讳之俊之墓原命丁巳年正月初二日巳时大限乙巳年九月十九日寅时卒孝男曹文郁立

通过这三则重要信息，可知曹世爵、曹世荣碑与曹之俊碑原本应当立在同一个地方，而今尚存两块，世爵之碑则不知所踪。不过根据此中记载，为辽东曹氏家族在北京高碑店附近生活增添了重要的证据，也为曹雪芹在水南庄与敦诚、敦敏昆仲相会增加了合理性，更为曹雪芹来此寻访亲友提供了新证。

北京曹红文化遗产的空间生产研究 *
——以北京植物园的"曹雪芹小道"为研究对象

李汇群·中国传媒大学传播研究院副教授

文化遗产包括物质文化遗产和非物质文化遗产，是地区、民族、国家最有竞争力的文化资源。继承、发扬文化遗产，不仅要共享过往的文明财富，还意味着文化遗产要参与现代文明的发展和创新。❶《红楼梦》代表了中国古代文学的创作高峰，也是中国古代文化的集大成者，在北京、南京等地留下了丰富的历史文化资源。以北京而言，2011年"曹雪芹西山传说"被列入国家非物质文化遗产名录，北京市相关部门随即启动了"曹雪芹西山故里"、白家疃红学小镇、曹雪芹小道、❷张家湾"红学文化之乡"❸等文化空间的建设，曹红文化遗产作为重要的文化资源已经深度参与到北京城市空间的建设中。如何更好地梳理曹红文化遗产价值，将之与当下公共文化空间建设相结合，已经成为学术界、文化界共同思考的重要命题。笔者拟结合空间生产理论，以北京植物园曹雪芹小道为研究对象，对北京

---

* 原文载于：李汇群.北京曹红文化遗产的空间生产研究——以北京植物园的"曹雪芹小道"为研究对象 [J].曹雪芹研究，2021（4）.

❶ 贺云翱.文化遗产学初论 [J].南京大学学报，2007（3）.
❷ 张云.对"曹雪芹与北京西山"的思考 [J].曹雪芹研究，2015（2）.
❸ 毛巧晖.文学想象与地域民俗认同的构拟：基于北京市通州区张家湾"中国红学文化之乡"构筑的思考 [J].暨南学报，2019（4）.

曹红文化遗产的空间生产现象略做探讨，以供参考。

一、空间生产理论

20世纪下半叶，哲学社会科学的研究出现了"空间转向"的趋势，空间不再被视为静止的客观对象，而是被看作人们社会实践活动的产物。西方学者从早期的福柯、列斐伏尔，到后期的鲍曼、卡斯特等，都从不同角度对社会空间的生产与制造等话题提出了自己的理论主张。其中，法国社会学家列斐伏尔的空间生产理论，从三重空间的概念出发，进一步阐释空间生产是动态的，是多种社会力量介入和博弈下的实践产物，开启了城市空间研究的新视角，可谓空间研究的集大成者。

列斐伏尔认为空间作为一种结构，包含空间实践（spatial practice）、空间的表征（the representation of space）、表征空间（representational space）三个层次。空间实践包括空间位置和空间集合等，是具体的物理空间，也是被感知的（perceived）空间；空间的表征反映了生产关系及生产关系所投射的秩序，和知识生产、符号、标记等相关，由城市规划者等制定，是被构想的（conceived）空间，直接控制、影响空间实践；表征空间则与社会生活中隐秘、地下的那些经验相关，由艺术家、哲学家、居民等群体主导，是生活的（lived）空间。❶ 分析列斐伏尔的三元空间概念，可以很明显地看到他对马克思主义理论的继承和发扬。事实上，从马克思以来，西方的思想家们都看到了资本对空间世界的肆意侵占，以及这种空间扩张带来的一系列严重后果，如全球空间的结构

---

❶ HENRI LEFEBVRE.The Production of Space［M］.Oxford：Basil Blackwell Ltd，1991：33，38，39.

性分化、城乡空间的对峙、城市空间的单一同质化等，理论上的"空间转向"本身就反映了现代人对于现代性过度扩张的某种忧虑。列斐伏尔的理论沿袭了西方马克思主义学派对资本一以贯之的批判路径，但却蕴含着更多积极因素，他指出，"空间里弥漫着社会关系；它不仅被社会关系支持，也生产社会关系和被社会关系所生产"❶，强调生活空间对自上而下的构想空间并非完全顺从接受，积极的行动者可以通过自下而上的空间生产，干预构想空间，从而生产出差异化的空间，实现空间的抵抗。

以列斐伏尔的理论来观照当下历史文化遗产的空间生产，可以发现在传统文化复兴的热潮下，大众追逐国学传播热点、打卡网红文化景点，呈现出一派热闹景象，但资本作为看不见的那只手，却始终左右着历史文化空间的生产布局，使文化空间过度商业化，显露出背离人文价值、导致文化断层等诸多弊端，❷而引入多元化生产主体、生产差异化空间，则为对抗资本干扰、盘活文化遗产价值提供了更多思路。

二、作为符号的"曹雪芹小道"：四重空间的交织拓展

曹雪芹小道在北京植物园内，是连接寿安山前正白旗和山后白家疃的一条小道，起于黄叶村曹雪芹纪念馆，终点位于白家疃牌楼，全长超过10千米。据考证，曹雪芹可能曾住在西山附近，通过小道往来于山前山后。为纪念这位文学大师，海淀区旅游局牵头修复了曹雪芹小道，小道分为三部分：植物园内、跨山道、白家疃内。植物园内是南段，景色宜人，历史名胜景点众多，更具代表性。2013年，南段的20块旅游标志牌亮相；

---

❶ 包亚明.现代性与空间的生产［M］.上海：上海教育出版社，2002.
❷ 王宇彤，等.符号介入：后消费时代的文化空间生产研究——以故宫紫禁书院为例［J］.城市发展研究，2020（5）.

北京曹红文化遗产的空间生产研究

2020年,北京曹雪芹学会下属"红迷会"公众号推出南段小道音频导游解读,标志曹雪芹小道进入到全新的数字化发展阶段。

在空间的生产过程中,观念/符号的生产是最重要的一环。在笔者看来,列斐伏尔的三重空间概念,即空间实践、空间的表征、表征空间之间存在着逻辑上的关联递进关系。人们开展空间实践,以理念、知识的介入制造概念符号,并通过概念符号进行空间再生产。从这个角度来观照曹雪芹小道,可以发现它固然是实体空间的指称(能指),但作为概念符号,它的所指范围却可以不断延展,并至少拓展出四重空间。

第一重空间是现实空间。从北京植物园东南门进入,沿着曹雪芹纪念馆的指示标牌,即可踏上曹雪芹小道旅程。从曹雪芹小道南段来看,小道以曹雪芹纪念馆为起点、以元宝石、水源头为终点,沿东北线穿过植物园,沿途分布着红楼梦精雅生活馆、正白旗饮水古井、碉楼、樱桃沟等二十多个景点。曹雪芹纪念馆由原香山正白旗村三十九号院改建而成,门前古槐如同迎客路标,沿台阶能看到带女儿墙的护院,进入清水脊的大门,迎面是旗人老屋中常见的影壁,院中的修竹、窗棂上的字纹等,形成了古朴清雅的文化氛围。❶曹雪芹纪念馆的第三进院落中坐落着红楼梦精雅生活馆·芹圃学坊,售卖精选的曹红图书和其他国学类、生活类图书,其旁的红楼梦精雅生活馆·芹溪茶舍和南段小道尽头的红楼梦精雅生活馆·水流云在之居以举办曹红文化活动为重点,这三处场所构成了充满现代气息的曹红文化空间。小道沿途,颇多自然美景与文化景观点缀,有古槐、翠竹、枣树、水杉等植物,有碉楼、古井、碑林、石渠等文物,还有关帝庙、卧佛寺、隆教寺、五华寺等名寺,自然景观和人文景观彼此辉映,传统与现代相互交融,这些特色使得曹雪芹小道成为北京植物园内不

---

❶ 胡德平.说不尽的红楼梦:曹雪芹在香山[M].北京:中华书局,2019.

可或缺的重要文化空间。

第二重空间是文本空间。曹雪芹小道的建设，主要依托于《红楼梦》文本和香山一带的曹红文化遗产资源。20世纪初，以胡适为代表的新红学研究学者已经考证出曹雪芹的大致生平，重要依据就是雪琴好友敦诚的诗作，他在《寄怀曹雪芹》诗中写道"残杯冷炙有德色，不如著书黄叶村"，"黄叶村"正好与香山脚下黄叶堆积的美景相呼应。20世纪60年代，为纪念曹雪芹逝世200周年，北京启动了和曹雪芹有关的遗迹文物调查活动，收集了一些口头传说和一副"远富近贫以礼相交天下少，疏亲慢友因财绝义世间多"的对联。传说中过去香山一带唱莲花落、演小曲比较流行，其中一些内容都和《红楼梦》有关，如提到曹雪芹居所"门前古槐歪脖树，小桥溪水野芹麻"，和正白旗村三十九院门前的景致一一对应。此后在三十九号院中发现了以"拙笔"自题的该对联题壁，后又有北京市民发现家藏清代黄松木书箱上的信息与对联相呼应，这些线索汇集在一起，进一步昭示了曹雪芹曾在此处活动的可能性。在此基础上，北京植物园于20世纪90年代启动了以曹雪芹纪念馆为核心的"黄叶村"景区建设，纪念馆选址即为三十九号院，馆内藏有题壁对联、黄松木书箱等文物和曹红研究相关资料，为悼念文学大师提供了想象空间。❶

第三重空间是历史空间。加拿大学者伊尼斯曾提出媒介偏倚理论，他将传播媒介分为偏倚时间和偏倚空间两类，偏倚时间的媒介更稳固厚重，不便于跨越现实空间障碍，但更能在历史的长河中长久保存，此类媒介的存在，保证了社会组织的延续和社会系统的控制，在传统的社会形态中更常见，本身也成为承载历史的最好介质。❷从这个角度来看，曹雪芹小道

---

❶ 参见微信公众号"红迷会"之"雪芹小道"。
❷ 哈罗德·伊尼斯.传播的偏向[M].何道宽，译.北京：中国人民大学出版社，2003.

上的碉楼、正白旗古井、碑林等景物，都可被归入这类媒介。碉楼建于乾隆十四年，为纪念金川战役的胜利，乾隆皇帝下令成立健锐营，并在香山一带修建碉房碉楼，让士卒训练云梯攀爬。正白旗古井是清初修建八旗军营营房所挖，是当时军民共用的日常生活水井。碑林内有古碑十四座，都是从香山附近搜集而来，包括最重要的礼亲王代善断碑等。这些景物不仅具有观赏价值，它们作为文化符号，浓缩了清代八旗制度、生活习俗等历史记忆，是连接历史和当下的交流纽带，能唤起今人对已经逝去历史的集体记忆，从而开拓另一重历史空间。并且，以曹雪芹小道导览标示进行说明的方式，能让行走在曹雪芹小道上的受众感受到曹雪芹和北京香山之间千丝万缕的联系，从而加深对这位文学大师和北京历史文化的理解认知。

　　第四重空间是数字空间。进入21世纪以来，互联网技术的发展使得数字媒介日渐深入到人们的日常生活，以移动媒介为平台，赛博空间得以被不断拓展，并重构了人类社会的组织形式和生活形态，曹雪芹小道的建设也不可避免受到数字化浪潮的波及。2020年年初，微信公众号"红迷会"的小道南段景点音频解说上线，以声音伴随行走，虚拟数字空间与现实空间叠加并峙，成为曹雪芹小道游览的重要特色。2020年10月，第十一届曹雪芹文化艺术节在北京西山举办，其间北京曹雪芹学会联合快手App推出了"云游曹雪芹小道"等活动，数万网友相聚云端，在主持人带领下全程参与了云游小道的活动。而在大众点评等App上，网友通过发布照片、点评、感想等方式，评价曹雪芹小道，参与小道的数字空间建设。借助数字空间，曹雪芹小道得以摆脱现实空间的地理局限，以空间流动的形式，进入人们的日常生活，加强了曹红文化遗产和当下社会实践的关联。

三、抵抗和重建：曹雪芹小道空间建设的意义阐释

如前文所述，当资本介入空间生产后，空间不可避免会沦为机械化生产系统中的一个环节，为资本牟取利润服务，呈现出私有化、商品化、符号化等特点。❶ 具体到历史文化遗产的空间生产，集中表现为商业化色彩浓重、同质化面貌突出等问题，已成为制约此类空间健康发展的不利因素。❷ 由此来看，曹雪芹小道的空间建设，为京西历史文化空间的繁荣发展提供了有效样本，也从实践层面对当下历史文化遗产的再生产、再创造提供了一定参考。具体而言，曹雪芹小道在建设差异空间、日常空间、交流空间等方面作出了实际探索，对当下空间生产的商品化倾向进行了抵抗，构建了有独特文化魅力的空间坐标。

（一）抵抗同质空间，建设差异空间

当资本介入空间生产，空间就不可避免地要为生产和消费服务，一方面要尽量降低生产成本，另一方面要尽力迎合主流受众，这使得空间往往呈现同质化状态："资本投入一方面不断创造同质化的文化空间形态，另一方面，同质化的空间形态反过来又会极大促进资本在更大规模上的积累"。❸ 目前国内的历史文化空间，在景点布局、周边设计、营销模式等方

---

❶ 杨震，徐苗.消费时代城市公共空间的特点及其理论批判［J］.城市规划学刊，2011（3）.

❷ 王佃利，王玉龙.从历史建构到城市营销：古城更新的空间生产策略与逻辑［J］.东岳论丛，2019（5）.

❸ 李和平，杨宁，张玛璐.后消费时代城市文化资本空间生产状况解析［J］.人文地理，2016（2）.

面，多有雷同之处，使得受众难以感受到空间本身的魅力。❶

以曹雪芹小道为代表的北京西山曹红历史文化遗产的定位是"北京西山、大师故里"。2016年，北京市政府发布了《北京"十三五"时期加强全国文化中心建设规划》，提出"两核、两轴、三带、多点"的北京文化保护格局，"两核"包括西部的"三山五园"，"三带"也特别强调了永定河—西山—大房山文化带，曹红文化遗产和北京文化建设的"两核""三带"恰好形成了空间上的呼应，突出北京文化特色，是曹雪芹小道建设的核心优势。2017年，习近平总书记指出，"北京历史文化是中华文明源远流长的伟大见证，要更加精心保护好，凸显北京历史文化的整体价值，强化'首都风范、古都风韵、时代风貌'的城市特色"❷，曹雪芹小道也正是在首都风范、古都风韵、时代风貌等方面展现了独特的京味文化风格。

北京作为首善之都，是中国的文化中心。有研究者指出，首都的核心功能在于引领先进文化，需要有形的文化载体建构集体记忆，阐释中国道路。❸曹雪芹小道的起点是曹雪芹纪念馆，是国内最早建立、规模最大的《红楼梦》主题纪念馆。自1984年创建以来，已经接待国内外游客上千万人次。哈布瓦赫提到集体记忆"既是一种物质客体、物质现实，比如一尊雕像、一座纪念碑、空间中的一个地点，又是一种象征符号，或某种具有精神涵义的东西、某种附着于并被强加在这种物质现实之上的为群体共享的东西"❹。从这个角度来看，曹雪芹纪念馆依托的正白旗三十九号院、原屋主舒成勋老人关于西山和曹雪芹故事的口述历史、纪念馆内的书箱、题

---

❶ 王佃利，王玉龙.从历史建构到城市营销：古城更新的空间生产策略与逻辑[J].东岳论丛，2019（5）.

❷ 习近平谈世界遗产[N].人民日报（海外版），2019-06-06.

❸ 沈望舒.利剑总是败在思想手下[J].前进，2018（8）.

❹ 莫里斯·哈布瓦赫.论集体记忆[M].毕然，郭金华，译.上海：上海人民出版社，2002.

壁诗等,共同构成记忆场,唤起人们关于北京西山和曹雪芹传说的情感共鸣,形成稳定的集体记忆,反过来作用于固定的纪念馆空间,使之成为承载优秀传统文化的空间实体。

北京作为元明清三朝古都,在西山存有无数相关的历史记忆,即以曹雪芹生活的清朝中期言之,有研究者考证当时香山一带有健锐营驻军、绿营部队,还有村落、寺庙等分布多处,官办场所人员提供消费力,村落为旗人、汉人提供商业服务,寺庙则为人们提供信仰空间,彼时"香山是一个繁荣的充满生机的地理空间,多种文化在此呈现、交流、融合"❶。曹雪芹小道设置了礓礤、正白旗饮水古井、清代饮水石渠、十方普觉寺、广慧庵、隆教寺等景点,将清代军、商、民、释各类群体的生活空间一一陈现,展现了鲜明的古都风韵。

沿着曹雪芹小道南段走到樱桃沟,能看到"一二·九"运动纪念亭,三个三角形小亭子组成立体的"众"字,寓意团结一致外御其侮的决心,纪念亭挺拔的造型和线条,象征着青年人蓬勃向上、昂扬奋发的精神。"一二·九"纪念亭往西,是曹雪芹小道的元宝石、石上松、水源头三处景致,根据香山一带的民间传说,《红楼梦》"木石前盟"故事是受此启发而作。《红楼梦》故事的一个重点是讲述美好的青春与封建礼教之间的冲突,"一二·九"纪念亭以实体空间的形式再现了这种宝贵的青春精神,文本空间和现实空间相互衬托,红学故事和红色故事在此交融,唤起人们对青春的眷念向往,展现了北京的青春活力和时代风貌。

---

❶ 樊志斌.曹雪芹生活时代北京的自然与社会生态[M].北京:新华出版社,2018.

（二）抵抗抽象空间，建设日常空间

吉登斯曾指出，前现代社会人们高度依赖于在场时空，但现代社会的发展导致了时间和空间的分离，人们依靠抽象符号来交流信息，所生活的时空日益虚化，形成了庞大的抽象系统。❶抽象系统的建立，能更有效地整合生产资料和资源，推进社会生产高速运转，但植根于抽象系统深处的逻辑是工具理性，抽象系统的一切都围绕快速生产和消费而运转。换言之，抽象系统将人从自然时空中抽离出来，切断了人与自然的有机联系，让人生活在工业化的抽象空间里。以《红楼梦》为代表的中国传统文化是自然时空的产物，倘若脱离自然环境，仅仅通过人造的抽象空间来展现《红楼梦》的世界，传统文化就变成了无源之水、无本之木，难以让人们真正体验到个中魅力。因此，要抵抗抽象空间，就必须依托于文本，建设属于《红楼梦》的日常空间，而曹雪芹小道以行走为切入点，将整条小道标记为"寻芹之旅"，以地图为标牌，以 25 个景点为线索，引导人们以日常的行走行为，重构独属于自己的空间世界。

网友发布了很多评价，在行走小道的过程中，他们彰显了充分的主动性，建构了关于自身的步行叙事。行走者通过步行、改道、穿插、拼贴等方式，重新调整空间布局，对曹雪芹小道的规定路线进行了某种补充，也作出了自己的诠释，这些碎片化的诠释，是对个人日常生活经验的记录和整理，在此基础上形成新的开放空间，人们可以调动自身经验，不断填充对《红楼梦》世界的理解、想象、解读，而这种互动的、流动的空间，既是对抽象空间的无声抵抗，也展示了将传统文化重新拉回现实并介入人们日常生活的尝试。

---

❶ 安东尼·吉登斯. 现代性的后果［M］. 田禾，译. 南京：译林出版社，2000.

（三）抵抗隔离空间，建设交流空间

费孝通先生曾指出，传统的中国社会是乡土社会，流动性很低，人们之间的交流是熟悉的、亲切的。❶ 熟人社会是传统乡土社会的共同特点，但建立在大工业生产基础上的现代社会则是典型的陌生人社会，人们从以往熟悉的社会关系中脱嵌出来，被整合进高度分工的工业生产体系，人的存在如同机械生产流水线上的某个零件，被孤立分割的环境包围，陷入原子化的生存状态。尤其是在大城市里，面对密集、频繁、快速流动的信息，人们被迫以某种高度理性、冷漠的态度来面对外部环境，这是应对大城市生活的防卫工具。❷ 由此，人们往往闭门自守，陷入一个个封闭的隔离空间，在情感上日趋冷漠、孤独，而情感的疏远进一步加剧了空间的分化。在某种程度上，空间隔离是现代性与生俱来的弊端之一，封闭的楼宇、紧闭的大门，都是将人们与他者隔离开来的显著标志。而在部分旅游景点，高昂的票价将部分游客拒之门外，空间将人群区分为可进入者和不可进入者，表现了对边缘人群的排斥。

就票价而言，北京植物园内曹红文化景观全部免费，鼓励人们与大自然、与曹红文化多接触，展示了开放的交流姿态。不仅如此，北京曹雪芹学会通过微信、微博渠道多次招募曹红文化爱好者，开设线下线上"品红"课，打造了一批有影响力的知名文化课程。在 2020 年新型冠状病毒肺炎疫情肆虐之际，曹雪芹小道的音频解说全部上线，以声音陪伴行走者和云走者，提供了良好的情感慰藉。麦克卢汉曾提到中国文化是建立在听觉文化基础上的，人们通过说与听进行互动沟通，社会重视人际关系的连

---

❶ 费孝通. 乡土中国［M］. 北京：北京出版社，2004.
❷ G·齐美尔. 桥与门：齐美尔随笔集［M］. 涯鸿，宇声，等，译. 北京：生活·读书·新知三联书店，1991.

接，而不是像西方社会那样偏重线性逻辑和视觉实践。❶作为后发现代化国家，中国被动卷入西方主导的现代化进程，在现代化建设过程中不可避免地向视觉系统、视觉文化倾斜，在空间布局上也一度出现隔离、封闭等现代性弊端，因此疗愈现代性与生俱来的痼疾、向中国传统文化寻求慰藉就成为现实可行的路径和依托。北京曹雪芹学会组织的系列活动，通过线上云聚、线下交流等方式，将"红迷"们聚集在一起，共同分享关于《红楼梦》的经验感受，将人从隔离封闭的状态中解放出来，建立了以开放、共享、互动为特征的数字交往模式，重建了数字熟人社会，开辟了新的交流空间。

四、结语

2020年12月，北京市政府发布了《北京市国民经济和社会发展第十四个五年规划和二〇三五年远景目标的建议》，强调要增强文化软实力，将北京建设成为彰显文化自信与多元包容魅力的世界文化名城。《红楼梦》作为中华文化软实力的代表性符号，是北京文化的创意源头，理应在未来北京城市文化建设中发挥更多作用。而以"曹雪芹小道"为代表的北京曹红文化遗产在当下的空间生产实践，已展现了多元的样貌，这为讨论"十四五"期间北京历史文化遗产如何继承优秀传统文化并促进现代文化建设这一重大命题，奠定了开放交流的基础，也为讲好北京文化故事提供了更多可探索的空间。

---

❶ 马歇尔·麦克卢汉.理解媒介：论人的延伸[M].何道宽，译.北京：商务印书馆，2004.

"曹雪芹在北京"历史文化遗存之考察与保护利用[*]

位灵芝·北京曹雪芹学会秘书长
　　　　《曹雪芹研究》副主编
　　　　"红楼梦精雅生活设计中心"发起人

自享誉世界的文学名著《红楼梦》问世以来，作者曹雪芹经历了一个渐为人知的认识过程。清代的《红楼梦》读者并不十分关注作者问题，而是集中在对《红楼梦》文本、人物的品评和故事本身的索引上，对于作者为谁、创作动机的考索并不积极。1921 年胡适在《红楼梦考证》一文中，根据曹雪芹家族和曹雪芹朋友诗文中的材料，考证出曹雪芹是《红楼梦》的作者。后随着清末民初"红学"兴起，《红楼梦》的各种艺术形式也广为流传，突破了知识分子的赏玩圈层，向民间大众普及。由此，作者曹雪芹越来越成为引人注目的文化符号。特别是 20 世纪 50 年代以来，经过周汝昌、吴恩裕、冯其庸、胡德平、徐恭时、张书才、曾保泉、严宽等众多学人的上下考索、田野调查，以及收集民间口碑传说和文物材料，再爬梳历史档案、文献资料进行佐证，方使得湮没于历史迷雾中的曹雪芹个人的面目清晰起来。

---

[*] 原文载于：位灵芝."曹雪芹在北京"历史文化遗存之考察与保护利用[J].曹雪芹研究，2022（3）.

"曹雪芹在北京"历史文化遗存之考察与保护利用

一、曹雪芹家世生平勾勒

（一）从东北到江南的家族百年鼎盛

曹雪芹名霑，字天佑（另一字梦阮），号雪芹，又号芹溪、芹圃，生于清康熙五十四年（1715年），卒于清乾隆二十八年（1763年），他的社会身份是清朝内务府正白旗包衣。清军入关前天祖曹世选被俘为奴，初为英亲王阿济格家内包衣，后转为多尔衮门下。随多尔衮入关后，高祖曹振彦参与平定姜瓖反清起义时屡建军功。天聪八年（1634年）曹振彦被封山西阳和知府，两浙转运盐使、盐法道等职，家族逐渐兴旺起来。曹雪芹曾祖父曹玺首先"专差久任"担任内务府直接管理的江宁织造职务，因曾祖母孙氏做过玄烨幼时的保姆，被后来的康熙皇帝视为"吾家老人"。曹玺身故后，祖父曹寅从内务府会计司郎中任转苏州织造，不到两年后到南京做江宁织造，一直到他去世。康熙悯恤其家，特许曹雪芹父亲曹颙、叔父曹頫相继，继续担任江宁织造。曹雪芹家族作为内务府包衣，其职责是直接为皇室服务，是皇帝的"家下人"，虽然自称"包衣下贱"，却是皇帝倚为重用的心腹之臣，享有一般官员所没有的荣宠。曹家在江南经营了近60年，诗书传家、文采风流，俨然是金粉江南的一时望族。曹雪芹少年时期就是生活在这样的家庭环境中。

（二）家败回京后的旗人当差生活

雍正六年（1728年），因叔父曹頫被参"骚扰驿站"遭抄家。按照旗人的管理规定，奉旨回京。曹雪芹与家人坐船走大运河北上，在张家湾码头下船进城，住在蒙雍正特批发还的崇文门外蒜市口地方十七间半房子

167

内。其时，叔父曹頫枷号，曹雪芹与祖母李氏、寡母马氏一起在此度日。雍正七年（1729年），曹雪芹进入专门培育内务府三旗子弟的咸安宫官学接受教育，其间，曹雪芹在北京内城度过了自己的青春年华。成丁之后，按照旗人惯例，在内务府（御史衙门景山和北海东门陟山门街附近）谋得一份差事，为皇家服务。这个时期的曹雪芹，并没有具体的工作履历记载。有传说称乾隆二年，曹雪芹做过皇家侍卫，所以他曾出入皇宫大内和西郊的圆明园，熟知皇家生活环境；也有专家研究曹雪芹曾经跟着西洋人郎世宁学画，所以他熟悉西洋画法。可以肯定的是，他经常往来于平郡王府的，姑父讷尔苏、表哥福彭对曹雪芹都格外照应。乾隆八年（1743年）左右，他在右翼宗学当差，在这里与敦诚、敦敏二兄弟结为知交，"当时虎门数晨夕"，有过一段日日相伴的时光。怀着同样的无才补天之恨，他们的诗文唱和中透露出对曹雪芹的人生劝勉："残羹冷炙有德色，不如著书黄叶村。"乾隆九年（1744年）左右，曹雪芹开始构思《红楼梦》的写作。

（三）远富近贫的香山著书时光

不晚于乾隆十一年（1746年），曹雪芹搬到了香山正白旗营，成为香山静宜园护军的一员，这里有他祖父曹寅住过的老屋。在香山当差的日子，曹雪芹远离了城内富贵繁华的生活场景，接触到乡野贫困的百姓生活，与老百姓以礼相交。曹雪芹在香山林下感受自然造化之力，门口的几棵槐树枝繁叶茂，其中一棵歪脖斜压别有风姿。阶柳庭花，恰好颐养襟怀；晨风夕月，足以润泽笔墨。营房一射之外，是正白旗主允祥出资修建的家庙十方普觉寺（卧佛寺）。小怡亲王弘晓仍是曹家的恩主，曹雪芹经常去庙里与高僧大德谈禅论玄，"寻诗人去留僧舍"，以至于朋友来了都找

"曹雪芹在北京"历史文化遗存之考察与保护利用

不到他。营房外的河墙上,遍植垂柳,一到春天,枝条柔曼,烟影迷离,是乾隆皇帝最爱从香山向东北远眺的风景。河墙外是一个大河滩,是经年的山洪冲刷形成的,从寿安山下顺地势灌下。河滩里水草杂生,其中就长有许多野生的水芹,经冬雪后更加丰茂。这种水芹菜不但能吃,还能治肝病。

曹雪芹在这里结交了新的好友,如祖上为镶黄旗包衣旗人的张宜泉,以教书为业,与曹公经常聚会、诗文相和。张宜泉很了解曹雪芹的心境,知道他不轻易吐露心声,虽然擅长丹青,却不愿意为了邀宠而去皇家如意馆供职。曹雪芹喜欢自由自在的生活,当差之余,曹雪芹就包裹起笔墨纸砚,信步到樱桃沟水源头旁边的元宝石上写书;有时他们一起去登山寻古,在广泉废寺旁唱和。曹雪芹抚琴、舞剑、善丹青,在香山一带享有画名,在附近的峒峪村酒馆赊酒,还不上钱就画幅画来给酒家抵账。乾隆二十一年(1756年),因为帮助朋友于叔度扎制风筝得以维持生计,大受启发,把修改《红楼梦》的事暂时搁下,又开始编撰《废艺斋集稿》,这件工作让曹雪芹觉得能够帮"废疾无告之人谋其以自养之道",使他们不至于转乎沟壑。曹雪芹在香山生活之后,有时也仍回到城内与朋友相聚,太平湖槐园敦敏家就是他常去的地方,有时也会与敦氏兄弟一众朋友相邀到东郊通惠河庆丰闸上饮酒游赏。

到了乾隆二十三年(1758年),曹雪芹在海淀山后白家疃(仍是允祥的封地)治好了白妪的瞎眼病,在那里盖了四间房子,搬了过去。但也要为于叔度谱定新样,不时往来于山前山后(今称"曹雪芹小道")。乾隆二十四年(1759年),曹雪芹去南京一年,事由不详。有说被时任两江总督的尹继善邀请做幕僚事。乾隆二十五年(1760年),续娶芳卿,并与芳卿一起编撰有关编织织锦纹样工艺的书,曹雪芹拟歌诀,芳卿绘图,两人志趣相谐,感情甚笃,并蒂花呈瑞,同心友谊真。乾隆二十七年(1762

169

年）深秋的清晨，曹雪芹又去太平湖槐园敦敏的家里，遇到敦诚，敦诚因雪芹酒渴如狂，就解佩刀沽酒，两人痛饮并作长歌。

（四）埋骨青山的历史文化回响

乾隆二十八年（1763年）中秋节，曹雪芹唯一的儿子因感染当时流行的"白口喉"，不幸夭亡。他的悲伤无法排遣，只能借酒浇愁，芳卿的关怀与照顾没能让他重新振作起来。癸未年除夕之夜，羊年的最后一个晚上，曹公撒手人寰，留下了新婚不久的妻子，追随魂未远去的儿子去了。在朋友的帮助下，曹公被就近安葬于香山正白旗的义地地藏沟口。

曹雪芹在史册中杳然无闻，但他却活在了香山地区老百姓的传说中。老百姓说：曹雪芹是位"个二爷"，生于羊年，死于羊年，儿子死在八月十五，自己死在大年三十，真是死都死绝了。今天我们所知道的曹雪芹直接相关的文物包括北京香山正白旗三十九号题壁诗墙（曹雪芹纪念馆藏）、一对书箱子（北京曹雪芹学会藏）、《红楼梦》《废艺斋集稿》抄存残稿（北京曹雪芹学会藏）、《种芹人曹霑画册》（贵州省博物馆藏），再就是他的朋友敦诚《四松堂集》《鹪鹩庵杂记》、敦敏《懋斋诗钞》、张宜泉《春柳堂诗稿》中写给曹公的诗句，还有曹公佚著《废艺斋集稿》中被抄存下来的部分残篇，这些是我们今天了解曹雪芹的直接依据。当然，《八旗世族通谱》《关于江宁织造曹家档案史料》《内务府档案》这些历史档案也为我们查考曹雪芹的生活轨迹提供了重要的线索。

曹雪芹自1728年到1763年，在北京生活了整整35年，这里有他的亲朋故旧，有他的至交好友，有他的寄身之所。他在这里上学、在这里当差、在这里结婚生子，在这里留下传世巨著《红楼梦》、在这里帮助残疾人"以艺自养"；他在这里欢笑，在这里悲歌，最后又在这里死去。北京

城,是曹雪芹生命中最重要的地方,透过尘封的文物和档案,我们仍能追寻这位文化巨匠留下的生活足迹。在今天,它们已经成为"文化北京"最靓丽的历史文化遗存。

二、"曹雪芹在北京"历史文化遗存的现状

一般意义上的历史文化遗存是指人类在社会活动中所遗留下来的遗迹和遗物;既包括人们加工过的实物,还包括未经加工但使用过的实物。遗迹即不可搬动者,如宫殿、房基、城堡、坟墓、路土等;遗物为可搬动者,如各种生产生活用具或装饰品等。《辞海》认为有文物价值的历史文化遗存中,首先就是与重大历史事件、革命运动和重要人物有关的、具有纪念意义和历史价值的建筑物、遗址、纪念物等。曹雪芹作为与莎士比亚、托尔斯泰等世界文豪比肩的大师,是中华文化的集大成者,照亮了后世,其重要性不言而喻,值得千秋万代的人去追念和学习。北京又是曹雪芹生命中的重要活动之地,所以,根据曹雪芹在北京生活的历史记忆,仔细查考他在北京留下的历史文化遗存,免于湮没在快速改变的城市规划中,为北京留下一道靓丽的文化标志线,是很有必要的工作。根据上文对曹雪芹在北京生活足迹的大致勾勒,我们对其中重要的十八处分别加以介绍。

(一)通州区张家湾通运桥——古运河码头

张家湾位于通县县城东南十余里处,元、明、清三朝,它的地理位置颇为重要。南来漕运运粮船均经运河到张家湾码头,或起卸运到北京,或直接运往北京。据《通州志》载:张家湾旧城出南门为通运桥,桥为单孔

曹雪芹在京遗迹研究文集

石桥，孔身高大，桥西南岸为当年码头遗址，这里是曹雪芹和他们的家人来往南北两京的必经之地。曹雪芹回到北京的第一站应该就是这里。

根据康熙五十四年（1715年）七月十六日曹頫给康熙皇帝的奏折："窃奴才自幼蒙故父曹寅带在江南抚养长大，今复荷蒙天高地厚洪恩，俾令承嗣父职。奴才到任以来，亦曾细为查检所有遗存产业：惟京中住房二所；外城鲜鱼口空房一所；通州典地六百亩；张家湾当铺一所，本银七千两。"据此，我们知道曹家在通州曾有典地六百亩、张家湾当铺一所，可惜这些现在已无踪迹。

（二）崇文门外蒜市口地方十七间半房子——东城区曹雪芹故居纪念馆

根据1982年中国第一历史档案馆张书才先生公布的雍正七年（1729年）七月二十九日《刑部移会》载："于京城崇文门外蒜市口地方房屋十七间半，家仆三对，给与曹寅之妻孀妇度命。"蒜市口位于崇文门广渠门内大街北侧，其地址应为广渠门内大街207号或附近的院落。曹家京城和江南的家产人口，抄家后俱赏给接替江宁织造的隋赫德。不过，隋赫德在给雍正皇帝的奏折中提到，"曹頫家属，蒙恩谕少留房屋，以资养赡"，雍正皇帝尚为曹家生计留有余地。

目前学术界对蒜市口地方的具体位置尚有争议，随着广渠门大街的修建，争议之院落也已拆迁。多年来，在东城区文管所和新世界集团的共同努力下，曹雪芹故居纪念馆于2021年已易地复建落成开放。

"曹雪芹在北京"历史文化遗存之考察与保护利用

(三)咸安宫官学——故宫博物院西华门内咸安宫

根据《清文献通考·学校二》:"雍正七年(1729年),设立咸安宫官学……于景山官学生佐领管领下,自十三岁以上二十三岁以下之俊秀幼童可以学习者选得九十名,于咸安宫酌量修理读书房屋三所,每所各分得三十名,令其读书。其教习著翰林院于翰林内拣选九人,每所分派三人,令其勤加督课。"咸安宫官学的培养对象是内务府三旗的子弟,原址在紫禁城西华门内咸安宫。学生以十年为学习期限。由闲散人挑补入学者应于十年内考中生员,由举人、贡生、监生、生员挑补入学者须在三届乡试、会试正科中试举人或进士,否则黜退,咨回本旗。学生在学期间,除供给学习用具及取暖防暑等项用品外,每人每月给银二两、每季给米五石三斗。

咸安宫于乾隆十六年(1751年)改建后成为寿安宫,官学移至西华门内、武英殿西,尚衣监处。乾隆二十五年(1760年),因尚衣监房屋倾塌,在尚衣监西边为咸安宫官学重修校舍,共有房二十七间,1912年被火烧毁,后民国政府拨银在咸安宫原址上建造古物陈列所,名宝蕴楼,作为文物库房。现在景山前街4号的故宫博物院内仅存宫门三楹,南向开门,匾曰"咸安门"。

(四)北京内城——鲜鱼口胡同—鼓楼西大街—兴隆街

如果按照曹雪芹在乾隆十一年(1746年)移居西山来推算,他在北京内城生活的时间有十八年,据传曹雪芹曾住过崇文门外的卧佛寺(旧址在东花市南里东区甲8号),今已无存,唯留有1931年齐白石与张次溪访雪芹故居的记录。齐有诗并序:"辛未秋,与次溪仁弟同访曹雪芹故居于京

173

师广渠门内卧佛寺，次溪有句云：'都护坟园草半漫，红楼梦断寺门寒'，余取其意，为绘《红楼梦断图》，并题一绝。"齐白石诗云："风枝露叶向疏栏（原注：卧佛寺之东，为明督师袁崇焕墓堂），梦断红楼月半残；举火称奇居冷巷（原注：雪芹晚岁处境蹭蹬，寄居萧寺，恒难举火），寺门萧瑟短檠寒。"

前门外鲜鱼口街，在曹𬲷的奏折中所提及，这里有曹家遗存的产业，鲜鱼口有空房一所。此街原是专卖鲜鱼的市场，现为天街集团统一开发的前门文化区内的一条巷子。

《红楼梦》第57回，刑岫烟把冬衣当到了鼓楼西大街的恒舒典当铺。鼓楼西大街自西北向东南倾斜，元明时称"斜街"，是北京内城比较古老的街道之一，从元代开始商业发达，并有多家著名的当铺。

《红楼梦》第32回，贾府人回报说：兴隆街的大爷来了。兴隆街的大爷是指贾雨村。曹雪芹生活时代，北京有五个兴隆街，东郊一个、外城三个，内城有一个，就在台基厂路口往南的祈年大街上，有东兴隆街和西兴隆街之分，因胡同内的兴隆寺而得名，这条街与蒜市口十七间半房子较近，曹雪芹熟悉的应该是这个兴隆街。

（五）内务府—故宫博物院—西城区会计司胡同

内务府是清代管理宫廷事务的机构，自成系统，有"内务府堂"及所属"七司""二院"等，所属机构有50多处，职官多达3000多人。主要职能是管理皇家事务，诸如皇家日膳、服饰、库贮、礼仪、工程、农庄、畜牧、警卫扈从、山泽采捕等，还把持盐政、分收榷关、收受贡品。内务府来源于满族社会的包衣家奴制度，主要人员由满洲八旗中的上三旗（镶黄、正黄、正白旗）所属的包衣组成。凡皇帝家的衣、食、住、行等各

"曹雪芹在北京"历史文化遗存之考察与保护利用

种事务，俱由内务府承办。直属机构的七司有：广储司、都虞司、掌仪司、会计司、营造司、慎刑司、庆丰司。此外江宁、苏州、杭州三织造都是其下属机构。内务府还管辖三大殿，管理慈宁宫、寿康宫、御药房、寿药房、文渊阁、武英殿修书处、御书处、养心殿造办处、咸安宫官学、景山官学、敬事房等。此外，上驷院、武备院、奉宸院三院也在其管理范围内，其中圆明园、畅春园、万寿山、玉泉山、香山、热河行宫、汤泉（今昌平小汤山）行宫、盘山（今蓟县西北）行宫、黄新庄（良乡北），也都归内务府管理。

曹雪芹的祖父曹寅在出任苏州织造前，曾经担任内务府会计司郎中。曹雪芹身为内务府包衣的一员，离开咸安宫官学后，必然要在内务府内当差办事。内务府的办公地址或者在皇宫内，或者在紫禁城周边。根据学者研究，《红楼梦》中反映的很多情节都是皇宫里的生活细节。今天的会计司胡同在北长街25号，2005年胡同北端拆迁时曾留下"西园翰墨"牌匾和几根房柱，当年的古槐今天仍然屹立于此地。

（六）克勤郡王府（平郡王府）——西城区石驸马大街

克勤郡王府位于石驸马大街西口内路北。曹雪芹的姑姑嫁给平郡王纳尔苏，其祖上为清初八大铁帽子王之一的克勤郡王岳托，纳尔苏的父亲纳尔富袭平郡王爵，传至纳尔苏仍为平郡王。雍正四年，纳尔苏被宗人府议奏"贪婪受贿"，革职圈禁，其王爵由伊子福彭承袭。曹雪芹表哥福彭曾任定边大将军，与乾隆皇帝关系匪浅，同窗学习时，雍正为弘历起法名"圆明居士"，为福彭起法名"如心居士"。弘历即位前所辑诗文集《乐善堂全集》，卷首由福彭作序。乾隆皇帝登基后，召回福彭。福彭年长曹雪芹六七岁，对雪芹甚为关切。曹雪芹回京后一段时间经常来往于平郡王

175

府。根据红学家的意见，福彭可能是《红楼梦》中北静王的原型。《乾隆京城全图》中有该王府的原址形貌。

现在的克勤郡王府属文物保护单位，修葺一新。府路南影壁尚存，府前部只存东翼楼。后部的内门、后寝与东西配房、后罩房均保存完整。西部跨院也保存了大部分原有建筑。

（七）右翼宗学——西城区石虎胡同

据嘉庆初年增修的《钦定八旗通志》记载：右翼宗学于雍正三年（1725年）初设，在西单牌楼北口石虎胡同，共房八十八间；乾隆十九年（1754年）因宅院房屋糟朽破坏移设于绒线胡同内板桥以东，共房三十六间。其是清代宗室子弟的教育机构。据吴恩裕考证和民间传说，曹雪芹曾在此担任教职，就是在此期间，曹雪芹结识了宗室子弟敦敏、敦诚兄弟，并与他们结成了终生的好友，今天研究曹雪芹的资料主要来自两位朋友的诗文。敦敏、敦诚是努尔哈赤第十二子英亲王阿济格的五世孙，父亲瑚玎，曾在喜峰口松亭管理税务。敦敏、敦诚约乾隆九年（1744年）时进右翼宗学读书，自此认识曹雪芹，结为知己。敦诚《寄怀曹雪芹》有句云："当时虎门数晨夕，西窗剪烛风雨昏。接䍦倒著容君傲，高谈雄辩虱手扪。"这里的"虎门"即指右翼宗学。曹雪芹在右翼宗学是教师还是一般的当差人员，限于资料不能确知。

右翼宗学的旧址在石虎胡同7号。明代时为延陵会馆，又称"常州会馆"或"武进会馆"。清初时为吴三桂之子吴应熊的宅邸，又称"吴额驸府"。康熙年间，因吴三桂举兵叛乱，吴应熊被族诛，这个院子被没收为右翼官房。雍正三年（1725年）后作为右翼宗学的校舍使用。乾隆十九年（1754年）右翼宗学搬到绒线胡同后，这个地方就由乾隆皇帝赏给裘曰修居住。道光年间，袠氏后人将房子卖给安徽潘氏。光绪宣统年间，潘氏宅院连同旁边的毓公府，都由朝廷购买，收归国有。民国时期，立宪派代表人物汤化龙在此居住，后被刺身亡。1922年，梁启超、丁文江等人在这里办松坡图书馆，收藏他们在欧洲游历时所购书籍，徐志摩曾于松坡图书馆做干事。1931年，石虎胡同7号院被隔壁石虎胡同8号院的蒙藏学校收购，拆除围墙，扩大校舍。2006年石虎胡同被列入全国重点文物保护单位，一度为民族大世界商场使用。2013年3月20日，民族大世界商场正式关闭，国家民委和西城区政府成立了"西单33号院文物保护修缮项目联合工作小组"，对此处进行修缮。2021年3月，这里被北京市文物局确定为第一批不可移动革命文物。

（八）太平湖槐园——宣武门西城根

太平湖槐园是曹雪芹的好友敦敏的宅院。敦诚在《山月对酒有怀子明先生》诗中记录："定知清梦迷烟树，湖上南园听雁鸿"，自注："兄家槐园，在太平湖侧"。根据徐恭时先生考证，乾隆时期的太平湖，位置在北京内城西南角，宣武门的西北，靠近城墙。槐园位于太平湖的东南侧，槐抱椿庵胡同的南面，草厂之东，保安寺之西，宣武门西城根营房之北。乾隆二十四年（1759年），敦敏曾在这里邀请董邦达、曹雪芹一聚，鉴定《秋葵彩蝶图》和《如意平安图》，并在太平湖上放曹雪芹扎制的风筝。乾隆二十七年（1762年）秋天，敦诚写诗记录与曹雪芹一起在此饮酒作歌。

据传，清末时槐园旧址为袁家花园，现为明城墙遗址公园。

（九）河干——通惠河庆丰闸

敦敏在《懋斋诗钞·东皋集》中收有《河干集饮题壁兼吊雪芹》诗：

> 花明两岸柳霏微，到眼风光春欲归。逝水不留诗客杳，登楼空忆酒徒非。河干万木飘残雪，村落千家带远晖。凭吊无端频怅望，寒林萧寺暮鸦飞。

这里的"河干"是指通惠河上的庆丰闸。朱彝尊《日下旧闻》云："庆丰闸在都城东五里庄，至大通桥八里。"从东便门到通州的通惠河上的二闸，素来风景优美，因其位于大运河南北往来及向京东远处去来的要道，送别迎宾，都要在二闸停留。这个地方可以清流泛舟，两岸如江南风光，又有茶室酒楼可供歇脚；清明寒食时节，都中人士扫墓东郊，也喜在此歇足，因此成为京郊旅游胜地。曹雪芹祖父曹寅也曾留有《渡潞河题壁》的佳作，曹雪芹与敦氏兄弟常在庆丰闸旁的望东楼酒楼相会。曹雪芹于乾隆二十八年（1763年）去世，两年之后，敦敏又来这里与朋友聚会时，看到当年雪芹在此处的题壁留诗，再凭栏瞻望庆丰闸一带景物，想到自称"燕市酒徒"的诗客曹雪芹已成古人，凭吊而悲之。1998年朝阳区修复庆丰闸遗址公园，现对游客开放。

（十）正白旗39号旗下老屋——黄叶村曹雪芹故居

香山正白旗39号旗下老屋，位于北京香山国家植物园北园黄叶村内。清代雍正时期，这里就已经有了护卫香山行宫的护军营。乾隆十四年（1749年），乾隆皇帝将征伐大小金川的精锐部队编为飞虎云梯健锐营，沿香山左右两翼排开。曹雪芹离开京城之后，很可能是通过福彭的帮助来到了香山正白旗营。1963年，红学家在香山调研时采集到曹雪芹的朋友送给他的一副对联："远富近贫以礼相交天下少，疏亲慢友因财绝义世间多"。1971年，旗下老屋主人舒成勋家的墙皮脱落，在墙上出现了"远富近贫以礼相交天下少，疏亲慢友因财而散世间多"，与传说的对联仅两字之差。经专家胡德平结合曹雪芹一对书箱上的字迹、《南鹞北鸢考工志》曹霑自序的笔迹等多项文物资料考证，这里是曹雪芹在西山居所的一处。

黄叶村曹雪芹故居于1984年挂牌，是国内最早、规模最大的曹雪芹纪念馆，也是国内外《红楼梦》爱好者的旅游目的地。

（十一）圆明园

圆明园由圆明园及其附园长春园和绮春园（后改名为"万春园"）组成，也叫"圆明三园"，有"万园之园"之称。乾隆三年到七年（1738—1747年），乾隆皇帝对圆明园进行扩建，之后的数年间，又在海淀兴建静明园、静宜园、清漪园，奠定了皇家"三山五园"的基础。这段时间，正是曹雪芹在内务府当差的时间，而他可能见证了圆明园及其他皇家园林的建设过程。《红楼梦》的大观园中的很多景物都可以和《圆明园四十景图》中的景点对照：如稻香村脱胎于杏花春馆；潇湘馆脱胎于天然图画；五陵源脱胎于天然图画；凸碧山庄组群和方壶胜境组群相似。《钦定日下旧闻考》卷八十《圆明园一》载："清晖阁北壁悬《圆明园全图》，乾隆二年，命画院郎世宁、唐岱、孙祜、沈源、张万邦、丁观鹏恭绘。御题'大观'二字。"这些历史信息被曹雪芹天才地吸收进《红楼梦》大观园的创作之中。

1860年，圆明园遭英法联军洗劫并烧毁，现为圆明园遗址公园。

（十二）香山静宜园

乾隆十年（1745年），乾隆皇帝计划将香山扩建成以山林取胜的皇家园林，并于乾隆十一年（1746年）建成，曹雪芹可能是因护卫静宜园的工作回到了香山正白旗。静宜园由弘历御题二十八景，并赐"静宜"为园名，取意"造物灵奥而有待于静者之自得耶，动静有养体智仁也，本周子之意或有合于先天"。静宜园的营造寄寓了乾隆皇帝的精神追求，他一生中70多次游览静宜园，每次都要驻跸三五日，为这里写了1480首诗篇。静宜园中的两处题字与曹雪芹有着奇妙的关联。一是香山二十八景之一的雨香馆，馆前有乾隆手书石刻"卓笔"，是乾隆十一年（1746年）静宜园落成后而刻，而正白旗三十九号旗下老屋的题壁诗墙上的落款是"拙笔"，意思恰好相反，是否有内在联系，值得玩味。二是香山阆风亭旁，有"一拳石"的石刻，恰好在曹雪芹用过的一对书箱上有诗"并蒂花呈瑞，同心友谊真，一拳顽石下，时得露华新"。正白旗营房距静宜园也只有二三里的距离，正好说明曹雪芹的第二次婚姻是在香山开始的。

"一拳石"与"拙笔"两个石刻都还在今天的香山公园里。

（十三）十方普觉寺（卧佛寺）

十方普觉寺位于国家植物园北园。十方普觉寺始建于唐贞观年间（627—649年），距今已有1300余年的历史，初名"兜率寺"。元至治元年（1321年）英宗时铸造铜质实心释迦牟尼卧佛像，长5.3米，高1.6米，重约54吨，为稀世之宝。清雍正年间，怡亲王允祥出资修缮，雍正十二年（1734年）竣工，雍正皇帝钦赐寺名"十方普觉寺"，并作碑文，称之为"西山兰若之冠"。

"曹雪芹在北京"历史文化遗存之考察与保护利用

曹家与怡亲王府关系甚密。雍正二年（1724年），雍正皇帝给曹頫的朱批写："你是奉旨交与怡亲王传奏你的事的，诸事听王子教导而行……若有人恐吓你，不妨就求问怡亲王，况王子甚疼怜你，所以朕将你交与王子……"曹雪芹居正白旗时，友人称他"寻诗人去留僧舍"，也可能是流连于卧佛寺内。乾隆二十四年（1759年），小怡亲王弘晓组织家里人抄了一部《石头记》早期抄本，国家图书馆藏有其中的四十回，中国国家博物馆藏了三回又两个半回。

乾隆四十八年（1783年），清政府对寺庙进行大修，形成了如今寺庙的格局。其古柏夹道、娑罗树、元代铜铸卧佛等为游览者所称道，为中国十大名寺之一，现在是国家重点保护文物单位。

（十四）樱桃沟

樱桃沟，系太行山第八陉，因溪谷中自然生长有大量樱桃树而得名。据文献记载，自金代起，该处即为北京有名的游览胜地。清顺治十一年（1654年），从清吏部左侍郎任上退职的孙承泽隐居于此，因孙自号"退翁"，故名此谷为"退谷"，并作《退谷小志》。樱桃沟因得天独厚的地貌、泉水、植被为历代文人称道，其中既有名列"宛平新八景"之一的"退谷水源"（水源头）和元宝石、石上松等自然景观，也有清初孙承泽别墅、民国周肇祥花园及历代寺庙遗址等人文景观。

曹雪芹在正白旗居住时，经常散步至樱桃沟，也经常经樱桃沟翻山至白家疃。樱桃沟的山水滋润了曹雪芹的生活与思想，并影响了其《红楼梦》的创作。最为典型的是樱桃沟里那块巨石，形状像个大元宝，曹雪芹借用了它的特征，在《红楼梦》开头写道："一僧一道说青埂峰下的那块石头：'形体倒也是个宝物了，只是没有实在的好处……'所谓神瑛侍者，

181

就是大石头也。香山老百姓的打夯歌唱道：'……林黛玉好比那个山上的灵芝草，贾宝玉是块大石头有了灵性。'"在樱桃沟大石头旁，还有一块青石高约两三丈，它的顶部竟然有一棵古柏，把巨石撑开一条大缝，根须穿透石底，裂石下有一泓泉水，冬夏不干，滋养着石缝中的古柏，老百姓呼之为"石上松，木石缘"，可能是"木石前盟"这一意象的原型。

在今天的国家植物园樱桃沟景区内，元宝石和石上松依旧还在。

（十五）白家疃

白家疃即温泉镇白家疃村。1973年，吴恩裕先生在《文物》杂志第二期介绍了曹雪芹佚著《废艺斋集稿》的情况，有资料记录了乾隆二十二年（1757年）前后，曹雪芹徙居山后白家疃，当时这里属于正白旗的管辖范围，怡亲王允祥曾在此处建别墅，去世后改为怡贤王祠。曹雪芹曾经在村西南的小石桥边建房屋四间，并编篱成锦，有陋巷箪瓢之乐，得醉月迷花之趣。

现在的白家疃村打造出了"红楼寻梦"的特色品牌，在村街道两旁展示曹雪芹的风筝艺术和《红楼梦》的相关信息。曹雪芹旧居的小石桥虽被压在了一户人家的墙下，尚能看见，怡贤亲王祠现归翠微小学集团管理。

（十六）地藏沟

地藏沟是正白旗的义地，位于黄叶村曹雪芹故居东北，向山沟里走不到半里即到。香山父老传言，曹雪芹死后埋在此地，现在国务院管理局所属杏林山庄通往植物园的小路边还有迹可循。

"曹雪芹在北京"历史文化遗存之考察与保护利用

（十七）废艺斋工坊

2006年，海淀区旅游局在白家疃村山后，根据曹雪芹佚著《废艺斋集稿》中的信息，结合白家疃村的历史遗迹，修建了废艺斋工坊，作为后人纪念曹雪芹、开发曹雪芹在《废艺斋集稿》中所介绍的工艺之处，也可以作为传承金石篆刻、风筝制作、编织织补、泥塑脱胎、竹制扇骨、园林、美食等中国传统手工艺的基地。

（十八）曹雪芹小道

曹雪芹小道是连通寿安山前正白旗与山后白家疃的一条山间小路，自清代以来，山前山后两地人民往来频繁，脚踏足踩，日久成径。清乾隆年间，曹雪芹在山前居住时，常到山后访友，为百姓看病，经此道来往于山前、山后，故称"曹雪芹小道"。

曹雪芹小道从正白旗村（今曹雪芹纪念馆）开始，途经关帝庙、十方普觉寺（卧佛寺）、退谷（樱桃沟）、三炷香，到达白家疃村。中途有清代引水石渠、碉楼、古井、碑林、广慧庵、隆教寺遗址、寿安山石刻、孙承泽退谷别墅、石上松、元宝石、广泉废寺、五华寺遗址、小石桥遗迹、贤王祠等多处历史遗迹与景点。在民间传说中，小道上的很多景物如石上松、元宝石、黛石、灵芝草等都是《红楼梦》故事情节的原型。

2013年，海淀区委宣传部与北京曹雪芹学会、北京市植物园联合在植物园范围内实现了"曹雪芹小道"标识系统落地，得到了广大游客的好评。

183

三、"曹雪芹在京遗迹标识工程"是对历史文化遗存的保护利用

历史文化遗存之所以值得后人保护和纪念,主要是因为其所携带的强烈的历史文化信息包含着属于这个地方独有的文化标志,这些信息不仅属于过去,更属于未来。《北京城市总体规划(2016—2030年)》指出,为了首都未来可持续发展,要贯通历史、现状、未来,统筹人口资源环境,让历史文化和自然生态得到永续利用,与现代化建设交相辉映。这一原则,为当下保护利用曹雪芹在京文物遗存指出了方向。

笔者工作的单位是以曹雪芹《红楼梦》研究和文化传播为主题的非营利性社团组织,自 1983 年以来,一直致力于曹雪芹生平家世、生活时代及其作品《红楼梦》《废艺斋集稿》的研究工作。在众多专家研究的基础上,我们查考出文中所提的十八处与曹雪芹和《红楼梦》有确实关系的历史文化遗存。这十八处遗存满足以下两个条件:①有据可查;②遗迹可见。通过对这十八处历史文化遗存的系统梳理和整体叙述,不仅可以清晰了解曹雪芹的生平历史,也可以借由曹雪芹这个文化名人纵深了解这些地方承载的历史文化信息。所以,"曹雪芹在京遗迹标识工程"是北京市文物局善用《红楼梦》的巨大文化影响力,将其有效地转化为"文化北京"金名片的一个创新性举措。

2020 年北京市文物局党组书记、局长陈名杰在"曹雪芹在京遗迹保护与传承"主题论坛上指出,"曹雪芹在京遗迹是大运河文化带的重要内容,理应在文化建设的工作中发挥更大的作用"。他进而提出应通过对曹雪芹在京遗迹资源进行整合和规划。本次论坛后,在陈名杰局长和北京设计学会创始人、蒜市口十七间半曹雪芹故居纪念馆的发起人宋慰祖的推动下,北京市文物局发起"曹雪芹在京遗迹标识工程",委托北京设计学会和北

"曹雪芹在北京"历史文化遗存之考察与保护利用

京曹雪芹学会落实此工程,目标在于打造世界级中国名人视觉形象工程、构建识别体系、梳理文化脉络、优化研学环境。

2021年,北京设计学会联合北京曹雪芹学会,邀请北京印刷学院、中国红楼梦学会、中国国家博物馆、北京市古建研究所等机构的专家参与其中,有步骤地开展标识系统的调研、研讨和设计征集工作,召开了多次研讨会,并发布了"曹雪芹与红楼梦在京遗迹标识及导视系统设计大赛"方案。

从张家湾古城到前门鲜鱼口胡同,从蒜市口故居纪念馆到会计司胡同,从石虎胡同到克勤郡王府,从香山正白旗三十九号到香山静宜园,从圆明园到温泉白家疃,曹雪芹作为曾在清代盛世时期漫步北京的文化名人,是现代人了解历史文化的好导游!北京市在故宫、天坛、"三山五园"这样的大型文化遗产之外,以曹雪芹在京遗迹串起民间生活的历史风貌将是一张非常新颖的文化名片。一个城市的历史记忆通过一位具体的文化名人表达出来,有助于增强北京人的地域荣誉感,有利于一代又一代人的口耳相传。正如英国"斯特拉福镇莎士比亚出生地"的成功经验,将这个只有3万多常住居民的小城打造成莎士比亚的文化世界。莎翁故居、新屋,他的岳母的农庄、他的女婿的房子都以莎士比亚为链接,形成旅游线路,配合以莎士比亚命名的酒店、莎士比亚剧场、莎士比亚上过的小学校,一直到他去世后安息的教堂,与莎剧中的人物雕塑完美地融合在一座城市里,成为全世界文学爱好者的朝圣之地,每年吸引近500万人到访,不仅为当地的经济带来了巨大的动力,更将英国文化传播到全世界。

《红楼梦》是世情小说、人情小说,是传统文化生活的百科全书,对于人们生活的教育、审美的教育、健全人格的培养都可以起到切实的作用。北京的曹雪芹,世界的《红楼梦》,"曹雪芹在京遗迹标识工程"的提

曹雪芹在京遗迹研究文集

出及推进落实是北京市推进历史文化遗存保护的一项创举。我们相信，通过"曹雪芹在京遗迹标识工程"的落地和广泛传播，能够让人们近距离、全方位地了解北京、亲近中华优秀传统文化，这将是对历史文化遗存最好的保护和利用。

曹雪芹生父新考*

张书才·中国第一历史档案馆，研究馆员

曹雪芹生于何年，生父是谁，历来众说纷纭，莫衷一是。

笔者在《曹雪芹生年新考》一文中，根据张云章《闻曹荔轩银台得孙却寄兼送入都》诗、敦诚兄弟有关"雪芹曾随其先祖寅织造之任"的诗注及"秦淮风月忆繁华"等诗句，并结合《红楼梦》中的内证与相关档案文献资料，考析了曹雪芹实于康熙五十年（1711年）辛卯十一月出生在北京。此篇《曹雪芹生父新考》，笔者将通过对记载曹寅"丧子""得孙"的诗句及相关档案文献的综合考察辨析，论证曹雪芹的生父实乃康熙五十年三月卒于京师的珍儿——曹寅亲生长子曹颜。

一、曹雪芹本是遗腹子

张云章作于康熙五十年（1711年）十一月下旬的七律《闻曹荔轩银台得孙却寄兼送入都》（以下简称"贺曹寅得孙"诗），不仅提供了曹寅生前确曾得孙的直接证据，使我们终于考明了曹雪芹的生年；同时也透露了曹寅此孙乃遗腹子的重要信息，使我们终于找到了考明曹雪芹生父的线索。

---

* 原文载于：张书才.曹雪芹生父新考[J].红楼梦学刊，2008（5）.

"贺曹寅得孙"诗的腹联云:"书带小同开叶细,凤毛灵运出池新。"❶"书带"即书带草,又名沿街草,叶细长而柔韧。据《后汉书·郡国志四》"东莱郡注"引晋伏琛《三齐记》云:"郑玄教授不期山,山下生草大如薤,长一尺余,坚韧异常,土人名曰康成书带。"郑玄字康成,"小同"乃其嫡孙,故谓"书带小同开叶细"。又,谢灵运有子名凤,谢凤子名超宗,南朝宋文帝曾云"超宗殊有凤毛,灵运复出",而谢灵运《登池上楼》诗有名句"池塘生春草",故谓"凤毛灵运出池新"。显然,张云章的这两句诗,用了历史上的两个有关"祖孙"的典故,分别以经学家郑玄与其孙郑小同、文学家谢灵运与其孙谢超宗来比喻曹寅与其新得之令孙,可谓自然而贴切。但是,在这两个"祖孙"典故的本事中,却还有着一个不容忽视的共同点,即都明确地记载着"子亡"的内容:

> 玄唯有一子益恩,孔融在北海举为孝廉。及融为黄巾所围,益恩赴难殒身。有遗腹子,玄以其手文似己,名之曰小同。(《后汉书》卷三十五《郑玄传》)
>
> 灵运子凤,坐灵运徙岭南,早卒。凤子超宗……好学有文辞,盛得名誉,选补新安王子鸾国常侍。王母殷淑仪卒,超宗作诔奏之,帝大嗟赏,谓谢庄曰:"超宗殊有凤毛,灵运复出。"(《宋书》卷六十七《谢灵运传》)

上引史籍充分说明:郑玄之子郑益恩"赴难殒身",其孙郑小同原是"遗腹子";谢灵运之子谢凤"早卒",其孙谢超宗也是"孤儿"。

这就提出了一个发人深思而又必须回答的问题:张云章何以要用这样

---

❶ 张云章《朴村诗集》卷十。

两个典故，以祖在、父亡的"遗腹子""孤儿"来喻指曹寅新得之令孙？显然，合理的解释应该是：曹寅于丧子之后始得令孙，此孙本是遗腹子。

那么，事情是否果真这样呢？

先从情理分析：其一，曹寅子嗣维艰，而老年始得令孙，如果此孙并非遗腹子，用这样两个寓有"子亡"的典故贺其得孙，岂不乖情悖理，形同咒语？以张、曹之晚年建交，相知相敬，张云章奈难无知无情以至于此；其二，张云章素以博学强识、精于经史著称，既应徐乾学之请校勘过《宋元经解》，又应李楠之聘校注过《南北史》，乃至"其后诸公贵人考订文史，必以相属"❶，理应熟知这两个有关"祖孙"典故的出处和本事，不可能疏忽到不顾曹寅祖孙的身世与之相同与否而随意比拟；其三，"贺曹寅得孙"诗通篇八句一注，共用典八个，其他六个皆用得活脱贴切，寓意明确，不可能独于这两个典故比拟失当，与当时曹寅祖孙父子的实情相悖。因之，准情酌理，张云章以这样两个含有"子亡"内容的典故入诗，必因曹寅确是丧子之后始得令孙，即此孙——曹雪芹实为遗腹子。

再以史实证之：曹寅所著《楝亭诗别集》卷四，有组诗题曰《辛卯三月二十八日闻珍儿殇，书此忍恸，兼示四侄、寄西轩诸友，三首》（以下简称"闻珍儿殇"诗）。此诗对考明曹雪芹的生父为谁至关重要，笔者将于下文详析，现仅就此诗所提供的史实线索指明二点：其一，康熙五十年（1711年）辛卯三月，曹寅确实曾经丧子，与张云章诗中所用两个典故的本事中含有"子亡"的内容完全相合；其二，曹寅三月丧子，当年十一月得孙，按二十月怀胎来推断，此孙完全符合遗腹子的条件，从而与张云章诗中所用两个典故含有郑小同为"遗腹子"、谢超宗乃"孤儿"的史实正合。因之，以曹寅"闻珍儿殇"诗提供的"丧子"事实，与张云章"贺曹

---

❶ 方苞《望溪先生文集》卷十。

寅得孙"诗中所用两个典故相印证，说明张云章以"遗腹子""孤儿"喻指曹寅新得之令孙，完全符合曹寅于丧子后得孙之实情，符合此孙——曹雪芹为遗腹子之身世。

综上所述，无论从情理分析，还是以史实证之，张云章在"贺曹寅得孙"诗中连用郑玄与其孙郑小同、谢灵运与其孙谢超宗这样两个含有"子亡"本事的"祖孙"典故，显然旨在隐喻曹寅之子早卒、此孙本是遗腹子，从而为我们考明曹雪芹的生父提供了史实线索。

二、曹雪芹的生父小名珍儿

康熙五十年（1711年）三月二十六日，曹寅为弥补亏空而"日夜悚惧，恐成病废"❶之际，忽从家书中得知爱子珍儿殇逝，至悲极痛，作"闻珍儿殇"诗三首。其第一首有云：

老不禁愁病，尤难断爱根。极言生有数，谁谓死无恩。
拭泪知吾过，开缄觅字昏。零丁摧亚子，孤弱例寒门。❷

显然，珍儿乃曹寅之亲子，死于康熙五十年（1711年）三月上旬，而曹雪芹恰生于该年十一月初，且为遗腹子，首先考虑珍儿即是曹雪芹之生父，应该说是顺理成章之事了。

根据张云章"贺曹寅得孙"诗提供的史实线索，珍儿要是曹雪芹之生

---

❶ 故宫博物院明清档案部.关于江宁织造曹家档案史料［M］.北京：中华书局，1975.

❷ 曹寅《楝亭诗别集》卷四页八下（影印本为上海古籍出版社1978年出版的《楝亭集》）。

父,还必须具备两个条件:一是必须到了婚育年龄;二是必须在京师当差并卒于京中。

那么,珍儿是否具备这两个条件呢?关键是要对"闻珍儿殇"之"殇"字、"零丁摧亚子"之"摧"字寻得确解,以辨清珍儿与"亚子"是同一人还是兄弟二人,亦即珍儿究竟是长子还是亚子。让我们结合"闻珍儿殇"诗和有关档案文献资料,依次缕析如下。

(一)珍儿应是因意外事故非正常死亡

古人言"殇",向有三义:一是"男女未冠笄而亡",指未成年夭折;二是"国殇",指为国家战死者;三是"横死曰殇",指被害、自杀及因意外事故而死。考虑到当时并无战事,第二义可排除。那么,曹寅称珍儿之死为"殇",又究竟是取第一义还是第三义呢?

康熙四十八年(1709年)二月初八日,曹寅在《奏为婿移居并报米价折》中说:"臣有一子,今年即令上京当差,送女同往,则臣男女之事毕矣。"❶据此可知:其一,曹寅这个送进京并当差的儿子,再没有弟弟和妹妹,并且此时曹寅的妻妾中也无人怀有身孕,甚至曹寅也自知不会再有生育;其二,曹寅的儿子自此都在京师居住乃至当差。

明乎此,如果"殇"字作"未成年夭折"解,则珍儿只能生于康熙四十八年(1709年)十一月之后,但这种可能性极小。因为,即使曹寅次女于15岁出嫁,曹寅在康熙三十五年至四十八年(1696—1709年)期间已经没有生育了;而康熙四十九年(1710年)前后,曹寅更是"虚胖气

---

❶ 故宫博物院明清档案部.关于江宁织造曹家档案史料[M].北京:中华书局,1975.

弱"❶"久惭衰病"❷，岂能反而胜过壮健之时，于衰病之年得以育子？况且，如果曹寅晚年确实喜得贵子，其亲朋幕友，何能不志喜庆贺，然而遍检曹寅及其亲友的诗文诸集，迄未见有一人提及。可见，判定珍儿为曹寅晚年所生幼子，不仅与曹寅的自身条件不相符合，而且也别无资料可以佐证。相反，如果"殇"字作"横死——因意外事故不幸身亡"解，则不仅"闻珍儿殇"诗本身有迹可循，而且有别项资料可资参证：

其一，"闻珍儿殇"诗腹联有云："拭泪知吾过，开缄觅字昏。""知吾过"三字，明白告诉我们，曹寅认为珍儿之死是自己的过错，是由于自己的措置失当造成的。准情酌理，如果珍儿确是一个尚在襁褓之中的婴儿，在当时的医疗条件下，一病无医而夭折，实乃寻常之事，做父亲的即便爱子至深，爱根难断，亦无须引为己过。显然，曹寅于珍儿之死如此悲恸难已，痛悔自责，内中当有别情在。考顺治、康熙之时，外任八旗官员的子侄，成年之后仍多跟随任所，名为躬亲教养或帮理家务，实则不愿归旗披甲当差。然则曹寅不仅自己勤于国事，竭尽犬马之劳，而且于其子侄弱冠之时，皆令上京当差，如曹顺、曹頔、曹颀、曹颙等无一例外。但珍儿一死，曹寅却立改素行，决然于康熙五十一年（1712年）初将在京候差将及三载、已经二十四岁的曹颙带回了江南任所❸。此举无论是出于康熙帝对曹寅的"怜念"，还是由于曹寅自己的"奏请"，都必然是由珍儿之死所促成。因为，如果此举与珍儿之死无关，那么，康熙帝视曹寅如同"家人"，关怀备至，又知曹寅体弱多病，赐医赐药，何不早些"怜念"，令曹

---

❶ 易管. 江宁织造曹家档案史料补遗［J］. 红楼梦学刊，1980（1）.
❷ 曹寅《楝亭诗钞》卷八页二下（影印本为上海古籍出版社1978年出版的《楝亭集》）。
❸ 故宫博物院明清档案部. 关于江宁织造曹家档案史料［M］. 北京：中华书局，1975.

顒驰回江南，父子聚首，却偏要让曹頫在京候差三载，直到珍儿死后才生此"怜念"之心？同样，如果曹寅不是因为珍儿意外死于京师之鉴，而是纯然出乎父子之情，当初又怎么会让曹頫进京当差？既进京候差之后，并未补缺，又何不早日"奏请"令其回到身边，却要等到珍儿死后方才携回江南任所？由此可见，曹寅之所以于珍儿之死极言"知吾过"，大有"早知今日，何必当初"之痛，正是对自己当年命珍儿进京供职、不幸殒逝的痛悔自责。也正由于曹寅认为珍儿之死是自己命其进京当差所导致，才会立改初衷，决然将在京候职的曹頫带回任所，伴随左右。

其二，康熙五十年（1711年）四月初十日，即曹寅在"闻珍儿殇"后半个月，内务府总管赫奕等奏称：

> 原任物林达曹荃之子桑额、郎中曹寅之子连生，曾奉旨：著具奏引见。钦此。现将桑额、连生之名，各缮绿头牌，由内务府总管赫奕、保住具奏，带领引见。奉旨：曹荃之子桑额，录取在宁寿宫茶房。钦此。❶

桑额，即曹颙；连生，即曹頫。此折中有"曾奉旨：著具奏引见"一语，从而也就清楚地说明，此次引见曹颙、曹頫，不是出于内务府的循例拣选，而是出于康熙帝的旨意。我们知道，曹颙、曹頫是在康熙四十八年（1709年）二月间"上京当差"的，并经曹寅具折芹奏明，而康熙帝于曹頫也至为赏爱，说是"眼看自幼长成"，"是一个文武全才之人"❷。但是

---

❶ 故宫博物院明清档案部.关于江宁织造曹家档案史料［M］.北京：中华书局，1975.

❷ 故宫博物院明清档案部.关于江宁织造曹家档案史料［M］.北京：中华书局，1975.

在珍儿殇逝之前，虽然曹颙已在京候职两年之久，康熙帝却没有赏他一官半职，并且满汉文档案中也没有发现这期间有过引见他的记载。这又可说明，康熙帝原无让曹颙尽早当差之意，此次忽然降旨引见，应是由"珍儿殇"所引发。显然，只有珍儿是曹颙之兄长，在京当差并死于京师，康熙帝才能于其死后很快得知，降旨内务府总管具奏引见曹氏兄弟中在京候职的曹颀、曹颙，以酌赏差使；相反，如果珍儿是曹颙之幼弟，远在江宁，且不说康熙帝根本不可能这样快地知道其死，即便知道了，一个尚在襁褓中的婴儿之死，也不可能使康熙帝特降谕旨引见其兄长曹颙，这道理应该是浅显易明的。

总之，通过上面的考析，曹寅所称"闻珍儿殇"之"殇"字，作"横死——因意外事故不幸身亡"解，较之作"未成年夭折"解，要更符合曹寅自己的身体和心理状况，以及珍儿死后发生的一系列情节事件，从而也就说明珍儿实非曹颙之幼弟，卒于江宁，而是曹颙之长兄，死在京城。

（二）珍儿应是曹寅之长子

曹寅"闻珍儿殇"诗第一首尾联有云："零丁摧亚子，孤弱例寒门。"论者多以"零丁摧亚子"句中之"摧"字，作折断、死亡解，认为诗中之"亚子"即是死去之珍儿，乃曹寅晚年所生之幼子，亦即曹颙之二弟。然则细按句意，此"摧"字应作悲、伤解，是说珍儿死后，亚子孤独孑处，势单力弱，就如寒微之家一般。所以诗中之"亚子"，不是已死之珍儿，而是写信向曹寅报告珍儿死讯之人，即曹寅的次子，珍儿的二弟，小名连生，即曹颙。

为了切实弄清这一问题，试从四个方面来疏解辨析。

其一，从"零丁摧亚子，孤弱例寒门"的有关用词来疏解。①"零丁"。与伶仃同，乃孤单子处、孤独无依之谓。如李陵《赠苏武》诗："远处天一隅，苦困独零丁。"又如《晋书·李密传》："零丁孤苦，至于成立。"显然，如果"零丁摧亚子"之"摧"字作折断（引申为死亡）解，亚子即珍儿，那么，已死之人，何以再言孤独无依，有类寒门？若谓"零丁"使亚子夭折，则尚在朝夕喂奶之婴儿，又有何孤单子处之境遇而竟致其死？可见在"零丁摧亚子"这样的句式中，"摧"字只有作悲、伤解，方可释明句意，情理相合。置言之，"亚子"不是已经死去之珍儿，而是仍然活在世上之曹寅次子。②"孤弱"。一般有三解：一是指势孤力弱，如"帝少，诸吕用事，刘氏孤弱"（《史记·荆燕世家》）；二是指孤苦无告之人，如"矜哀孤弱，以镇抚百姓之心"（《三国志·陆凯传》）；三是指年幼而无父母，如"生孩六月，慈父见背；行年四岁，舅夺母志。祖母刘愍臣孤弱，躬亲抚养"（李密《陈情表》）。显然，二、三两解，皆与"亚子"实情不符，非曹寅应取之义。由此可见，"孤弱例寒门"句中之"孤弱"一词，只能作"势孤力弱"解，并且只能用以指仍然活在世上的"亚子"，而不能指已死之珍儿，更不能指曹寅自己。这就进一步证明，亚子与珍儿确然不是同一个人，而是兄弟二人，珍儿为兄长，亚子是二弟。

其二，从此诗上下文的内在联系来辨析。尾联"零丁摧亚子，孤弱例寒门"二句，紧承腹联"拭泪知吾过，开缄觅字昏"，这既说明曹寅是从家信中得知珍儿死讯的，又说明尾联二句是由家书中所言"亚子"之心情、处境引发而出。按：珍儿殇时，曹寅之子曹颙及曹宣（荃）之子曹顺、曹頫、曹颀诸兄弟均在京城居住，但正如康熙帝所言，曹颙"他们弟兄原也不和"❶。这样，兄长珍儿既死，曹颙在曹氏诸兄弟中也便孑然无倚，

---

❶ 故宫博物院明清档案部.关于江宁织造曹家档案史料［M］.北京：中华书局，1975.

势孤力弱，有"远处天一隅，苦困独零丁"之痛，从而在向父母禀告家兄殇逝的家书中，流露乃至倾诉自己在京中孤单孑处的悲苦心境，实也情理之必然。而曹寅于珍儿之殇忍恸自责（"拭泪知吾过"）之后，复又展阅家书而潸然泪下（"开缄觅字昏"），发出"零丁摧亚子，孤弱例寒门"之悲叹，其为生父者——亚子所感，非为死者——珍儿而发，亦属显然。并且，新考从全诗的结构来看，"拭泪知吾过"句是对首颔二联"老不禁愁病，尤难断爱根。极言生有数，谁谓死无恩"的总结，"开缄觅字昏"句则是向尾联"零丁摧亚子，孤弱例寒门"的过渡和转折，这也说明尾联所指称的对象只能是寄家书的生者，而不可能再是死者。明乎此，则"零丁摧亚子"句中之"亚子"，显然不会是已经离开人世的珍儿，而应是仍然活在世上的曹寅次子，即在京城写家书向父母禀报兄长不幸殇逝并痛诉自己举目无亲、零丁孤苦心境的曹頫。

其三，以曹頫奏折中的用语来印证。康熙五十一年（1712年）七月曹寅病故以后，曹頫在奏折中一再痛切地陈说："窃思奴才伶丁孤苦，举目无亲……"❶；"自奴才父故后，奴才母子孤苦伶丁，孑然无倚……"❷；"窃奴才父寅故后，奴才母子孤苦伶丁，身家性命已同瓦解……"❸。显然，曹頫奏折中的这些用语，与曹寅"零丁摧亚子，孤弱例寒门"句中所反映出的"亚子"在兄长珍儿死后的心境一脉相承，息息相通。相反，康熙五十四年（1715年）初曹頫病故后，曹頫入嗣曹寅孀妻李氏为子并继任江宁织造，其孤弱无依的处境，应该说与曹頫当年是一样的，但曹頫在奏折中却从来不用"孤苦伶丁"之类的词语。两相对照，说明在相同或相似的情境下，每个人的感受与表达用语是有其个人特征和习惯性的。所以，曹頫奏

---

❶ 同❶.
❷ 同❶.
❸ 同❶.

折中既然屡次出现"伶丁孤苦""举目无亲""孑然无倚"之类的词语,与曹寅"零丁摧亚子,孤弱例寒门"诗句中之"亚子"一脉相通,应是同一个人。

其四,文献资料提供的佐证。据《耆献类征》卷一六四《陈鹏年传》记载,康熙四十四年(1705年)圣祖南巡,归途驻跸江宁织造二府:"一日,织造幼子嬉而过于庭,上以其无知也,曰:'儿知江宁有好官乎?'曰:'知有陈鹏年。'"文中之"织造幼子",即曹寅之幼子,乃颙是也。惟"幼子"向有二义:一指幼小的儿子,以其年幼而称之;二指小儿子,以其兄弟排行最小而称之。那么,在此应作何取义呢?我们知道,曹颙生于康熙二十八年,此时年十七岁,已非年仅十岁左右之小儿,故此"幼子"只能取"小儿子"之义,即曹颙乃曹寅的小儿子。然则曹寅有两个儿子,是"小儿子"亦即次子。显然,这与曹寅"闻珍儿殇"诗中以曹颙为"亚子"者正合。

归纳上文,当可明确:曹寅"闻珍儿殇"诗中之"珍儿",乃曹寅之长子,而非"零丁摧亚子,孤弱例寒门"句中之"亚子";曹寅诗中所称之"亚子",实为写家书向父母禀报兄长珍儿不幸殇逝并倾诉自己独处京师、孤苦伶丁心境之人,乃曹寅之次子、珍儿之二弟,乳名连生的曹颙。

(三)珍儿乃曹雪芹之生父

珍儿既是曹颙之兄长,曹寅之长子,又卒于康熙五十年(1711年)三月,也就完全符合了作为遗腹子曹雪芹生父的两个必备条件:

其一,珍儿到了婚育年龄。康熙五十一年(1712年)九月初四日,曹

颙在《奏曹寅故后情形折》中自称"奴才年当弱冠，正犬马效力之秋"❶，可知他时年二十余岁。至其具体生年，康熙二十九年（1690年）四月初四日之《总管内务府为曹顺等人捐纳监生事咨户部文》载明，曹颙当时年"二岁"❷，是其生于康熙二十八年（1689年），至康熙五十年（1711年）三月虚龄二十三岁。珍儿既是曹颙的大哥，即便兄弟二人连年而生（曹颙乳名"连生"），相差一岁，珍儿不幸意外身亡时也已经二十四岁，不仅早已到了婚育年龄，而且正是生育能力旺健之时。

其二，珍儿在京城居住当差并卒于京城。曹寅在康熙四十八年次女出嫁时，曾奏明即令曹颙"上京当差，送女同往，则臣男女之事毕矣"❸，这既说明曹颙此后即留居京师候差，也说明其兄长珍儿此前已经在京城居住当差（珍儿进京当差或即在康熙四十五年曹寅长女出嫁之际）。又，康熙五十年三月珍儿死后，总管内务府遵旨于四月初十日将曹荃之子桑额（曹頫）、曹寅之子连生（曹颙）"带领引见"❹，可知曹颙是在京城写家书向父母禀报兄长珍儿不幸身亡的。明乎此，则珍儿在京城居住当差并因意外事故"横死"京城，应该是符合实际的。

综上所考，珍儿于康熙五十年（1711年）三月因意外事故卒于京城，且此前已到婚育年龄，而曹雪芹于当年的十一月在京城出生，且为遗腹子，两相印证，珍儿是曹雪芹之生父，曹雪芹是珍儿之遗腹子，既与张云章"贺曹寅得孙"诗的用典相合，也完全符合"十月怀胎"的胎儿成长出生规律。

---

❶ 故宫博物院明清档案部.关于江宁织造曹家档案史料［M］.北京：中华书局，1975.

❷ 中国第一历史档案馆藏《内务府满文行文档》，康熙二十九年四月初四日内务府致户部咨文。

❸ 同❶.

❹ 同❶.

三、曹雪芹的生父曹颜

珍儿既是曹寅之长子,曹颙之长兄,则其应为曹颜。

据康熙二十九年(1690年)四月初四日《总管内务府为曹顺等人捐纳监生事咨户部文》记载:"三格佐领下苏州织造、郎中曹寅之子曹颜,情愿捐纳监生,三岁。"❶于此可知,曹颜生于康熙二十七年(1688年),长曹颙一岁,曹颜乃长子,曹颙是次子,与曹寅"闻珍儿殇"诗"零丁摧亚子,孤弱例寒门"句中以"亚子"称曹颙者正合。明乎此,则此件档案与曹寅"闻珍儿殇"诗互为印证,曹颜、珍儿既然皆为曹寅之长子、曹颙之长兄,二者自是同一个人,即曹颜为学名,珍儿为乳名。

又,曹寅、曹宣(荃)兄弟的儿子,都有学名和乳名。其年长于曹颙(乳名连生)者四人,曹顺乳名赫达色,曹頔乳名骥儿,曹颀乳名桑额,不可能唯独曹颜无乳名,珍儿无学名。由此亦可证明,曹颜确是珍儿之学名,珍儿确是曹颜之乳名。不过,也有红学家认为,曹颜不是曹寅的亲生长子,而是其弟曹宣(荃)的三子,乳名桑额。其实,综合考析有关文献资料,曹宣之子桑额的学名是曹颀,而根本不是曹颜,这本来是至为明显不过的。笔者在1984年发表的两篇文章❷中都曾谈及,只是由于两文的主旨不在此,故未详加考析,现将笔者的立论根据缕析于下。

---

❶ 中国第一历史档案馆藏《内务府满文行文档》,康熙二十九年四月初四日内务府致户部咨文。

❷ 张书才,高振田.新发现的曹雪芹家世档案史料初探[J].红楼梦学刊,1984(2);张书才.关于曹寅子侄的几个问题[J].江海学刊,1984(4).

曹雪芹在京遗迹研究文集

（一）曹颀乃曹颙之堂兄，曹宣之亲子

康熙五十一年（1712年）九月初四日，曹寅之子连生（曹颙）在《奏曹寅故后情形折》中说：

> 九月初三日，奴才堂兄曹颀来南，奉梁总管传宣谕旨，特命李煦代管盐差一年，著奴才看着著将该欠钱粮补完，倘有什么不公，复命奴才折奏。❶

按："堂兄"，也称"从兄"，乃同祖伯叔之子年长于己者之称。在中国古代，凡同祖之兄弟，汉代以前称为"从兄弟"，魏晋开始称为"同堂兄弟"，唐代以降谓之"堂兄弟"；凡同曾祖之兄弟，则谓之"再从兄弟""从堂兄弟"。曹颙既然自称曹颀为"堂兄"，则二人必是同祖兄弟，而不可能是同曾祖兄弟。置言之，曹颀只能是曹寅的亲弟曹宣之子，而不能是曹寅的堂弟曹宣之子。

（二）曹颀乃曹寅之三侄，曹宣之亲子

曹寅《楝亭诗钞》卷五有诗题为《喜三侄颀能画长干，为题四绝句》，其第三首云："妙香一树画难描，泪洒荒园百草梢；此日天涯深庆喜，也如历劫见冰消。"诗末并有自注称："子猷画梅，家藏无一幅。"此诗说明：其一，如诗题所示，曹颀乃曹寅之三侄；其二，诗末自注中之"子猷"，乃曹寅亲弟曹宣之字。按，此诗作于康熙四十五年冬，时在曹宣辞世一年

---

❶ 故宫博物院明清档案部.关于江宁织造曹家档案史料［M］.北京：中华书局，1975.

200

之后。明乎此，则"泪洒荒园"句显然寓有曹寅对亡弟曹宣的深情悼怀，而"此日天涯深庆喜，也如历劫见冰消"句与自注"子猷画梅，家藏无一幅"合看，显然饱含着曹寅对三侄曹颀能继承父业（绘画）的喜庆和慰藉之情。诚如杨钟羲《雪桥诗话》所说："子猷故善画，喜颀能继其业也。"所以，曹寅此诗实已表明曹颀乃曹宣之子。

（三）《八旗画录》称曹颀为"宜子"，实乃"宣子"之误

李放所撰《八旗画录》曾云："曹颀，宜子。《楝亭集》云善曹雪画梅，能为长干。"同时又称："曹宜，字子猷，号筠石。"乍看起来，这条资料说明曹颀是曹寅堂弟曹宜的儿子，但从所记曹生父宜的字号和曹宜、曹宣的实际情况考察，其所称之"宜"字显新考系"宣"字之误。其一，在曹寅的兄弟中，"字子猷，号筠石"者并非曹宜，而是曹宣（荃）。这方面的证据颇多，仅举三条。尤侗在《曹太夫人六十寿序》中说得明白："曹母孙太夫人者，司空完璧先生（即曹玺——引者）之令妻，而农部子清、侍卫子猷两君之寿母也。"❶叶燮在《楝亭记》中亦云："今司农公荔轩及弟筠石两先生，公（指曹玺——引者）之贤嗣也。"❷于成龙《江宁府志》卷十七"曹玺传"则谓："曹玺，字完璧……又奉旨以长子寅仍协理江宁织造，以缵公绪。寅，敦敏渊博，工古诗文词。仲子宣，官荫生，殖学具异才。"❸这三条资料互为印证，至为明确：曹玺有两个儿子，长子曹寅字子清、号荔轩，次子曹宣字子猷、号筠石。显然，从《八旗画录》所记曹宜之名及其字号看，"宜"字确为"宣"字之误。

---

❶ 尤侗《艮斋倦稿》卷四。
❷ 叶燮《巳畦文集》卷五。
❸ 冯其庸.曹雪芹家世新考［M］.上海：上海古籍出版社，1980.

其二，曹宣（荃）善于绘画，除曹寅说他"画梅"外，闫若璩《赠曹子猷》七律中亦有"请挥一匹好东绢，怪石枯枝即饱看"之句，并在小注中赞他"善画"❶。并且，据康熙二十九年（1690年）四月初四日《总管内务府为曹顺等人捐纳监生事咨户部文》记载，他还任过"南巡图监画"。相反，曹尔正之子曹宜一直任武职，迄未发现他长于绘画的记载。所以，从曹宣、曹宜对于绘事的实际情况看，《八旗画录》所记之"宜子""曹宜"，也应该是"宣子""曹宣"之误。

其三，"宣""宜"二字，形体近似，极易混淆，在古籍中不乏将二字相互刊误、抄误之事例。

基于以上三点，可以断定《八旗画录》所记之"宜"字，确系"宣"字之误笔。明乎此，则其关于"曹颀，宜子"之记载，非零但不能说明曹颀是曹宜之子，反而经过辨正之后，倒恰是曹颀乃曹宣亲子之明证。

（四）曹颀乃曹宣（荃）之三子桑额

曹颀既为曹宣（荃）之亲子、曹寅之三侄、曹颙之堂兄，则曹颀也便只能是曹宣（荃）之三子桑额。这是因为：

其一，曹宣（荃）之子桑额，确是行三。按"桑额"一名，系满语之音译，也译作"桑格"或"三格"，乃汉语"三哥儿"之谓，实因其行三而名之。如曾任江宁织造、历升至吏部尚书而与曹家同属内务府正白旗旗鼓佐领下包衣汉人，且"连络有亲"的桑额（亦作桑格，马姓），同父兄弟4人，其名字按长幼顺序依次是：费雅达、二格、桑额（三格）、四格。似此取名实例，在旗人中并不乏见，实也可资参证。明乎此，则曹宣

---

❶ 闫若璩《潜丘札记》卷六。

（荃）之子桑额，在其同父兄弟四人中排行第三，应该说是毋庸置疑的。

其二，康熙五十四年（1715年）正月十二日《内务府奏请将曹頫给曹寅之妻为嗣并补江宁织造折》中有言："本日李煦来称，奉旨问我曹荃诸子谁好，我奏：曹荃第四子曹頫好，若给曹寅之妻为嗣，可以奉养。"❶又康熙五十四年（1715年）三月初七日《曹頫奏谢继任江宁织造折》称："窃念奴才包衣下贱，黄口无知，伏蒙万岁天高地厚洪恩，特命奴才承袭父兄职衔，管理江宁织造。"❷同日《江宁织造曹頫奏代母陈情折》中又称："奴才之嫂马氏，因现怀妊孕已及七月，恐长途劳顿，未得北上奔丧，将来幸而生男，则奴才之兄嗣有在矣。"❸此三件档案史料证明，曹頫乃曹荃（宣）第四子，年幼于曹寅之子曹颙。而曹颙称曹颀为堂兄，可知曹颀长于曹頫，应是曹荃的另外三个儿子之一。然则在曹荃的这三个儿子中，长子曹顺乳名赫达色，次子曹頔乳名骥儿，所以曹颀只能是三子桑额，即曹颀为学名，桑额为乳名。

其三，曹寅有诗题为《辛卯三月二十六日闻珍儿殇，书此芹忍恸，兼示四侄、寄西轩诸友三首》，其第二首并有"予仲多遗生父息，成材在四三"之句。显然，这"四三"中之"四"，是指曹宣新考（荃）第四子曹頫，亦即诗题中所称"兼示四侄"中之"四侄"，于此可知曹寅称曹頫为四侄。这样，曹寅既称曹颀为三侄、曹頫为四侄，而曹寅之子曹颙又年长于曹頫、年幼于曹颀，也就足证"三侄""四侄"之称，是按同父兄弟排行，根本不是按同祖兄弟或同曾祖兄弟排行，亦即曹颀只能是曹寅亲弟

---

❶ 故宫博物院明清档案部.关于江宁织造曹家档案史料[M].北京：中华书局，1975.

❷ 故宫博物院明清档案部.关于江宁织造曹家档案史料[M].北京：中华书局，1975.

❸ 故宫博物院明清档案部.关于江宁织造曹家档案史料[M].北京：中华书局，1975.

曹宣（荃）之三子，而不能是曹寅堂弟曹宣之亲子。

综上所述，事实已经清楚：曹𫖯确是曹宣（荃）之第三子桑额，曹𫖯乃学名，桑额为乳名（满名）。正由于此，康熙五十年（1711年）四月初十日有"曹荃之子桑额，录取在宁寿宫茶房"为"茶上人"之旨❶，康熙五十五年（1716年）闰三月十七日复有"茶上人曹𫖯，比以上这些人都能干，著以曹𫖯补放茶房总领"❷之谕。两相印证，足见桑额当差后即由乳名改称学名曹𫖯，与曹寅之子连生继任江宁织造后改用学名曹𫖯，事同一理，当可言必。明乎此，则曹颜绝不是曹宣（荃）之三子桑额，而是曹寅之亲生长子、曹雪芹之生父，应该说是可以论定的。

四、小结

前文对张云章"贺曹寅得孙"诗、曹寅"闻珍儿殇"诗与有关档案文献资料的综合考察辨析，可作简单的结语如次：曹雪芹于康熙五十年（1711年）辛卯十一月生于北京，乃遗腹子，出生前其父已死；曹雪芹的生父乃曹寅之长子，乳名珍儿，学名曹颜；曹颜生于康熙二十七年（1688年）戊辰，三岁时捐纳监生，旋随父曹寅织造之任前往江南，约在康熙四十五年（1706年）曹寅长女出嫁时随同回京当差（详情待考），康熙五十年（1711年）三月因意外事故卒于北京，享年二十四岁。

曹雪芹的生年、生父问题，被称为红学研究的"三大死年结"之一，解环着实不易，而又关系至大，不得不解。本文所论"曹寅得孙"问题，

---

❶ 故宫博物院明清档案部.关于江宁织造曹家档案史料［M］.北京：中华书局，1975.

❷ 故宫博物院明清档案部.关于江宁织造曹家档案史料［M］.北京：中华书局，1975.

先贤时彦虽有所涉及，但歧异尚多❶，而"珍儿即曹颜"之说则为笔者首次提出❷，是耶非耶，愿就正于高明。

[结集附记] 本文是1993年撰写的，为《曹雪芹生年生父新考》的下篇。上篇《曹雪芹生父新考》写于1992年，当时也完稿誊清，可惜至今仍未找到。缘此，只好先将下篇《曹雪芹生父新考》收入集中。

本文在《红楼梦学刊》2008年第五辑发表时，张云女史费心查阅书刊资料，增写了最后两条长注，谨借此再致谢忱。

---

❶ 周汝昌先生首先发现张云章的《朴村诗集》并在《红楼梦新证》中引录，《朴村诗集》卷十之七律《闻曹荔轩银台得孙却寄兼送入都》，但周先生将此孙断为曹颙之子，并以为其与曹𬱖奏折相矛盾，进而认为此孙"旋即夭殇"。赵冈先生在《红楼梦研究新编》（台北联经出版事业公司，1795）中提出质疑，认为"贺曹寅得孙"诗中的婴儿并未夭殇，但系不能承嗣的女孩。吴新雷先生认为周汝昌"旋即夭殇"之说缺乏根据，赵冈推之为孙女的论断也不能成立，他进而指出，曹寅这个生于康熙五十年的长孙可能就是《红楼梦》的作者曹雪芹，而其生父则是曹颙。(《朴村集》所反映的曹家事迹——兼考曹雪芹的生年和生父 [M] // 吴新雷，黄进德. 曹雪芹江南家世丛考. 哈尔滨：黑龙江教育出版社，2000）胡文彬先生据张云章诗题及诗中用典的分析，断定曹寅所得之"孙"是孙男而非孙女，此孙男极可能就是《红楼梦》作者曹雪芹，但胡认为此孙男并非曹颙之子，而是曹寅次子"珍儿"之"遗腹子"。胡还进一步推论"脂砚斋之名即是从张诗'祖砚传看入座宾'中的'祖砚'而来。其弟棠村极可能是曹颙之'遗腹子'，而非曹𬱖之子"。（胡文彬. 读遍红楼——不随黄叶与秋风 [M]. 太原：书海出版社，2004）冯其庸先生对曹寅是否得孙的事提出了"五疑"，其第五疑特别强调"倘康熙五十年曹寅确是得孙，而这个孙就是曹雪芹，那么，到曹雪芹于乾隆二十七年壬午除夕去世零时，已是52岁（虚岁），与张宜泉的曹雪芹'年未五旬而卒'对不上，与'四十年华'更是无法对榫"。冯先生还认为，张云章以诗贺曹寅得孙可能源自"误闻"，所以曹寅不好回答，别人也再无贺者"，"仅此孤证，还不足以定论。"（冯其庸. 缜密考五辑证精微析论——读《曹雪芹江南家世丛考》 [M]. 哈尔滨：黑龙江教育出版社，2000）

❷ 周汝昌先生据《楝亭诗钞》别集卷四《辛卯三月二十六日闻珍儿殇，书此忽恸，兼示四侄，寄西轩诸友三兄》诗中之"零丁摧亚子，孤弱倒寒门"语，断珍儿"为寅之次子，而幼于颙者"，且"早殇"（周汝昌. 红楼梦新证 [M]. 北京：人民文学出版社，1976），与"贺曹寅得孙"诗中的"遗腹子"无关。胡文彬先生亦认为珍儿为曹寅次子，但系"贺曹寅得孙"诗中之"遗腹子"（极可能是《红楼梦》的作者曹雪芹）的父亲。周、胡都未提及"珍儿"是否"贾颜"的乳名的问题。

浅谈——曹雪芹与水南庄

水南庄曹雪芹研究会

北京广渠门外通惠河上的庆丰闸（俗称"二闸"）东南（现广渠路北）交汇点上的水南庄，与通惠河毗邻、与通惠河历史并存，现隶属朝阳区高碑店乡半壁店村。曹雪芹与水南庄有着不解情缘。在叙述曹雪芹与水南庄时，首先要将人物和地点简略介绍。

曹雪芹（约1715年5月28日—1763年2月12日），名霑，字梦阮，号雪芹，又号芹溪、芹圃，中国古典著名《红楼梦》的作者，与庆丰闸水南庄有着不解之缘。雍正七年（1729年），曹雪芹随祖母、母亲奉旨回京，居于"崇文门外蒜市口地方房十七间半"，其下船登陆之地就是俗称"二闸"的庆丰闸码头。从二闸进广渠门，至家中。

谈起曹雪芹与水南庄离不开敦敏、敦诚两兄弟。

大约乾隆十年至十九年（1745—1754年），曹雪芹在右翼宗学任职，并结识了一生的好友，英亲王阿济格的五世孙敦诚（1734—1791）、敦敏（1729—1796）弟兄。几人思想情感相近，很是投缘。

敦敏，生于雍正七年（1729年），约逝于嘉庆元年（1796年），努尔哈赤第十二子英亲王阿济格五世孙。十六岁进右翼宗学读书，二十七岁（1755年即乾隆二十年）在宗学考试中列为优等。敦敏是敦诚的哥哥，是曹雪芹在右翼宗学结识的诗友，对曹雪芹的多才多艺、性格为人、胸襟开阔、心地坦诚，

浅谈——曹雪芹与水南庄

敬佩得五体投地。敦敏是清朝诗人,作品有《懋斋诗钞》,其中有很多首记叙曹雪芹的诗,这些诗成为后人研究曹雪芹的珍贵资料。如"傲骨如君世已奇,嶙峋更见此支离。醉余奋扫如椽笔,写出胸中快垒时",又如"燕市哭歌愁遇合,秦淮风月忆繁华。新仇旧恨知多少?一醉氍毹白眼斜",等等。

敦诚是敦敏的胞弟,是曹雪芹右翼宗学(培养皇家子弟的学校)任教时结识的诗友。在联吟结社时,人们把曹雪芹推为盟主,互相唱和时称曹雪芹为诗界泰斗。敦诚一首寄怀诗里:"爱君诗笔有齐气,直追昌谷破樊篱"是说曹雪芹的诗,不仅像唐朝李贺的诗那么好,富有新奇意向,而且还有所超越和创新,气象更宏大,诗意更为深刻。

敦诚、敦敏之母葬在水南庄,近日在水南庄出土的曹世荣墓碑证实,这里也曾有曹雪芹先人的墓地。三人常约友人共赴庆丰闸边水南庄的望东楼酒楼上谈笑风生、吟诗作对。敦诚《寄怀曹雪芹》诗云:"当时虎门数晨夕,西窗剪烛风雨昏。"这两句记录并深切回味那段难忘的日子。曹雪芹与敦诚、敦敏兄弟及一干好友,在清明节等节日常沿通惠河到张家湾、水南庄祭奠先人。

最为后世津津乐道的就是他与敦诚"佩刀质酒"的故事。清冷的秋晨时,挚友敦诚竟披衣戴笠而至,两人携手到附近一家小酒店沽酒对饮,畅叙古今。

当两人喝得尽兴准备离开酒店时,才发现彼此都是囊中空空。于是,敦诚解下佩刀说:"这刀虽然锋利无比,可是把它卖了,也值不了几文钱;拿它去临阵杀敌,又没有咱们的份儿,还不如将它作抵押,再来几壶好酒。"曹雪芹听了,连说:"痛快!痛快!"于是,两人用刀换酒,又继续痛饮,并乘着酒兴,各赋诗一首。可惜的是,曹雪芹的赋诗并没有流传下来,只有敦诚的赋诗《佩刀质酒歌》流传了下来。

曹雪芹跟水南庄到底有什么联系?敦敏与敦诚的坟地有确切的地点吗?七世孙金励衡先生说:"祖上的坟地在通惠河边的水南庄,当地人也称为黄带子

207

坟，从敦敏的祖父开始，家族的历代先人都葬在那里。"当年，母亲去世后，敦敏就在水南庄的坟地为母亲守丧。在守丧期间，好友曹雪芹常来与敦敏相会。后来，敦敏死后也葬在了水南庄。这就揭开了曹雪芹与水南庄的情缘。

曹雪芹常与敦敏曾沿通惠河泛舟登岸水南庄游赏，多次在村中的菩提树下吟诗作赋。

二闸优美的环境和繁华的商业不仅吸引了行船的商人和游客，也成为文人墨客聚会之所。由于通州张家湾有曹雪芹家族的典地和当铺，庆丰闸东边的水南庄有敦氏家族的祖坟，所以曹雪芹和敦敏、敦诚去通州或水南庄时都要经过二闸。

遗憾的是尚未发现曹雪芹关于二闸的诗句，但敦敏留下了很多关于二闸的诗作，生动描写了此处幽静清雅的美景和酒旗招展的繁华。敦敏《懋斋诗钞》有一首《二闸迟敬亭不至》："临风一棹趁扁舟，芦岸村帘分外幽。满耳涛声流不尽，夕阳独立小桥头。"敦诚《潞河游记》行文赞美通惠河（潞河）两岸风景如诗如画。他在庆丰闸东南水南庄"望东楼"上与友集饮时写的《潞河舟中遇》"夕照台前烟树合"一句，并有小注："北有金台夕照"，从而发现"金台夕照"原物石碑，那是"燕京八景"之一。此诗给后人留下永久的回忆、怀念、长思。

曹雪芹过世后，敦敏在望东楼与朋友聚会时写下了《河干集饮题壁兼吊雪芹》，诗云："花明两岸柳霏微，到眼风光春欲归。逝水不留诗客杳，登楼空忆酒徒非。河干万木飘残雪，村落千家带远辉。凭吊无端频怅望，寒林萧寺暮鸦飞。"敦敏和朋友在集饮时触景生情，怀念老友，字里行间弥漫着浓郁的伤感和思念，特别是最后一句"寒林萧寺暮鸦飞"，淋漓尽致地表达了作者失去挚友后凄凉孤单之情。

水南庄紧邻通惠河上的船闸、码头，风景如画，应为曹雪芹撰写《红楼梦》提供了些许素材。

论《红楼梦》文化资本和中国国家软实力构建*

李汇群·中国传媒大学传播研究院副教授

国家的综合国力包括硬实力和软实力，和硬实力相比，软实力更强调吸引力，它"源于一个国家的文化、政治理念和政策"[1]。2021年5月31日，习近平总书记在中共中央政治局第三十次集体学习时，强调要改进国际传播工作，"要更好推动中华文化走出去，以文载道、以文传声、以文化人，向世界阐释推介更多具有中国特色、体现中国精神、蕴藏中国智慧的优秀文化"[2]。可见，深入挖掘中国文化故事，向世界展示真实、立体、全面的中国，形成同中国综合国力和国际地位相匹配的话语权，已经成为当下对外传播工作的当务之急。《红楼梦》作为中国古代文化艺术成就最高峰的重要代表作，在世界拥有广泛的读者群，享有极高的文化声誉。如何以《红楼梦》为桥梁，向外传播优秀中国文化、提升中国国家软实力、回应国家重大需求，成为新时代的重要议题。

---

* 原文载于：李汇群.论《红楼梦》文化资本和中国国家软实力构建[J].红楼梦学刊，2021（6）.

[1] 约瑟夫·奈.软实力[M].马娟娟，译.北京：中信出版社，2013.
[2] 习近平在中共中央政治局第三十次集体学习时强调加强和改进国际传播工作 展示真实立体全面的中国[N].人民日报，2021-06-02（01）.

曹雪芹在京遗迹研究文集

一、国家软实力与文化资本

约瑟夫·奈指出，国家软实力主要来自三个方面："文化（在其能发挥魅力的地方）、政治价值观（无论在国内外都能付诸实践）、外交政策（当其被视为合法，并具有道德权威时）"❶。文化包括高雅文化和流行文化，通过蕴含于其中的共同价值观念形成吸引力并影响国际受众，让其对源头国文化形成认同感，并作出主动了解、靠近的行为。

文化往往是无形的，而考量其传播效果，又必须落实到有形的行为层面，由此，或许可以考虑借鉴"文化资本"这一概念来进行衡量。"文化资本"由法国社会学家布尔迪厄提出，在继承了马克思主义关于资本的理论基础上，布尔迪厄对资本进行了进一步细分，他将资本分为经济资本、文化资本和社会资本，三种资本之间可以相互转化，文化资本以三种形式存在："①具体的状态，以精神和身体的持久'性情'的形式；②客观的状态，以文化商品的形式（图片、书籍、词典、工具、机器等）……③体制的状态，以一种客观化的形式。"❷ 在布尔迪厄看来，资本主义把一切都变成了商业交换，资本生产的特点是以同一和扩大的方式获取最大利润，资本的介入改变了此前没有积累的单纯的竞争关系，资本在时间上体现了世界的内在结构，并在很大程度上决定实践成功的可能性。❸ 这意味着，对个体而言，文化上的优势本身就是家庭文化资本投资的产物，投资和产出之间，呈现某种正相关关系。

布尔迪厄的理论，原本是以个体为研究对象而建立，但将其文化资

---

❶ 约瑟夫·奈. 软实力[M]. 马娟娟, 译. 北京：中信出版社, 2013.
❷ 皮埃尔·布尔迪厄. 文化资本与社会炼金术——布尔迪厄访谈录[M]. 包亚明, 译. 上海：上海人民出版社, 1997.
❸ 同❷.

本概念与国家相结合，也有相通之处。从文化经济学的视角来看，文化资本既包括经济价值，也包含文化价值，而文化价值以两种形式呈现，即有形的文化遗产资产和无形的内在群体共享价值等，两者都需要投入成本维护，随着时间流逝也都能产生服务流量。❶事实上，20世纪六七十年代，国际传播学界提出"文化帝国主义"理论，批评以美国为代表的西方国家凭借传播技术上的优势，进行文化资本的跨国运作，它们向发展中国家倾销文化产品，获取了高额的经济利润，也进行了文化价值观的扩张。也就是说，凭借着在现代化发展过程中的先发优势，西方国家积累并输出国家文化资本，在全球市场获得了经济、文化等多重利益，这种建立在不平等交流基础上的文化霸权模式固然应引起我们的警醒。但随着中国国力的提升，建构更有影响力的文化符号、打造文化资本并加强国家软实力，已经成为刻不容缓、不容回避的时代重大需求。由此而论，重新审视西方国家运营文化资本的路径和模式，也能发现不乏借鉴之处。

文化资本如何转化为国家文化资本？有研究者结合布尔迪厄和约瑟夫·奈的理论，从内涵上对国家文化资本进行了梳理，强调国家的文化资源在一定程度上可以转化为国家文化资本，但应更侧重于文化资源的市场化和商品化过程。❷从这个角度来看，在国际传播中应选择在内涵上具有共同价值观念、能引起全球受众广泛共鸣的文化资源，对之进行开发投资，使其转化为国家文化资本，并在全球市场赢得认可。

---

❶ 大卫·索罗斯比.文化经济学［J］.张维伦，等，译.台北典藏杂志社，2003年版，第56-57、36-37页。
❷ 许德金.作为国家软实力的文化：国家文化资本论（上）［J］.江淮论坛，2013（5）.

二、《红楼梦》文化遗产与文化资本

中华优秀传统文化是最深厚的文化软实力,是文化自信的源泉,也是对外传播的重要支撑。而在优秀传统文化中提炼适合国际传播的文化符号以打造国家文化资本,《红楼梦》可谓最佳选择。

《红楼梦》成书于清代中期,起初在满族贵族中传播,至清末民初,已经成为人们所熟知的经典名著,从精英文化圈辐射到大众群体。在这个过程中,《红楼梦》相关文本被刻印并进入出版市场,为出版书商赢得了高额利润,可以说,伴随着《红楼梦》的成书和传播,其经济价值和文化价值始终互相嵌入,缺一不可。民国以后,借助现代电影媒介,《红楼梦》多次被搬上银幕,从20世纪20年代到70年代,上海和香港的多家电影公司出品了多部"红楼梦"系列电影,使得红楼故事脱离文本局限,以视觉媒介的形式绽放光彩。此后,电视剧的改编传播,使得《红楼梦》的影响力辐射到大中华文化圈和更广泛的海外市场,成为更具知名度的中国文化IP。进入21世纪以来,随着互联网移动传媒的兴起,移动音、视频变为传播主场,北京大观园、曹雪芹纪念馆、江宁织造博物馆成为新的打卡胜地,《红楼梦》的跨媒介改编叙事也进入到全新阶段,经典文本在新的媒介时空下焕发出新活力,并展现出新的时代价值。梳理近三百年来《红楼梦》的传播历史,可以发现《红楼梦》在中国文化语境中的意义,早已溢出了单一的文本局限,衍化出庞大独特的曹红文化遗产体系。

根据联合国教科文组织1972年发布的《保护世界文化和自然遗产公约》和2003年发布的《保护非物质文化遗产公约》定义,文化遗产包括有形的物质文化遗产和非物质文化遗产。如上所述,《红楼梦》文化遗产包括文学文本和在文本基础上衍生出来的媒介产品、建筑、纪念物等有形遗产及内在的价值观念等无形遗产,这些文化遗产是珍贵的历史文化资

论《红楼梦》文化资本和中国国家软实力构建

源,连接了历史和当下,也为将《红楼梦》转化为国家文化资本奠定了相应基础。作为国家文化资本,意味着要跨越不同民族文化差异架起沟通桥梁,在文化价值上,应当具有共同性和普适性。有学者曾将文化价值的测量标定为美学价值、精神价值、社会价值、历史价值、象征价值、真实价值六种价值❶,以此考量《红楼梦》,可以发现它确实在这六个层面展现了丰富的内涵和魅力。

美学价值。以美、和谐等为特征的美学价值,是文化价值的基本构成。《红楼梦》的美学价值,最重要的是文学之美,这体现在叙事结构、叙事描写、叙事体裁等方面。在叙事结构上,有别于古代长篇小说常见的单线叙事模式,《红楼梦》采用了多条线索并行的网状叙事模式,人物出场有条不紊,叙事安排错落有致,建构了恢宏辽阔的叙事图景。在叙事描写上,《红楼梦》有大量的心理描写和内心独白,对人物内心世界的挖掘深入刻骨,将古代小说的心理描写推进到罕有的深度。在叙事体裁上,《红楼梦》文备众体,在日常生活的平实叙事中插入诗、词、歌、赋、谚语、酒令、灯谜等多种形式的文字,小说充满诗性色彩,充分展示了中国传统文学的辞令之美。《红楼梦》表现出来的艺术魅力,不仅使它成为中国古典小说的最高峰,也征服了更多的异国受众。早在1812年,《红楼梦》的英文节译已经出现,19世纪甚至一度出现了一个用英语翻译、传播《红楼梦》的小群体。❷而1981年法文译本出版后,法国《快报》周刊曾评论它"从而填补了长达两个世纪的令人痛心的空白,这样一来人们就好像突然发现塞万提斯和莎士比亚,我们似乎发现,法国古典作家普鲁斯

---

❶ 大卫·索罗斯比.文化经济学[J].张维伦,等,译.台北典藏杂志社,2003年版,第56-57、36-37页.

❷ 葛锐.道阻且长:《红楼梦》英译史的几点思考[J].李晶,译.红楼梦学刊,2012(2).

213

特、马里沃和司汤达,由于厌倦于各自苦心运笔,因而决定合力创作,完成了这样一部天才的鸿篇巨著"❶,将曹雪芹与世界级大文豪相提并论,可见《红楼梦》的文学之美跨越了不同文化区隔,足以跻身于世界经典名著之列。

精神价值。内在的、为全人类所共享的精神价值是文化价值的另一层含义。习近平总书记曾指出,"提高国家文化软实力,要努力展示中华文化独特魅力"❷。《红楼梦》作为中国古代社会最后的文学杰作,是中华优秀传统文化的集大成者,既包含了尊重生命、仁爱和睦等传统文化理念,还蕴含着个性解放、平等自由等宝贵的现代价值因子,其精神格局远超于作者所处时代,能引起现代人更多共鸣,给予全人类更多精神滋养。《红楼梦》以"梦"为源起,讲述青春故事,以"千红一窟""万艳同悲"表达了作者对挣扎于不公平命运中个体的深切同情,以及他对"大观园"世界的憧憬。曹雪芹勾勒的那个桃花源,是不被世俗玷污、不被偏见遮蔽的理想王国,是个体可以全面充分发展的自由世界,是人与人之间和睦相处、友爱互敬的美好家园,表达了对人类普遍命运的超越性思考。美国学者马克·范多伦曾评价红楼梦:"这部小说价值极大,其本质特点终将得到认可,因为它关于人的思想与心灵,无论时间或空间都不能改变这一点"❸,点出了《红楼梦》的精神高度。从这个角度来看,《红楼梦》既是中华优秀传统文化的提炼和升华,也可以成为当下我们思考人类命运共同体的思想源泉,在推动中华文化走出去、加强和世界的交流沟通中发挥重要

---

❶ 张仕英,翁家慧.百年红学 携手世界——红学家张庆善先生访谈[J].亚洲文化,2021(6).

❷ 习近平.习近平谈治国理政[M].北京:外文出版社,2014.

❸ 葛锐.道阻且长:《红楼梦》英译史的几点思考[J].李晶,译.红楼梦学刊,2012(2).

论《红楼梦》文化资本和中国国家软实力构建

作用。

社会价值。文化遗产的社会价值,从本质上来说,能够凝结、巩固人们的集体记忆,唤起社会认同。法国学者哈布瓦赫认为,人类记忆建立在集体记忆的基础上,"集体记忆的框架把我们最私密的记忆都被彼此限定并约束住了……为了恢复这些记忆,我们必须沿着他人假如处于我们的位置也会沿循的相同道路前行"❶,人们必须从集体记忆的框架出发去共享经验、寻求理解,社会认同由此形成。《红楼梦》本身带有很明显的记忆痕迹,是作者根据家族和自身记忆进行再加工写成,而《红楼梦》的阅读者、接受者们,往往也必须从自己所处时代的集体记忆框架出发来解读它,"对同一事实的记忆也可以被置于多个框架之中,而这些框架是不同的集体记忆的产物"❷。自《红楼梦》成书以来,中国社会形态发生了天翻地覆的改变,《红楼梦》的学术研究,从传统文化出发,在新时代再次回归传统,"大体上经历了一条由学术研究经典到文学经典、再到文化经典的演进之路"❸,多种集体记忆框架叠加,折射出中国社会心态的变化,进一步强化了受众对中华传统文化的认同感。无独有偶,西方学术界对《红楼梦》的解读也呈现出多种集体记忆框架叠加的局面。有研究者梳理了20世纪以来英语世界中国文学史的《红楼梦》收录情况,发现其历史演变可分为三个阶段:20世纪上半叶以宝黛爱情为主线,60—70年代则多角度展示了《红楼梦》的文学性,90年代受"重写文学史"思潮影响,《红楼梦》被去中心化。英语世界对《红楼梦》解读的变化,反映了西方对

---

❶ 莫里斯·哈布瓦赫.论集体记忆[M].毕然,郭金华,译.上海:上海人民出版社 2002.

❷ 葛锐.道阻且长:《红楼梦》英译史的几点思考[J].李晶,译.红楼梦学刊,2012(2).

❸ 林郭,严丹.从"历史文本"到"经典文本"——史学视野下《红楼梦》经典化历程的回顾与考察[J].红楼梦学刊,2020(6).

中国认知的改变，也折射了西方对中国文化的某种认同。如西利尔·白之（Cyril Birch，1925—2018）在其出版的《中国文学选集》前言中提到《红楼梦》与女性主义的关系，彼时女权运动在美国风起云涌，白之在遥远的东方古代社会里寻求某种文化共享，生成了全新的文化认同。❶

历史价值。历史价值指的是文化遗产承载、反映具体历史生活环境的价值。中国古代小说本身就和历史有着不可分割的关系，具有重要历史价值。《红楼梦》更被誉为中国古代社会的百科全书，它涵盖了古代生活的方方面面，包括饮食、服饰、养生、医药、建筑、礼仪、习俗等，涉及人物近千人，上至贵族缙绅，下到贩夫走卒，对18世纪的中国社会进行了全景式描绘，堪称彼时社会历史的一面镜子。更难得的是，《红楼梦》成书于中国封建社会末期，作者于有意无意间敏锐地感受到传统社会秩序即将坍塌的末世混乱，捕捉到个人处于历史转型时期的茫然和痛楚，并以艺术的形式，将历史横切面进行了生动的还原展示。加拿大学者麦克卢汉曾经评价莎士比亚的戏剧《李尔王》，认为"《李尔王》通过中世纪的布道——说教或归纳式推理以展示全新的文艺复兴式生活运动的疯狂和悲惨"，但是"除非在艺术视角里，否则这一蜕变和剥离的过程需要漫长的时光"❷。换言之，莎士比亚以艺术的方式呈现了欧洲封建社会向现代社会转型过程中的种种裂变，而《红楼梦》也以写实的笔墨提取了中国社会转型过程中的原生态史料，为世界留下了弥足珍贵的历史财富。

象征价值。文化遗产的象征价值包括象征符号和象征意义。21世纪以来，随着中国国力的提升，在国际文化领域寻求更多话语权，导致了对

---

❶ 张丹丹，范兴萌. 英语世界中国文学史集所呈现的《红楼梦》[J]. 红楼梦学刊，2020（4）.

❷ 马歇尔·麦克卢汉. 谷登堡星汉璀璨：印刷文明的诞生[M]. 杨晨光，译. 北京：北京理工大学出版社，2014.

传统文化的再审视,这一过程也被称为"再东方化"❶。在国际传播中,这意味着要选择最具代表性、最能体现中国文化特色的象征符号。就中国古代文学作品而言,《红楼梦》的象征价值格外突出。从书名来看,《红楼梦》又名《石头记》,红色、梦、石头等意象,洋溢着浓郁的东方文化色彩,建构了诗性的写意世界;从语言来看,《红楼梦》采用了标准的北京官话,粗通中文即能大体读懂;从内容来看,《红楼梦》展示了贵族和普通百姓的日常生活,充满人间烟火气息,受众可以从多种角度切入,寻找自己感兴趣的话题和领域。更重要的是"红楼梦现象",一本成书于数百年前的文学名著,何以能历久弥新,不断引起中国人的狂热阅读兴趣?接触《红楼梦》,可以让西方更好地和中国展开对话,了解"中国人想什么"和"为什么如此想",建立更好的沟通渠道。❷

真实价值。真实价值指文化遗产的原创性和可验证性。《红楼梦》是一部以家族故事和作者本人生活经历为基础进行再创作的自传体小说。20世纪初,以胡适为代表的新红学学者对曹雪芹的家族往事作了初步考证,曹学由此成为红学研究的重要组成部分。曹家在江南经营六十余年,返回北京后先后居住在蒜市口、西山一带,留下了相关历史遗迹和口头传说。❸对这些文化遗产进行整理和开发,一方面能进一步对《红楼梦》成书的具体环境展开深入研究,另一方面则能为受众接触、体验、沉浸于红楼故事和中国文化提供抓手。随着全球化的深入推进,跨国交流活动频繁增多,中国的曹红文化遗产将在真实性、可感性等方面,为国际受众释放更多的

---

❶ 李向振.作为文化事件的非物质文化遗产保护的内外价值实现[J].云南师范大学学报,2021(5).

❷ 孙金爱.体验式学习在美国大学《红楼梦》教学中的探索——分析"通过阅读《红楼梦》理解中国"项目案例[J].曹雪芹研究,2020(4).

❸ 张庆善.在这里写《红楼梦》[J].红楼梦学刊,2021(5).

真实触感。

三、打造《红楼梦》文化资本：讲好中国故事的再出发

由于历史原因，中国进入全球市场分工晚于西方国家，在文化资本的运作方面尚处于早期阶段。但中国实力的提升，使得全世界都更加关注中国，而选择从《红楼梦》这样最有影响力的中国名著入手，来了解中国人的内心世界和中国文化的本质，是最有效可行的途径。[1]文化沟通的外部条件已经成熟，如何打造《红楼梦》文化资本，在国际大舞台上讲好中国故事，已成为当下红学研究的重要挑战。而对文化资本的积累运作，在部分西方发达资本主义国家已经比较成熟，其成为《红楼梦》文化资本开发的他山之石。

（一）莎士比亚文化资本：他山之石的启发

莎士比亚是享誉全球的大文豪，从文艺复兴时期至今，他的文学作品风靡世界四百余年而不息。资本主义的快速发展推动了莎剧在英国和欧洲的流行，而此后大英帝国的海外扩张和霸权的建立，则进一步推动了莎剧在海外世界的普及。作为全球最早提出"创意产业"的国家，英国在20世纪90年代就将文化创意产业作为国家重点产业予以支持，莎士比亚IP也由此上升为英国的国家IP，成为英国对外推广的文化符号。

2012年，英国启动了"非凡英国"（Britain is Great）项目，以提

---

[1] 孙金爱.体验式学习在美国大学《红楼梦》教学中的探索——分析"通过阅读《红楼梦》理解中国"项目案例［J］.曹雪芹研究，2020（4）.

论《红楼梦》文化资本和中国国家软实力构建

升英国的领导力和创意力。该项目将莎士比亚视为英国最重要的"文化资产"（cultural asset）和"软实力资产"（soft power asset），从非凡旅游、非凡教育、非凡外交等多方面对莎士比亚品牌进行了开发和建构。❶

非凡旅游。英国旅游局将莎士比亚作为最重要的文化资本，采取诸多措施来吸引海外游客，包括和美国、加拿大的皇家莎士比亚公司合作，吸引北美游客访问"莎士比亚的英格兰"。英国旅游局还运用数字营销来推广莎士比亚旅游，包括在雅虎旅游频道首页放置广告，为莎士比亚故居埃文河畔斯特拉特福小镇提供详细的旅游手册，还开发了专门的旅游促销网站，鼓励游客访问埃文河畔斯特拉特福小镇和周边地区等。

非凡教育。国际市场都在激烈竞争国际学生，英国也巧妙利用莎士比亚品牌吸引国际学生。英国文化教育协会策划了"莎士比亚风格"项目，鼓励国际学生在英国大学学习英国文学，其中相当部分材料选自莎士比亚的作品。英国文化教育协会的网站覆盖了49个国家的80个英语学习中心，开发了"学习英语"App，专门设置了"非凡文学"视频学习板块，将莎士比亚作品和文化遗产作为学习内容。

非凡外交。莎士比亚作为英国文化软实力的重要符号，被英国外交部视为不可或缺的外交资源。英国外交部出面协调，通过与英国文化教育协会合作的外交文化网络将莎士比亚这一文化符号输出到全球多个国家。在俄罗斯，莎士比亚环球剧场在莫斯科马雅可夫斯基剧院演出以庆祝契诃夫国际艺术节；在中东，英国于"卡塔尔—英国文化年"期间举办了一系列以莎士比亚为主题的文化和经济活动。此外，在南美洲、非洲、亚洲，英国都通过莎士比亚符号打造了有创意的外交活动。而在东欧捷克，英国大使甚至在《第十二夜》中亲自出演奥利维亚的角色，她的表演在布拉格引

---

❶ 刘江.《莎士比亚的文化资本》评介与思考［J］.外国文学，2017（4）.

219

起了轰动。

综合来看,"非凡英国"项目将莎士比亚视为重要的软实力符号,通过它在全球提取故事,进行创意改造后再输出到全球,形成完整的文化产业链,由此获得了巨大的市场和文化影响力回报。❶

(二)打造《红楼梦》文化资本

迄今为止,《红楼梦》的外语翻译有二十多种,早已在海外世界奠定了初步的传播基础。囿于时代隔阂、文化差异,目前《红楼梦》的海外传播更多局限于精英知识分子圈层,大众普及率较低,接触面较窄。从莎士比亚文化资本的运作经验来看,要讲好红楼故事,必须兼顾跨文化传播的普遍性和特殊性,从传播主体、渠道、效果等层面着手,打造适合国际受众的文化产品,输出中国文化。

1. 主体:打造多元的讲故事队伍

在莎士比亚文化资本的海外推广中,英国政府是主导,企业界、学术界、民间组织等都全力加入,讲莎学故事的队伍阵营相当庞大。中国国际传播的主导权一直掌握在主流媒体手里,但当下国际环境的变化已经对国际传播主体提出了更多要求,构建多主体、立体式的对外传播格局已经势在必行,完全可以打造一支多元的讲故事队伍,从多个角度来讲述红楼故事。

讲故事的队伍可以大致分为"走出去"和"请进来"两类。作为中华文化的代表性名片,《红楼梦》在对外交流活动中发挥着重要作用。如

---

❶ SHELLARD, DOMINIC, SIOBHAN K. Shakespeare's Cultural Capital: His Economic Impact from the Sixteenth to the Twenty-First Century [M]. London: Macmillan, 2016.

论《红楼梦》文化资本和中国国家软实力构建

习近平总书记在2013年访问印度尼西亚、2014年访问法国、2015年访问美国期间，都向对方提到、推荐了《红楼梦》，总书记的"红楼梦"外交是大国外交的有机组成，也彰显出《红楼梦》作为中华民族对外传播思想源泉的重要性。❶ 又如，孔子学院是中国对外传播的重要阵地，在日常工作中，可以通过举办讲座、演出、教学等方式向所在国受众介绍《红楼梦》，如2013年莫斯科语言大学孔子学院举办了《红楼梦》主题活动❷，2017年西班牙格拉纳达大学孔子学院举办专题讲座，邀请著名学者赵振江主讲《堂吉诃德》和《红楼梦》❸，2019年泰国曼松德孔子学院举办"手绘名著，再现经典"四大名著配图比赛❹，这些活动都说明《红楼梦》在海外传播过程中发挥了中华文化代表性名片的重要作用。

"请进来"指创造机会条件，让来华外国人士接触了解《红楼梦》。在这方面，以往多局限于学术交流等领域。但近年来，来华留学生人数逐年增加，中国已经成为亚洲最大留学目的国，完全可以考虑培养专门师资，为留学生开设《红楼梦》的中文课程和其他语种课程，引导他们加强对中国传统文化的学习，增强对中国的文化认知和文化认同，并培养《红楼梦》对外传播的力量，促进中国文化在海外的进一步传播。

2. 渠道：打造全产业链

莎士比亚文化资本覆盖图书出版、影视改编、舞台演出、主题公园

---

❶ 孙伟科. 从伟大经典《红楼梦》走向新时代的文化自信[J]. 红楼梦学刊，2018（3）.

❷ 莫斯科语言大学孔子学院举办《红楼梦》主题活动[EB/OL].（2013-12-09）[2021-02-10]. https://china.huanqiu.com/article/9CaKrnJDu3W

❸ 沟通中西文化 重现红楼梦境——西班牙格拉纳达孔子学院举办专题讲座[EB/OL].（2017-11-01）[2021-02-15］. https://sfl.pku.edu.cn/wswj/kzxy/62489.htm

❹ 曼松德孔子学院举办"手绘名著 再现经典"四大名著配图比赛[EB/OL].（2019-11-30）[2021-02-15］. http://jyxb.tjnu.edu.cn/info/1195/2877.htm

221

等多个环节，其产业长尾足以在国际市场获得充足的市场回报。以《红楼梦》而言，目前的海外传播主要集中在图书出版这部分，对产业链的其他环节涉及不多。在新媒体网络连接全球的当下，传统的图书出版已经远远不能满足国际市场的需求，加强数字出版、影视产品出口、鼓励跨国艺术交流等，应该成为打造《红楼梦》文化资本的题中应有之义。

和传统出版相比，数字出版能通过多重数字平台、多种数字形式，更有效地抵达受众。如2014年南京师范大学出版社推出了跨超本《红楼梦》，一本1厘米厚的口袋书，其内容可以通过纸质书、iPhone、iPad、kindle、android、googleglass等多种平台访问。扫描书中附有的多个二维码，可以欣赏到与《红楼梦》相关的多媒体内容，包括广播剧、音乐、动画、插图、游戏等。这种耳目一新的改编形式，使得《红楼梦》的阅读变得更便捷，而且更适合当下受众的碎片化阅读习惯。该书的首发式上，就被欧洲出版社签下发行10万册，并获得了"中国最美的书"称号❶，说明经典名著的数字出版在海外市场还有更多可供发掘的潜力。

和图书相比，影视产品能以更直观的视觉符号吸引受众。《红楼梦》是古典小说，古代典章制度、风俗习惯等知识点相对密集，抬高了国际受众的阅读门槛，将之进行视觉转化后，画面和声音能将故事诠释得更立体，直接抵达受众。尤其是新媒体兴起后，全球受众可以通过视频网站观看影视产品，进一步拓展了传播面。在全球最大的视频网站油管（YouTube）上，截至2021年9月15日，1987版《红楼梦》和2010版《红楼梦》总点播量都超过千万。从英语评论来看，海外受众提到视频的画面和色彩都非常打动人，期待这些视频能配上西班牙语、英语等字幕，并表示观看视频激发了他们阅读《红楼梦》小说的兴趣。

---

❶ 杜志军.2014年《红楼梦》图书出版述评［J］.红楼梦学刊，2015（1）.

论《红楼梦》文化资本和中国国家软实力构建

以舞剧、音乐剧演出的形式进行跨国交流，也应是《红楼梦》走出国门的另一种方式。演出现场的互动，能营造具体的交流情境，让受众切身感受到中华文化的魅力。如 2016 年英文版歌剧《红楼梦》在旧金山歌剧院公演 6 场，上座率高达 97%。❶ 2017 年，旧金山歌剧院与香港艺术节联合推出该剧，以"西方语言"演绎"东方之梦"，《洛杉矶时报》评价其华人作曲家盛宗亮"对交响乐拥有敏锐的嗅觉和极佳的品味。他中西结合，巧妙且富有想象力地运用了铜管、吹奏乐和打击乐。音符交融迸发，听似特技一般令人难以置信。中国民族曲调变换成富有表现力的新音乐形式，五彩斑斓"❷。从国际受众的反应来看，将《红楼梦》推入全球文化市场，需要从形式、语言、情境等方面对之进行国际化的转化，赋予更多现代价值，才能实现更好的交流沟通。

3. 效果：打造中国文化的在地感❸

考察《红楼梦》国际传播的效果，最终要落实到国际受众对中国文化的认可接受上，从接触中国文化到亲自前往中国体验本土文化，这种态度到行为的具体转变，可以视为重要的考量标准。"在地"是英文 local 的中译，任何国家、民族的重要文化符号，必然是源于本土、落于本地的。这意味着文化资本固然要走出国门，在国际市场上攻城略地，但在文化气质、文化内涵上，它却始终需要保持某种在地感。以莎士比亚故里埃文河畔斯特拉特福小镇为例，它立足于文豪故里的定位，通过建立故居体系、采用丰富展陈方式、开展推陈出新纪念活动等多种措施，打造了独属于小

---

❶ 韩显阳. 歌剧《红楼梦》为何能在美国火[N]. 光明日报，2016-10-11（12）.
❷ 《英文原版歌剧〈红楼梦〉："西方语言"演绎"东方之梦"》[EB/OL].（2017-08-14）[2021-02-15］. https://www.sohu.com/a/164623223_99937017
❸ 毛巧晖. 民间文学的搜集整理与知识生产[J]. 红楼梦学刊，2020（6）.

镇的核心魅力,也进一步巩固了莎士比亚文化资本。❶

以《红楼梦》言之,书中固然有意隐去了具体地点背景,但考证曹氏家族往事,他们在南京、北京等地都留下了活动印记。近年来,北京极力打造"大师故里",2011年"曹雪芹西山传说"被列入国家非物质文化遗产名录,北京市随即启动了"曹雪芹西山故里"、白家疃红学小镇、北京植物园曹雪芹小道❷、通州张家湾"红学文化之乡"❸等文化空间的建设。在北京范围内,从海淀到东城、通州、怀柔,曹红文化景观的系统建设已经提上议事日程;在北京城外,辽宁辽阳、铁岭,河北正定、唐山,江西南昌,安徽宁国等地都开展了城市红楼主题文化活动❹;此外,大运河沟通南北,从扬州、南京到苏州、杭州,相应的《红楼梦》文化景观的建设也方兴未艾。综合来看,当下《红楼梦》文化遗产的空间生产为国家文化资本的转化提供了丰富的积累。贯通京城、跨越南北的曹红文化景观体系已经初成规模,为发展跨国旅游、强化国际受众的中国文化认同奠定了初步基础。从海外受众的反应来看,参观红楼文化景观激发了他们阅读《红楼梦》的兴趣,对中国的历史文化也有了更深入的了解,但部分景观存在英文翻译较少、商业化严重、交通不便、门票贵等问题❺,还需做更多改善维护工作。加拿大学者伊尼斯曾将媒介分为偏倚时间和偏倚空间两种类型,

---

❶ 肖波,陈泥.陷阱与突围:论莎士比亚故里的保护与开发[J].山东大学学报,2016(4).

❷ 张云.对"曹雪芹与北京西山"的思考[J].曹雪芹研究,2015(2).

❸ 毛巧晖.文学想象与地域民俗认同的构拟:基于北京市通州区张家湾"中国红学文化之乡"构筑的思考[J].暨南学报,2019(4).

❹ 何卫国.《红楼梦》的当代传播与城市文化名片[J].红楼梦学刊,2011(3).

❺ 金洁.《红楼梦》文学旅游目的地形象感知研究——基于TripAdvisor外国游客在线评论分析[J].红楼梦学刊,2019(1).

论《红楼梦》文化资本和中国国家软实力构建

前者不便于移动,更容易形成权威。❶换言之,当受众克服空间的障碍,前往媒介所在地与之进行近距离接触时,对媒介所承载文化的认同往往于无形中确立。作为参与者与地方融为一体,建构记忆框架,从而形成共同的地方记忆、地方情感、地方认同,已在国内被证实有效❷,在国际传播中亦值得期待。

综上所述,开发中华优秀传统文化能增强国家软实力、提升国际话语权、开拓更多空间。中国应从悠久、璀璨的历史传统中寻找合适的文化符号,如《红楼梦》等,打造文化资本,推动中华文化走出去,也为传播多元中国声音,塑造可信、可爱、可敬的中国形象探索更多路径。

---

❶ 哈罗德·伊尼斯.传播的偏向[M].何道宽,译.北京:中国人民大学出版社,2003.

❷ 毛巧晖.民间文学的搜集整理与知识生产[J].红楼梦学刊,2020(6).

附录　新闻媒体关于"曹雪芹故居十七间半"复建的采访报道

我在政协这五年｜宋慰祖：步履不停建新言 潜心躬耕为文保

2023 年 1 月 3 日

https://wap.bjd.com.cn/news/2023/01/03/10287232.shtml

他立身惟勤，笔耕不辍，五年履职路，百件提案人；初心闪耀，矢志不移，守护古都文脉，复建雪芹故居。奔走国是建务实之言，情注民生献可行良策，在履践致远的路上交出一份份耀眼的成绩单。他是北京市政协委员、民盟北京市委一级巡视员宋慰祖。

国家之魂，文以化之，文以铸之。他一直奔走在文化工作与文物保护的一线，在文化领域潜心躬耕，为之建言献策。他持续 15 年提出"关于复建曹雪芹十七间半故居"文物传承的提案，终于促成曹雪芹故居文物得以复建，为古都风貌保护做出了贡献。他提交的"关于依托社区内养老机构建设居家养老驿站的提案""关于构建环卫清运＋物资回收的垃圾分类运

附录　新闻媒体关于"曹雪芹故居十七间半"复建的采访报道

营系统的提案"和"关于保护和利用京城古老会馆发展文化产业的提案"等先后荣获政协优秀提案,做到凝聚共识与参政议政双向发力。

"委员任期有时限,但履职永远在路上。"宋慰祖说,他会始终把"奔走国是,关注民生,做'四勤'政协委员"当作人生的使命担当,坚守初心,用自身的专业所长为国家与城市发展建好言,资好政。

开门迎客!十七间半曹雪芹故居复建背后还有这么多故事……

2022 年 7 月 31 日

http://hdzx.bjhd.gov.cn/2019/zxyx/szxw/202208/t20220808_4547169.shtml

7 月 29 日,北京市崇文门外广渠门内大街上的蒜市口一座清代四合院落成开门迎客,这就是著名的蒜市口十七间半曹雪芹的故居。从这一天起,曹雪芹故居纪念馆(蒜市口)与位于西山脚下国家植物园的曹雪芹纪念馆遥相呼应,共同成为红迷追寻曹公足迹、了解曹公生平的曹红文化坐标。

我和中国红楼梦学会、北京曹雪芹学会专家学者代表,北京市、东城区各相关部门、曹雪芹故居纪念馆项目实施方代表和现场的媒体、嘉宾们共同见证了这一历史时刻。四十年的期待,十五年的接续推进,曹雪芹故居十七间半的复建终于画上圆满句号,我感到很高兴、很欣慰。这篇文章既是庆祝,也是回顾,希望大家记住这个"让文物活起来"的生动实践。

1982 年,中国第一历史档案馆研究馆员张书才在清史档案中发现了雍正七年(1729 年)的《刑部移会》,解开了中国著名文学家、《红楼梦》的作者曹雪芹故居所在的谜底。其中载明:江宁织造隋赫德曾将抄没曹家

的"京城崇文门外蒜市口地方房十七间半、家仆三对,给予曹寅之妻孀妇度命"。

经过专家多方考证,以乾隆京城全图佐证,蒜市口路上的广渠门大街207号院就是"崇文门外蒜市口地方房十七间半"。

后在1999年广安大街扩路前,依据北京市政府常务会议广泛听取专家学界意见后确定的"移址复建"的原则,对故居进行的考古研究也确认了其地基为"十七间半",与乾隆京城全图的标注相符。

2001年8月,广安大街(两广路)全线通车,曹雪芹故居十七间半的复建随后提上议事日程,各民主党派成员和政协委员多次建言尽快复建"十七间半曹雪芹故居"。2006年,崇文区政府将复建工作纳入当年政府重点工作之中。2007年,我作为崇文区十四届政协民盟界别的委员,受时任民盟崇文区工委主委王金钟的嘱托,代表民盟持续推进"蒜市口十七间半曹雪芹故居复建"。当我接下任务,认真阅读老主委王金钟借给我的资料时,我才第一次知道,我家对门的院子,从小就在那里玩耍的地方,竟是我崇拜的大作家《红楼梦》的作者曹雪芹的故居。我十岁开始读《红楼梦》,上大学后,几乎购买了所有的各色红楼续书《续红楼梦》《红楼圆梦》《红楼梦补》,包括刘心武先生写的《刘心武续红楼梦》等。

我和这座坐落在蒜市口路口旁的院子共同生活了39年。1979年,我备考大学时,每个周末都会在这座院子路对面的崇文区图书馆复习功课,饿了就到旁边的锦馨小吃店买一个烧饼,喝一碗豆腐泡汤,望着那座从小就经常跑到院门口喝凉水、看着门道里"端方正直"四扇屏的居民院,却未留下一张珍贵的照片。

我认真阅读了老主委王金钟给我的宝贵资料,回家后向正在撰写崇文区地方志的父亲请教,父亲听后只给了我一句话:"乾隆京城全图标得很清楚,那里是真正曹雪芹的家,你要坚持推动复建。"

附录 新闻媒体关于"曹雪芹故居十七间半"复建的采访报道

2007年，我在崇文区政协十四届一次会议上第一次提交了"尽快复建曹雪芹十七间半故居的提案"。之后的16年，无论是作为崇文区十四届政协委员、东城区一届（临时）政协委员、市十三届人大代表、市十四届人大常委会委员，还是担任北京市十四届政协常委、副秘书长，我在每年两会上都要提出至少一件关于"复建曹雪芹故居十七间半"的委员提案或人大代表建议案，并深入调研，了解复建中出现的方方面面的问题。

一座小小的文物院落，如果只作为一座建筑，就是盖房子，想来大家都认为没有什么难的。但文物复建，涉及市区两级政府，规划、土地、交通等多个政府部门及企业，其中还交集了政策、法规、资金、市政、基建等多方面问题。作为一名政协委员、人大代表，我身上肩负着责任与义务，必须持续不断地建言献策，助推曹雪芹故居成功复建。

针对复建中的各类问题，我有针对性地提出提案建议，并根据问题的性质，到现场、走进相关政府委办局，调研问题症结，通过政党协商等民主协商渠道，反映问题、破解难题，如调整土地规划、解决企业间经费投入、开展曹雪芹在京遗迹标识系统设计等，在民盟中开展市区联动，盟市委、盟区委分别向市区两级政府提交党派提案。2010年、2011年和2022年东城区政府三次将复建曹雪芹故居工作写入政府工作报告。市规委批准了规划调整，企业间也通过协商解决了土地置换、资金筹措等问题。

2019年1月23日，在我提交了第16件关于复建曹雪芹故居提案后，在曹雪芹进京290年的时候，作为提案人，我出席了"曹雪芹故居十七间半"复建工程开工仪式，为故居复建铲下了第一锹土。

2022年7月29日，正值北京文化论坛举行之际，"曹雪芹故居纪念馆"正式开馆，又一座国际文化交流平台向世界开放。这是习近平总书记提出的"让文物活起来"的指导思想的具体体现和生动实践。

16年过去，弹指一挥间。"曹雪芹故居纪念馆"的开馆只是一个起

229

点。遵循习近平总书记提出的"我们要加强考古工作和历史研究,让收藏在博物馆里的文物、陈列在广阔大地上的遗产、书写在古籍里的文字都活起来,丰富全社会历史文化滋养"的重要指示精神,我通过多年调研了解到:曹雪芹沿运河回北京,进京登上张家湾码头、常去庆丰闸东南的水南庄游玩,到访"克勤郡王府""斗公府",走进过"三山五园",在右翼宗学任职,"十七间半"著书,晚年回到西山正白旗……足迹遍布京城东、西城区,通州、朝阳、海淀等地。自 2020 年起,我的提案重心已从复建故居持续三年转向提出"将曹雪芹在京遗迹串联起来,统一标识,形成联盟,建设城市上的曹雪芹博物馆"的提案。

2021 年,北京设计学会承担了"曹雪芹在京遗迹标识工程"项目,通过统一标识,探索构建"城市上的曹雪芹博物馆"。

路漫漫其修远兮,吾将上下而求索。

(本文作者:宋慰祖)

2021 北京(国际)运河文化节正式拉开帷幕 12 条运河主题精品旅游线路发布

2021 年 10 月 9 日

https://baijiahao.baidu.com/s?id=1713149036357334842&wfr=spider&for=pc

10 月 9 日,2021 北京(国际)运河文化节在通州区大运河森林公园漕运码头正式拉开帷幕。据介绍,2021 北京(国际)运河文化节以"游运河,行大运"为主题,提炼大运河北京段多样态文化特色,整合沿线文化、旅游、体育等各类资源,举办形式丰富的"游运河"文化活动,让公众通过参加活动、感受运河深厚的文化魅力和崭新面貌,享受大运河文化带建设成

附录　新闻媒体关于"曹雪芹故居十七间半"复建的采访报道

果,进而展现运河在促进国内国际文化交流、繁荣经济、推动国运民昌方面所发挥的重要作用。

近年来,大运河文化带建设成果喜人,开幕式现场发布了《北京市大运河国家文化公园建设保护规划》,展示了大运河文化带文博领域建设成果、大运河题材文艺作品、12条运河主题精品旅游线路和大运河手绘地图,以及"大运河文化创新创意设计大赛"部分优秀作品成果。文化节期间,市文物局、市水务局将联合发布"北京市水利遗产名录",向社会发起"加强水利遗产保护利用"倡议。同时,还将于10月16日在运河河畔万寿寺内组织一场"水利遗产与城市可持续发展论坛"。值得注意的是,该论坛现场还将启动"曹雪芹在京遗址标识工程",曹雪芹是著名的文坛巨匠,与大运河关系密切,本次北京设计学会等单位将联合发起"曹雪芹遗迹标识设计征集活动",向社会征集遗迹标识设计方案,进一步弘扬红学文化,推动相关研究平台的建立和文旅融合发展。

"十七间半"曹雪芹故居基本完工,呼吁奔走了15年的他又提出新问题⋯⋯

2021年1月24日

https://www.thepaper.cn/newsDetail_forward_10935333

"北京文化产业发展需要发挥北京传统文化优势,如何发挥名人故居的文化价值,让沉寂无声的历史遗迹被激活,是创意产业的核心内容之一,也是体现人文北京内涵的不可或缺的组成部分。"近日,在北京市政协十三届四次会议期间,北京市政协委员宋慰祖为北京文化产业发展建言。

为曹雪芹故居建设呼吁15年的北京市政协委员宋慰祖认为,曹雪芹故

居的重建是用好历史文化遗产"金名片",提升北京国际文化影响力的有益尝试。他透露,位于现东城区(原崇文区)磁器口的"十七间半"曹雪芹故居已基本完工,目前正处于展陈准备阶段。

"但仅仅复建一处遗址还尚未发挥出曹雪芹的影响力。"宋慰祖建议,以复建十七间半曹雪芹故居为基点,结合"疏整促"工作,利用好腾退空间,选址建设曹雪芹与《红楼梦》纪念馆。组织开展红学研究、研学等活动,构建具有国际影响力的国家级曹雪芹与红学研究基地。充分发挥专业学术组织的作用,用好纪念馆,共建国际红学交流平台。培育以北京为核心辐射京津冀的旅游协同发展示范产品,促进旅游消费。

而在会馆保护方面,宋慰祖调研发现,北京市历史上有过646座会馆,其中包括中国第一批以互助、交流为宗旨的试子会馆、行业会馆,这些会馆主要集中城南的原崇文区和宣武区。

"虽然近年来部分会馆经过修缮恢复,注入新的文化内涵和使用价值,使其成为了文化产业发展的重要载体和平台。但是,多数会馆建筑已被拆除,许多文物流散民间,现存的少数会馆仍在列入拆迁规划,而逐步减少。且只有极少数会馆得到合理利用,保护资金不足,利用方法单一。"宋慰祖说。

对此,宋慰祖建议,制定"会馆保护与利用规范",设立会馆文化产业区,吸引会馆当地的企业,修复利用会馆,发展文化产业,助力北京全国文化中心建设。

附录　新闻媒体关于"曹雪芹故居十七间半"复建的采访报道

曹雪芹足迹今何在？多方呼吁北京曹雪芹遗迹"抱团"保护利用

2020年9月26日

https://www.sohu.com/a/420976768_114988

位于磁器口的曹雪芹故居"十七间半"房，即将完成主体工程，预计明年就能对公众开放。

北京又一处重要的曹雪芹生活遗址将"重见天日"。

从西山黄叶村到东城蒜市口，从通州张家湾到海淀白家疃，从西单石虎胡同到中央音乐学院，如今，在北京依然能找到曹雪芹的多处足迹，甚至有实物印证。虽然曹雪芹留下的资料很少，但这些实地的物证，也能够大致勾勒出曹雪芹在京30多年的轨迹，并对应着《红楼梦》构思与写作的过程。

9月25日，作为"2020年京杭对话"8个主题活动之一，曹雪芹在京遗迹保护与传承主题论坛在通州举行。这次论坛系统梳理了曹雪芹在北京的遗存和文物文化资源，第一次从文物部门统筹曹雪芹在北京留下的遗址、遗迹、文物、口碑传说。

与曹雪芹在京遗迹有关的单位展开面对面对话，多位专家呼吁，应该联合曹雪芹在京遗迹的保护单位，整体研究保护和利用，共同推动曹雪芹和《红楼梦》文化的传播和创新。

北京市文物局局长陈名杰说，曹雪芹在京遗迹是大运河文化带的重要内容，从张家湾到西山故里都是大运河文化带范围。未来要把曹雪芹在京遗迹的保护与传承，作为大运河文化带建设的重点内容。

曹雪芹学会会长胡德平认为，北京建设大运河文化带和西山永定河

233

文化带，还要进行三山五园和曹雪芹遗迹的文化传承，深得人心。如何向大众展示最真实的遗址和证据，引导对《红楼梦》和曹雪芹文化的正确理解，是文物单位和研究单位承担的重任。

曹雪芹在京 20 多处足迹，六处尚能指认

根据清人记载和近代以来学术考证，曹雪芹家族原本生活在东北辽阳一带，明末被俘为奴从龙入关之后，作为直接为皇帝服务的内务府正白旗包衣，北京成为了他们的家乡。

康熙二年（1663年），曹雪芹的曾祖父曹玺被康熙皇帝派往南京，任江宁织造，之后曹雪芹爷爷曹寅、父亲曹颙和叔父曹頫又继任了30多年。雍正五年（1727年）曹頫因罪入狱，次年，13岁的曹雪芹随家人乘船走京杭大运河回到北京。

1728至1763年，曹雪芹主要生活于北京，在此创作了《红楼梦》。他的足迹遍布大半个北京城，文字记载中有20多处。北京语言大学教授、曹雪芹学会副会长段江丽指出，目前有据可查的有6处。

第一处是蒜市口"十七间半"房屋，这是曹雪芹从南京返回北京后第一处住址。有专家认为十七间半房旧址就是蒜市口16号院，后来的广渠门207号。1999年，因两广路工程拆除了院子，去年起在原址东北处重建，预计明年开放。不过，段江丽说，蒜市口在乾隆时期不一定特指蒜市口街，而是相对广泛的区域，"十七间半"具体所在还可以进一步讨论。

第二处是清代右翼宗学，位于西单石虎胡同，是清代宗室子弟的教育机构。据红学家吴恩裕考证和民间传说，曹雪芹曾在此担任教职，结识了终身好友敦敏、敦诚兄弟。右翼宗学后来又成为蒙藏学校校舍、中央民族大学附中、民族大世界服装市场等，2001年被列为文物保护单位，目前在修缮之中。

附录　新闻媒体关于"曹雪芹故居十七间半"复建的采访报道

第三处为植物园曹雪芹纪念馆所在地,即香山正白旗39号院,墙上的题壁诗可作证据。第四处为海淀温泉镇白家疃,根据曹雪芹佚著《废艺斋集稿》抄存稿记录,他晚年可能移居到白家疃,在村西南小石桥边建房屋四间,小石桥现在还留存有几块石头。

第五处为西城克勤郡王府,又称平郡王府,小平郡王福彭是曹雪芹的表哥,曹雪芹曾经往来停留过王府,今天是北京市第二实验小学校舍。第六处为太平湖槐园,即曹雪芹好友敦敏宅院,位于中央音乐学院所在地。

《红楼梦》为何处处有大运河痕迹?

在京杭大运河漕运码头通州张家湾,矗立着一座曹雪芹雕像,显示了曹雪芹与大运河的关联。

目前张家湾的运河古桥畔,是当年曹雪芹和家人来往南北两京的必经之地。曹寅家族在张家湾曾拥有当铺、田亩、染坊等资产。

北京市政协副秘书长宋慰祖说,从曹雪芹第一脚踏上北京,就与大运河有着密不可分的关系。他举家从金陵回到北京是在张家湾下船,然后换小船进京城,到了东便门进通惠河,在通惠河二闸码头下船进北京。

曹雪芹出生在南京,少年回到北京,在《红楼梦》与生平资料中,还涉及扬州、杭州等地,均是大运河沿线。专家认为,曹雪芹的一生都与大运河密不可分。

红楼梦学会副会长孙伟科从《红楼梦》中列举了曹雪芹与大运河的关联例证。曹雪芹在小说中,忽而北京,忽而南京,忽而扬州、杭州、通州,正是大运河行走经历留下的痕迹。例如十六回贾琏喝的惠泉酒和吃的火腿炖肘子,是无锡美食。"《红楼梦》有很多类似的情景,这些人坐在炕上,但是吃的是典型的南方饮食。"

235

曹雪芹的环境描写与地理地名，也与大运河有着密切关系。"能够将这些地理串起来的，就是生生不息、贯通南北的大运河。"孙伟科说。

北京物资学院教授陈喜波认为，通过保护曹雪芹在京遗迹，包括在张家湾的遗迹，可以将曹雪芹在北京的故事串联起来，大运河张家湾的文化保护和利用可以借此"活"起来。

曹雪芹故居、晚年居所等遗址得到重建、修缮

经过有关人士多年呼吁，2019年1月23日，曹雪芹故居重建工程正式启动，地址在磁器口路东北角，原址东北方向50米处。预计9月底完成主体建设，目前正在进行纪念馆展陈设计，计划明年开放。

复建"十七间半"依据的是拆除前留下的照片，并参考同时期文献照片及红学专家建议，建筑布局、形制，以及主体结构与工艺均遵照古法，力争原汁原味复制这"十七间半"房屋的形制。

2006年开始，宋慰祖持续多年推动故居复建。"蒜市口十七间半，是曹雪芹从金陵回北京后生活的第一站，很多生活经历都在这里。"

东城区文物管理所所长李强介绍，曹雪芹故居纪念馆占地面积827平方米，建筑面积510平方米。在展陈设计中，将突出地域性和人物原则，并注重真实性和后期运营的可持续性。

根据展示大纲的计划，曹雪芹故居将分为园林景区、主题展区、常设展区和活动区，全面展示曹雪芹生平、崇文门地区文化以及清代民俗。东城区文旅局本月在一份政协提案办理答复中介绍，将以曹雪芹故居纪念馆为基点，构建"具有国际影响力的国家级红学研究基地"。

作为曹雪芹生活痕迹最多的海淀区，一直是曹雪芹遗迹保护利用的重要区域。如今到北京植物园，能看到大量与曹雪芹有关的痕迹，1984年便

以香山正白旗39号院为中心建立了曹雪芹纪念馆。后来不断有新的拓展，2014年，疏通山前山后的"曹雪芹小道"，安装了小道牌示导览，游客可以沿路看到多处曹雪芹时代的遗迹。

2019年，海淀区组建中关村国际舞蹈中心，排演了舞剧《曹雪芹》，近期在国家大剧院首演，成为中关村舞蹈节的重点剧目。

海淀区温泉镇相关负责人介绍，温泉镇一直在进行与曹雪芹有关的小石桥、怡贤王祠等遗址保护。怡贤王祠目前在翠微小学白家疃校区内，修缮之后将作为传统文化传承基地。

专家建议整体保护曹雪芹在京遗址并活化利用

将零散在全市的曹雪芹遗迹联合起来，通过统一的标识系统等方式，形成完整的曹雪芹"文化足迹"，成为多方呼吁的主题。

陈名杰提出，可以先将北京有关曹雪芹的遗迹整合起来，从市级层面统筹曹雪芹在京遗迹资源。成熟时建议扩展至京津冀联合，继而将整个大运河沿线与曹雪芹遗迹有关的这些省市联合起来，共同梳理、展示、利用。

宋慰祖建议，北京要打造一个高端、国际化的红学研究平台，不仅遗迹可以联合，曹雪芹还与风筝等手工艺有密切联系，这些传统非遗项目也能通过曹雪芹在大运河这条线上串联。

针对曹雪芹与《红楼梦》文化在当代的传播与利用，与会专家认为，应该符合新时期的时代特色，发掘其中的现代意识，运用多样的手段传播。

曹雪芹学会秘书长位灵芝提出，文化资源不能仅停留在学术研究领域，利用是更好的保护。北京在全国文化中心建设中，可以将"北京的曹雪芹，中国的《红楼梦》"作为响亮的招牌。她建议借鉴英国莎士比亚故居模式，涵盖莎士比亚家族生活遗存、主题酒店、剧场、教堂等，都与现代人的生活

融为一体，北京已经具备条件，统筹保护利用曹雪芹的文化资源。

"文化传播不仅是几间屋子，《红楼梦》本身是一个生活模本，涵盖了生动有趣的生活方式、节庆礼俗等，当代人也可以亲近。"位灵芝说，作为世情小说，将《红楼梦》结合曹雪芹在京生活的遗迹，可以成为非常好的审美教育资源。

2015 年通过全民阅读调查，全国 4000 万人读过 3 遍以上《红楼梦》，了解《红楼梦》的人数达到全国人口 67%。2019 年教育部统编中学语文教材将《红楼梦》作为"整本书阅读"的推荐书籍，预计将每年新增 900 万读者。

"这么多读者对了解曹雪芹是有需求的，以前停留在对文物遗迹的整理、修建、复建、展陈，以后面对正在增长的新的红迷群体，还要考虑对游戏、VR 等新形式的需求。"位灵芝说，曹雪芹学会也尝试开发了《大观园之谜》游戏，探索新的传播方式。

陈名杰表示，未来应该探索让《红楼梦》和曹雪芹文化进高校、进中小学、进社区、进网络，借众人之智、用众人之力，汇聚成推动曹学、红学文化的力量。

北京磁器口曹雪芹故居启动复建 这"十七间半"将建成什么样？

2019 年 1 月 23 日

https://baijiahao.baidu.com/s?id=1623427301108234621

今天上午，两广路磁器口路口东北角一个平常的小院里，随着奠基的一锹土铲起，一场持续了 20 年的努力终于画下了圆满的句号——1999 年修两广路时拆除的"蒜市口十七间半"曹雪芹故居复建工程正式启动，明

附录 新闻媒体关于"曹雪芹故居十七间半"复建的采访报道

年3月,一幢原汁原味的清式三进四合院将落成。

多年呼吁曹雪芹故居复建的市政协委员、民盟北京市委专职副主委宋慰祖告诉记者,"十七间半"原址就在磁器口路口处,1999年修两广路的时候拆除了。复建的"十七间半"位置在原址向东北一点。

项目建设方介绍,复建的"十七间半"是根据拆除时留下的照片,并参考了同时期文献照片以及红学专家的建议,将原汁原味复制这"十七间半"房屋在清末时的形制。院落占地790平方米,三进房屋,建筑面积约440平方米。复建将采用文物复建的模式,房顶依旧采用木结构框架,从工艺和原材料都使用清末形制,建设过程中也将尽量使用当时拆除的老物件。

按照计划,曹雪芹故居"十七间半"将于明年3月底完工,院落前部还将配套建设一个约200平方米的绿地,成为中心城区一个新的文化地标。

对于复建后的"十七间半"曹雪芹故居利用,宋慰祖建议尽快开展整理、收集、保护相关文物,组织政协委员、红学专家、展陈策划和规划设计等方面的人员开展研讨。

宋慰祖说,复建曹雪芹故居并非为了建设一处景点,而是要保护弘扬中华优秀传统文化,延续城市历史文脉,保护好前人留下的文化遗产。世界各国著名城市都会为世界级文化名人建馆立像,莎士比亚、莫奈、梵高、莫扎特、安徒生这些闻名于世的文豪、艺术家无不是城市文化的符号和标志。《红楼梦》被翻译成100多种文字,曹雪芹是世界公认的文豪,也是面向世界的中国文化符号。

宋慰祖建议构建以曹雪芹故居为中心的"红学旅游线",以磁器口故居为起点,向东可看卧佛寺的老枣树、隆安寺,向西进兴隆街看城南会馆文化,向南去珐琅厂、玉器厂、百工坊、天坛工美参观老北京传统手工艺,还可将北京市留有曹雪芹足迹和印记的黄叶村曹雪芹故居纪念馆、城市副中心张家湾的曹雪芹墓等串联起来,加之西城的大观园、恭王府的景

239

区，构成北京曹雪芹与红学文化游的经典线路和旅游产品，"这远比凭空造一个水镇、园林要有价值得多，带来的旅游消费要高得多"。

新闻链接：政协委员 12 年呼吁复建曹雪芹故居

宋慰祖对"蒜市口十七间半"曹雪芹故居的关注，始于 2006 年。当时的民盟崇文区工委主委王金钟退休，卸任前特意将呼吁复建曹雪芹故居的事情拜托给当时任崇文区政协委员的宋慰祖。从崇文区的政协委员到北京市人大代表，再到北京市政协委员，12 年来，从老主委那儿接过接力棒的宋慰祖每年都会呼吁复建曹雪芹故居。

"我一看地点，广渠门大街 207 号院，那地儿我熟啊！我从小就在那条大街上住，小时候和伙伴们在大街上玩，经常跑到那个院子里去喝水。"宋慰祖说，他还记得那个院子很有特色，小夹道，绿色的四扇屏门，写着"端方正直"四个字。

为了将提案提好，宋慰祖辗转找到了最早发现曹雪芹故居线索的中国第一历史档案馆研究馆员张书才。时间要回到 1982 年，张书才在中国第一历史档案馆保存的清代内务府档案中发现一件雍正七年（1729 年）的《刑部移会》，其中写道：江宁织造隋赫德曾将抄没曹家的"京城崇文门外蒜市口地方房十七间半、家仆三对，给予曹寅之妻孀妇度命"。由此可以确定，曹氏在蒜市口地区有十七间半老宅，而这里应该是曹雪芹从南京回到北京后的第一居址。根据推测，这里也应该是曹雪芹最初构思《红楼梦》、完成初稿的地方。

宋慰祖说，1999 年北京修建两广大街拆除过程中的考古发掘也证实，广渠门大街 207 号院老地基最底层部分正是明末清初建造的，而地基的布局恰好就是"十七间半"。这处四合院是国内唯一的一处有清代档案可据、

附录 新闻媒体关于"曹雪芹故居十七间半"复建的采访报道

有《京城全图》可证、有遗迹遗物可寻的曹雪芹故居遗址。

出生在广渠门大街，从小在"十七间半房"玩耍，宋慰祖没想到自己和曹雪芹曾经在空间上如此接近。从那以后他也成了"红迷"，在自己生活了32年的广渠门大街寻找《红楼梦》里的踪迹。

宋慰祖告诉记者，从老崇文区到现在的东城区，一直都高度重视"十七间半房"的复建工作，复建规划、展陈大纲早在20年前就已经完成。如今，"十七间半房"终于启动复建，他感到非常欣慰。

履职新时代｜宋慰祖委员：连续12年呼吁复建曹雪芹故居

2019年1月18日

https://www.sohu.com/a/289893750_161623

"我当了10年人大代表，2年政协委员。10年人大代表期间，写了400条建议。2年政协委员期间，写了55条提案。"作为一名老代表、新委员，宋慰祖先总结了他12年履职经历中的数据，他认为，无论是建议还是提案，能不能落实，在于其是不是具备可实施性和可操作性。

连续12年的履职经历，有一件提案，宋慰祖持续提了12年，那就是"曹雪芹故居复建"。宋慰祖说，这条提案得到了房产单位明确答复，2018年正式开工，土地已经调整完成。今年，他的提案是如何利用好复建的曹雪芹故居。"曹雪芹故居复建不是目的，如何更好地利用更重要。"

"广渠门大街207号院，我从小就生活在那附近，就在中轴线旁边。"宋慰祖介绍说，1982年，中国第一历史档案馆的馆员在清理档案的时候，发现江宁织造局给雍正上书，请求能不能把位于蒜市口的17间半宅子还给他们。后来朝廷把这房子还给了曹家。曹雪芹回到北京，居住的第一个居

曹雪芹在京遗迹研究文集

所就在这儿,大概生活了十几年,形成了关于《红楼梦》的构思。《红楼梦》里的很多情节,都是曹雪芹在这一带居住的反映。像《红楼梦》里提到的卧佛寺,其实不在今天的植物园,而是在广渠门内大街,今天花市枣园小区的所在地。庙已经没有了,300年的老枣树还活得好好的。在北京城,有皇家档案记载的曹雪芹故居仅此一处,也是红学家一致认定的曹雪芹故居。修两广路时,曹雪芹故居被拆除了。

今年除了继续呼吁曹雪芹故居复建外,宋慰祖还特别总结分析了当前文物保护的问题。

"以中轴线为中心的文物,目前主要存在几个方面的问题,一是使用不合理,把王府用作办公、住宿,对文物的保护和利用非常不利;第二个问题是不开放,由于占用或者腾空后归属到不同单位,文物的开放程度也不够。三是不安全,私搭乱建给文物保护造成了不安全的隐患,希望能够通过疏整促,包括副中心搬迁后腾出来的空间,用于文物保护。"宋慰祖说。

北京市政协委员宋慰祖:复建曹雪芹十七间半故居

2018年1月22日

https://www.sohu.com/a/218820892_161623

北京市政协委员、民盟北京市委专职副主委宋慰祖是新委员,不过一直以来他都十分关注曹雪芹十七间半故居的复建问题。宋慰祖建议,曹雪芹十七间半故居应该尽快复建,不仅要复建院落,还要建成博物馆,使其成为中国文学和中国文化传播的中心、国际交流中心,而不只是故居的陈设。

宋慰祖表示,曹雪芹是中国乃至世界级文豪,但是他的故居早在多年前就已拆除,"东城区政府工作报告曾三次提出复建,但还没有落实"。多

附录 新闻媒体关于"曹雪芹故居十七间半"复建的采访报道

年前,宋慰祖曾为区政协委员,他在区政协提案中提出复建曹雪芹故居。之后,曾为市人大代表的他继续关注该问题,今年首次成为市政协委员,他依然把复建曹雪芹十七间半故居作为提案提出。

曹雪芹十七间半故居在哪儿?宋慰祖介绍说,就位于现在磁器口普仁医院正在修建的地铁口处。宋慰祖表示,曹雪芹十七间半故居和海淀黄叶村曹雪芹故居、张家湾曹雪芹故居都不一样,"黄叶村故居是民间发现的,只是一种推测,是从考古学中推理出来的。但是十七间半故居是有明确档案记录的,是曹雪芹家族实实在在的故居"。宋慰祖告诉记者,1982年,中国第一历史档案馆研究馆员张书才先生在档案里找到了雍正给当时江南织造的信件,信中说曹家就剩下孀妇和幼子,希望能够拨十七间半磁器口外的家产,给其作为生活之用,让其回京,雍正做了御批。

宋慰祖建议,复建曹雪芹故居不仅需要区级政府部门的推动,更需要市级层面从保护古都发展,保护古都文脉、文化的角度参与到复建中,不仅要复建院落,还要构筑博物馆,使其成为中国文学、中国文化传播的中心,乃至国际交流中心,而不只是故居的陈设。

曹雪芹故居何日才可复建? 朱乐耕提案背后的"红楼"梦

2016年3月13日

https://www.toutiao.com/article/6261541437960700161/?wid=1713146798054

"据了解,曹雪芹故居重建规划、展陈大纲20年前就已完成。为什么这么多年过去了,人大代表和政协委员们的议案提案一件又一件的呼吁,到现在就是没有动静呢?"全国政协委员、中国艺术研究院创作研究中心

主任朱乐耕委员是绝对的红迷，提起他此次两会带来的提案，这也是他心中绝对的困惑。

北京是曹雪芹先生生活和故去的地方，也是《红楼梦》的诞生地。曹雪芹与《红楼梦》的典故、实物北京最多。已经被史实证明和被民间发现的曹雪芹足迹中位于现东城区（原崇文区）磁器口的"十七间半"曹雪芹故居价值最高。原来的崇文区、东城区数届政府也高度重视故居的复建工作。据朱乐耕了解，重建规划、展陈大纲20年前就已完成。

民盟北京市委专职副主委宋慰祖是朱乐耕的好朋友。然而他亲眼看着宋慰祖近十年坚持提出复建"十七间半"曹雪芹故居的建议，每年答复都是即将复建、已纳入工作计划，规委调整规划。可最终仍年复一年，日复一日无尽头。

"曹雪芹是比莎士比亚、巴尔扎克、托尔斯泰还要早的世界著名文豪，《红楼梦》被翻译成100多种文字，让全世界叹为观止。"一说曹雪芹和《红楼梦》，朱乐耕眼睛就明亮起来。

似乎仍不足以表达朱乐耕的心情，他接着又加了一句："《红楼梦》可以与世界上任何一部文学经典相媲美而毫不逊色，它永远矗立在世界文学的珠穆朗玛峰上，是中华民族的骄傲。"

无论你是否赞同朱乐耕对《红楼梦》的评价，他一直就是这么说的，且在自己的两会提案里也是这么写的。他经常说，这个提案并不是他一个人的，背后还站着千千万万的呼吁者。

"曹雪芹故居何日才可复建？怎么会如此之难？"朱乐耕连打了两个问号。

在朱乐耕看来，复建曹雪芹故居并非为了建设一处景点，而是保护弘扬中华优秀传统文化，延续城市历史文脉，保护好前人留下的文化遗产。"再说，将北京的留有曹雪芹足迹和印记的黄叶村、张家湾等地串联起来，加之西城的大观园、恭王府就可构成北京曹雪芹与红学文化的经典文化景

附录　新闻媒体关于"曹雪芹故居十七间半"复建的采访报道

区，这远比凭空捏造一个水镇、园林要有价值得多。"朱乐耕说。

如今在北京建设"四个中心"、疏解非首都功能、治理大气污染、行政副中心建设稳步前进的大背景下，朱乐耕却更加焦灼。他怕不借助这个千载难逢的好机会，以后四千万红学研究者心中的"红楼"梦，将更加渺茫。所以他带着这件提案，带着呼吁了十几年的老朋友宋慰祖的心愿，带着所有红学研究者和红迷们的心，走进了这次两会。

"落实古都风貌保护，用好历史文化遗产这张金名片，提升北京的国际文化影响力，也是同等重要的大事。"无论小组讨论、还是会议间隙、餐桌闲聊，朱乐耕时常谈起自己的提案。他建议，改变原来仅复建"十七间半"的方案，建立一个集"十七间半"故居原型复建和《红楼梦》典籍、收藏、展示及红学研究、国际会议于一体的博物馆综合体。

连构建以曹雪芹博物馆为中心的城南"红学旅游线路"，朱乐耕也想好了。他介绍说，可以以磁器口故居为起点，向东可看卧佛寺的老枣树、隆安寺；向西进兴隆街看城南会馆文化；向南去珐琅厂、玉器厂、百工坊、天坛工美参观老北京传统手工艺、工艺美术，形成文化旅游经典线路，让曹雪芹和他的红楼文化越传越远。

北京中轴旅游线将被重视 东逛胡同西品历史

2010 年 11 月 9 日

https://www.cnr.cn/hygb/2010huayu/shenyouhuaxia/renwenjingcui/201011/t20101109_507292640.html

北京市《关于大力推动首都功能核心区文化发展的意见》(以下简称《意见》)日前公布。《意见》指出，本市将恢复中轴路主要地段的历史文

245

脉，综合沿线文化、商业要素，开发"北京中轴旅游线"。此外，在旧城地区不再安排重大建设项目，并在"十二五"期末，基本完成文保单位修缮腾退工作。

根据北京市区县功能定位，区划调整后，首都功能核心区包括新东城区和新西城区的辖区范围。《意见》指出，核心区是历史文化传统与现代国际城市形象集中体现的重要地区，行政区划调整后，保护古都风貌的历史任务更加紧迫。核心区文化发展将着力打造一核、一线、两园、多街区的格局。

"一核"即以紫禁城为核心的皇城文化区。"一线"即明清北京城的中轴线，通过实施规划改造再现古都风貌。"两园"即中关村科技园区德胜园和雍和园，通过发展高端文化创意产业，形成对接现代文化的辐射区。"多街区"即以孔庙、国子监为中心的国学文化展示区、以天桥为中心的演艺文化区等7个特色文化街区。

>> 关键词·中轴线
东边逛胡同 西边品历史

【意见】对鼓楼—地安门、前门—永定门段的中轴路统一规划建设古都传统文化景观，对传统商业店铺按历史风貌升级改造。综合中轴路沿线文化、商业要素，开发"北京中轴旅游线"。

【追访】新东城的前门大街以东地区，有不少颇具京味历史特色的胡同。

东城区将会把前门大街以东区域规划成"五大功能区"。其中，打磨厂胡同一直向南为中华传统商业区；鲜鱼口胡同内将建鲜鱼口民俗餐饮区，胡同两侧布满了小吃店；鲜鱼口往南为高档商品区；刘老根大舞台向

附录　新闻媒体关于"曹雪芹故居十七间半"复建的采访报道

北建成四合院体验和精品酒店区；大都市街北侧规划为文化娱乐休闲区。今年年底，前门大街以东的"台湾文化商务区"和"鲜鱼口餐饮区"将率先全面开市。

昨天，西城区透露，本月，什刹海烟袋斜街将正式挂牌"中国历史文化名街"，西城区位于中轴线西侧的文化带将建成文化走廊历史文化展示和旅游休闲区。在最新的"十二五"规划中，西城将确定发展中轴线西翼文化带，覆盖什刹海、大栅栏、琉璃厂和天桥等主要文化特色街区。

>> 关键词·人口疏解
今年大栅栏开始腾退人口

【意见】实施旧城整体保护，在旧城地区，一般不再安排重大建设项目，现有历史文化保护区不再进行拆建。"十二五"期末，具备利用条件的文物保护单位基本完成修缮腾退工作。有效实施人口疏解。

【追访】西城区相关负责人介绍，大栅栏文保区将用两年左右的时间，初步实现大栅栏商业街、观音寺街、琉璃厂的连通，形成一条总长1.5公里本市最长的商业步行街，3条街由东到西依次连接。目前，位于大栅栏文保区东端的大栅栏商业街、中端的观音寺街均已完成修缮改造。

大栅栏文保区今年将开始院落腾退和人口疏解工作，启动杨梅竹斜街与樱桃胡同的贯通工程，打通这条大栅栏至琉璃厂的联络线。明年启动市政道路及周边市政工程建设，完善试点区块的基础设施。到2012年，将完成取灯胡同、炭儿胡同和杨梅竹斜街传统风貌修复工程。

>> 关键词·名人故居
发北京名人故居旅游线

【意见】要抢救腾退修缮名人故居，挖掘历史资料，开展普及宣传。对名人故居实施保护性利用，优先对梅兰芳、齐白石、曹雪芹、老舍等世界级名人故居进行合理利用，建设一批高水平现代化的名人故居博物馆。设计开发"北京名人故居游"旅游线路。配合中小学教学，策划"北京名人故居现场课"。

【追访】目前，齐白石、老舍、梅兰芳故居都得到了不同程度的保护，需要做的主要是故居修缮及展示等。

据了解，曹雪芹在北京唯一有史可考的故居位于原崇文区磁器口十字路口的东北侧。此前，市人大代表宋慰祖曾在市人代会上提出"加速复建曹雪芹故居"的建议。昨天，宋慰祖说，今年上半年，他的建议曾得到有关部门的回复，但由于下半年核心区合并，政府方面并未就曹雪芹故居复建做具体的安排，复建工程还没有具体的时间表。

>> 关键词·四合院
旧城四合院重点挂牌修缮

【意见】加强对旧城胡同、四合院的保护利用。对旧城平房区四合院重点是挂牌四合院进行修缮，对旅游景区、文物景点周边的胡同进行美化升级，对有历史特色的胡同进行功能性恢复。支持一批文化经纪机构、文化经营公司开展名人故居、四合院的挖掘利用工作，条件成熟时，出台相关扶持政策。

【追访】北京旧城是指二环路以内（含护城河及其遗址）的区域。在这

附录 新闻媒体关于"曹雪芹故居十七间半"复建的采访报道

个区域内,南锣鼓巷内的四合院群是我国唯一完整保存着元代胡同院落肌理的棋盘式传统民居区。但随着客流的增加,南锣鼓巷的拥堵问题也日益严重。为此,东城区计划将南锣鼓巷主街的商铺和商业向两侧16个胡同50米内进行延伸,发展服装、特色饰品、艺术品等多元的文化业态,将游客吸引到南锣鼓巷东西两侧的胡同中。并将在保护原有胡同肌理的基础上,整治修缮四合院建筑,再现古都城市中心繁荣景象。

四合院休闲文化区:以保留四合院建筑风格为重点,充分挖掘传统文化内涵,形成传统风貌、现代设施和时尚内容相融合的休闲文化区。

国学文化展示区:对孔庙、国子监进行文化功能复兴,修建高规格、高品位、高质量的"进士题名碑展示廊"和"十三经碑林展示廊"。

出版文化区:以商务印书馆、中华书局、三联书店三家有百年历史的图书出版机构为核心,以人民出版社、人民文学出版社、东方出版社为依托,形成代表国家出版最高水平的出版文化区。此外,以中国出版集团、新华书店、新华社、中国新闻社、北京出版集团等为依托,形成国家级出版创意产业示范区。

民俗文化展示区:提升琉璃厂—大栅栏街区功能,贯通大栅栏、琉璃厂,改善基础设施环境,扶持百年老店发展,加快台湾会馆、琉璃厂艺术大厦、国家艺术品交易中心等重点项目建设,提升传统商业,大力发展艺术品鉴赏、交易业,打造国家级诗书画印鉴赏交易中心。

体育文化区:以龙潭湖为中心,形成集体育产业总部、体育研发机构和体育报刊出版、体育运动休闲为一体的体育特色产业区。大力发展体育产品研发展示、赛事策划组织、体育商务等产业。

演艺文化区:以天桥地区为中心,整合存量剧场资源,加大新建剧场的投资力度,沿南中轴线规划建设演艺产业集聚区。盘活天桥剧场、老舍茶馆等十余处演出场所,新建天桥表演艺术中心、东方演艺城等大型剧

曹雪芹在京遗迹研究文集

场,形成近百万平方米的剧场群。

会馆文化传承区:以安徽会馆、湖广会馆为中心,利用百余处会馆遗址,规划建设博物馆、文艺演出场所及其他文化场所。举办代表中华传统文化及北京历史文化特色的高端文化展览,形成集中反映古都文化特色的博物馆群体。

曹雪芹故居原址成机动车道 北京有望在年内复建

2010 年 6 月 28 日

https://www.chinanews.com/cul/news/2010/06-28/2365753.shtml

曹雪芹在北京唯一有史可考的故居有望在年内复建,地址位于崇文区磁器口十字路口的东北侧,也就是史料上记载的崇文门蒜市口地区曹雪芹十七间半房故居原址附近。市人大代表宋慰祖在今年年初市人代会上提出的"关于加速复建曹雪芹故居"的建议,近日得到了有关部门的回复。

据有关人士透露,复建故居占地 800 平方米左右,将成为曹雪芹故居纪念馆,展出《红楼梦》各种版本、20 多件康熙写给曹家的圣旨高仿品等物件。

现场调查
故居原址已成机动车道

近日,记者随宋慰祖代表来到了将要复建曹雪芹故居的所在地。在这个位于崇文门广渠门内大街上的磁器口十字路口,车辆穿梭不断,宋代表指着靠近十字路口东北侧由东向西的车道说,这里就是当年曹雪芹居住的

附录　新闻媒体关于"曹雪芹故居十七间半"复建的采访报道

地方,广渠门大街就是原来的蒜市口大街。因为在这里生活了30多年,宋代表对这个地区颇为熟悉,"因为原来有个菜市场因卖大蒜而闻名,因而这个地区被称作蒜市口"。

原来的蒜市口大街只有7米宽,曹家是在路北临街的院子,原来叫蒜市口16号院,也就是现在人们所说的曹雪芹故居原址广渠门内大街207号院。

史料记载
清代档案中找到根据

据宋代表了解,1982年10月,中国第一历史档案馆研究馆员张书才在清代内务府分类档案中,发现了一件雍正七年的《刑部致内务府移会》,上载明"京城崇文门外蒜市口地区十七间半房、家仆三对,给予曹寅之妻孀妇度命"。张先生拿乾隆《京城全图》对照,蒜市口街16号院与《移会》中记载的十七间半房相似,后实地考察确认此院即为曹氏故居。

拆除原因
房子是民国初年建造

2000年,因位置处于两广路施工路段,经论证后曹雪芹故居不得不被拆除。"当时故居的具体位置还存在争议,因为原来的207号院是18间房。但修路拆房时发现,其地基正好是十七间半的构造,进一步印证了207号院所在地就是曹雪芹故居原址。"据宋代表了解,当时故居没能保留的另外一个原因是,拆除时的房子是民国初年建造的,已不是曹雪芹当时居住的清代建筑。

"无论如何,蒜市口地区就是曹雪芹故居原址所在地,这是没有任何

251

曹雪芹在京遗迹研究文集

争议的。"宋代表说,"曹雪芹十岁左右随家来到这里居住,大概生活了二十几年后,家里因经济拮据把房子卖了"。

景物原型
《红楼梦》场景出自这里

宋代表指出,曹雪芹在这个地区生活的时间是曹雪芹《红楼梦》思想形成的重要时期。《红楼梦》中的很多场景都能在蒜市口地区找到"影子",书中提到的兴隆街就离蒜市口不远,铁槛寺的原型是附近的隆安寺,是古代皇家、高官停灵的地方,故居东边还有一座曹雪芹常去的卧佛寺。甚至有红学家认为《红楼梦》前八十回就是在此开始创作的。

另外,宋代表提出,崇文区是传统的手工业聚集区,《红楼梦》中提到的一些景泰蓝、掐丝等工艺,还有女孩首饰的细致描述,都来源于此,也反映了资本主义的萌芽。

进展曲折
故居复建两次易址

"曹雪芹故居纪念馆"计划在故居拆除后便被提上了日程,但复建的进展却一波三折。据宋代表调查,因为原址已修成道路,复建地点定在了原207号院向北40米处,"2003年复建规划方案通过后,却发现这个地方是地铁5号线的出气口位置",宋代表指着已被围起来的地铁施工方向说。规划方案不得不做出修改,最终确定再向东迁移100米。

2006年新规划通过时,计划2008年就可以完成的复建工程又碰到了麻烦,由于开发商新的地上地下综合开发需求,规划又一次重新修改,又

附录　新闻媒体关于"曹雪芹故居十七间半"复建的采访报道

是几年时间过去了。

最新进展
纪念馆展陈大纲已完成

崇文区在给宋代表的建议回复中表示，曹雪芹故居复建由于所在地块用地规划审批原因至今未能解决，区政府正在与市规划、建设部门沟通，力争年内启动复建工程。曹雪芹故居将建立曹雪芹故居纪念馆，目前，纪念馆的展陈大纲已完成并经我国红学专家论证通过。

市规划委在回复中表示，目前，曹雪芹故居所在地北侧尚存小块畸零地，需入市交易。去年5月已向北京土地储备中心核发了规划意见书，待确定主体后，即可按程序办理后续规划手续。

故居特色
曹家珍贵档案将展出

有关负责人透露，故居复建将按照清代乾隆《京城全图》中"十七间半房"建造，占地800平方米左右，著名红学家冯其庸为其题写了馆名。将展出《红楼梦》的各种珍贵版本、曹家档案等，其中包括20多件康熙写给曹家的圣旨高仿品等物件。这些圣旨中，字数最多的有20多个字，内容是告诉曹雪芹祖父，时任江南织造的曹寅"要小心，小心"，字数最少的只有三个字，"知道了"。

这位负责人表示，如果年内启动复建，有望明年对外开放。

代表建议

故居将成红学交流窗口

曹雪芹是中国伟大的文学家，有着世界级文学家的特殊地位。曹雪芹故居是厚重的历史，是文化的精髓，是弥足珍贵的财富，为建设"人文北京、科技北京、绿色北京"发展战略提供了丰厚的文化底蕴，更是建设世界城市不可或缺的人文价值之所在。建议有关部门给予关注，将其建成北京乃至中国在文学艺术界，特别是红学与国际交往的窗口。

曹雪芹在北京故居将复建

2003 年 9 月 9 日

http://lianghui.china.com.cn/chinese/kuaixun/401063.htm

经文献档案考证及考古发掘证实的曹雪芹在京故居——"蒜市口十七间半"，将在距离遗址约 300 米处复建。

北京市崇文区文委文物科负责人昨天透露，曹雪芹故居复建设计平面图已于 8 月下旬拿出初稿，并得到了红学专家和文物专家的认可。

"蒜市口十七间半"，是目前国内唯一有史可靠的曹雪芹故居遗址。

据现藏于中国第一历史档案馆的清代雍正七年的《刑部移会》记载，曹家曾因亏空国库银获罪被抄家，雍正皇帝把曹家"京城崇文门外蒜市口地方房十七间半、家仆三对"，"给与曹寅之妻孀妇度命"。

经进一步查证历史资料，专家发现清代《乾隆京城全图》所标示的蒜市口地区有一处院落是十七间半房。实地考察后，他们基本确认：史料中所说的"十七间半"房是广渠门内大街 207 号院。文物人员对 207 号院

附录 新闻媒体关于"曹雪芹故居十七间半"复建的采访报道

的地基进行考古发掘后进一步印证,该院地下堆积形式应是《乾隆京城全图》所绘院落的残迹,布局正好是"十七间半"。调查中,专家们还特别发现 207 号院内遗存"端方正直"四扇屏风,这四个字在《红楼梦》里出现过,专家称极有可能是曹家遗物。

广渠门内大街 207 号院,在 2000 年进行的平安大街改造工程中已全面拆除,其地基已被压在了大街路面之下。崇文区文委文物科科长王长生介绍,在距离遗址约 300 米的广安大街北侧复建曹雪芹故居,工程已在进行中。

北京要复建曹雪芹故居

2003 年 9 月 7 日

https://news.sina.com.cn/o/2003-09-07/1211706008s.shtml

今年是曹雪芹逝世 240 周年,中国艺术研究院、北京市对外文化交流协会、北京市宣武区政府、中国红楼梦学会等单位计划在 10 月中旬举办一次大型纪念活动。日前在该纪念活动的介绍会上,记者获悉北京将要在崇文区复建曹雪芹故居。

据红楼梦学会副会长蔡义江介绍,记载着曹家被抄家以后居住地的文献仅有一处,即"崇文门外蒜市口十七间半",曹雪芹跟随家人从南京迁到北京后,先是住崇文门外,晚年时移居西山。故居将在原址往北二三十米的地方修建,面积 400 多平方米,该复建工作由崇文区政府负责,图纸目前正在修改中。

尽管故居的复建计划已经开始实施,但红学专家们依然不解渴。他们认为应该有一个像恭王府那样的地方作为曹雪芹的纪念馆,将民间收藏的

曹雪芹在京遗迹研究文集

有关《红楼梦》、曹雪芹的珍品都集中在一起展览,这也是周总理的遗愿。

据记者了解,本次纪念活动将于10月11日至13日在大观园酒店和大观园举行,主要包括纪念大会、学术研讨会、红楼梦文化艺术展览、以《红楼梦》为内容的文艺演出等内容。

北京"曹雪芹故居"将在原址重建并对外开放

2002年8月25日

https://www.chinanews.com.cn/2002-08-25/26/215362.html

北京市有关方面负责人近日在接受记者采访时透露,北京拟在曹雪芹故居向北一百米处按照旧貌将其恢复,并建立曹雪芹纪念馆对外开放。

作为中国古典文学四大名著之一,《红楼梦》可谓无人不知,但其作者曹雪芹的故居究竟在何处一度成了一个谜团,直到1999年,经众多文史界名流、红学界权威考证并根据雍正七年《刑部移会》等相关文献记载,基本确定北京市广渠门内大街207号四合院即为曹雪芹"历尽离合悲欢、炎凉世态"的老宅。

北京崇文区文化委员会主任贾洪震介绍说,重新恢复的曹雪芹故居将按照乾隆《京城全图》所绘的情景进行规划布局,重现曹宅"十七间半"房屋的历史原貌,并建成"曹雪芹纪念馆"对外开放。